LE COACHING BIBLIQUE

FORMER DES LEADERS SELON L'ÉVANGILE

SCOTT THOMAS
& TOM WOOD

ÉDITIONS
IMPACT

Édition originale en anglais sous le titre :
Gospel Coach: Shepherding Leaders to Glorify God
© 2012 par Scott Thomas et Tom Wood
Publié par Zondervan, une division de HarperCollins Christian Publishing, Inc.
Tous droits réservés. Traduit et publié avec permission.

Pour l'édition française :
Le coaching biblique : former des leaders selon l'Évangile
© 2019 Publications Chrétiennes, Inc.
Publié par Éditions Impact
509, rue des Érables, Trois-Rivières (Québec)
G8T 7Z7 – Canada
Site Web : www.editionsimpact.org
Tous droits de traduction, de reproduction et d'adaptation réservés.

Traduction : Janice Marcoux Houle

ISBN : 978-2-89082-331-0

Dépôt légal – 2ᵉ trimestre 2019
Bibliothèque et Archives nationales du Québec
Bibliothèque et Archives Canada

« Éditions Impact » est une marque déposée de Publications Chrétiennes, Inc.

À moins d'indications contraires, toutes les citations bibliques sont tirées de la Nouvelle Édition de Genève (Segond 1979) de la Société Biblique de Genève. Avec permission.

Ce livre est exceptionnel. Il est rempli de sagesse spirituelle, en plus d'être pratique en ce qui concerne la formation de leaders au sein du peuple de Dieu. On y perçoit une solide compréhension des Écritures et plusieurs années d'expérience dans le ministère pastoral. Cet ouvrage m'a mis au défi et m'a encouragé pour ma propre vie, mon ministère et mon cheminement avec Dieu. Je le recommande vivement !

Wayne Grudem, professeur de recherche en théologie et études bibliques, Phoenix Seminary, à Phoenix, Arizona

Le coaching biblique décrit, en réalité, une amitié et des soins intentionnels, et nous avons tous besoin de cela. Ce livre nous aide à faire en sorte que cette relation amicale soit centrée sur l'Évangile, qu'elle s'adresse au cœur et qu'elle conduise l'individu à Christ. Je vais assurément m'en servir et ardemment en encourager d'autres à faire de même.

Steve Timmis, auteur, directeur d'Acts 29 en Europe de l'Ouest, fondateur de The Crowded House, à Sheffield, Royaume-Uni

Cela fait plusieurs années que je vois mon ami Scott Thomas assumer le rôle de berger pour des leaders d'Églises. Scott connaît les problèmes auxquels ils sont confrontés dans leur vie personnelle, spirituelle et leur ministère. *Le coaching biblique* est un livre pratique et riche au point de vue théologique qui contribuera à former des leaders équilibrés pour diriger des Églises missionnelles.

Ed Stetzer, président de LifeWay Research

Ce livre est biblique, théologique et extrêmement pratique. Il est centré sur Christ et sur l'Évangile (bien que les deux soient indissociables). Il est pertinent et, par moments, plutôt douloureux. Cette souffrance est cependant curative et rédemptrice. J'aime beaucoup cet ouvrage ; je l'utiliserai à bon escient dans les années à venir.

Daniel L. Akin, président du Southeastern Baptist Theological Seminary, à Wake Forest, Caroline du Nord

Dans *Le coaching biblique*, Scott Thomas et Tom Wood ne se limitent pas à décrire les pratiques nécessaires pour être un berger ou un coach efficace.

Ils expliquent également comment elles doivent et peuvent être motivées par un cœur que l'Évangile a transformé. Je le recommande fortement !

Steve Childers, président et PDG de Global Church Advancement, professeur au Reformed Theological Seminary, à Orlando, Floride

Quelle lecture merveilleuse et quelle mine d'or de ressources Scott Thomas et Tom Wood nous ont fournies dans *Le coaching biblique* ! J'aurais grandement tiré profit, à l'époque où j'étais jeune pasteur, de la sagesse saturée de l'Évangile et des connaissances acquises par l'expérience que contiennent ces pages. L'ADN de l'Évangile aurait été plus profondément intégré dans la vie de notre Église. Mais aujourd'hui, vingt-cinq ans plus tard, je suis reconnaissant d'avoir un outil qui me sert pour le coaching d'une génération émergente de leaders d'Églises passionnés qui aiment l'Évangile de la grâce, l'épouse de Christ et le royaume de Dieu. N'hésitez pas à acheter ce livre, et encouragez toute personne qui a l'Église à cœur à faire de même.

Scotty Smith, prédicateur, Christ Community Church, à Franklin, Tennessee

Un mouvement de « pasteurs qui jouent le rôle de berger pour d'autres pasteurs », voilà un des grands besoins de notre époque. Ce livre peut équiper et motiver des ouvriers à s'impliquer pleinement dans ce ministère dont on a désespérément besoin. Il est gorgé de l'Évangile, fidèle aux Écritures et très pratique. Scott Thomas et Tom Wood ont bien servi l'Église en nous fournissant une telle ressource.

Tom Ascol, directeur général de Founder's Ministries, pasteur de Grace Baptist Church, à Cape Coral, Floride

Cet outil est essentiel pour aider les pasteurs et les implanteurs d'Églises à conduire leur troupeau et leur famille de façon efficace en développant un plan de vie centré sur l'Évangile.

George Ross, directeur de ONE8 Church Planting Network, pasteur de Lifepoint Church à Senatobia, Mississippi

À mes fils, Derrin et Dustin.
J'ai eu l'honneur d'être votre coach dans tous les aspects de votre vie, mais particulièrement dans celui de l'Évangile. Vous m'avez aidé à voir avec plus de clarté l'amour de notre Père et la joie que nous lui procurons lorsque nous lui répondons avec foi.

– Scott

Pour Annie, Julie et Amy, filles de la grâce !
Le père que je suis éprouve une grande joie de voir ses enfants grandir et marcher dans la vérité de l'Évangile.

– Tom

TABLE DES MATIÈRES

Deuxième partie : Coacher comme un berger-dirigeant

Troisième partie : Les séances de coaching

DIAGRAMMES

TABLEAUX

REMERCIEMENTS

Scott

Je tiens à remercier les personnes suivantes pour leurs efforts en vue d'aider à créer ce système de « coaching biblique » :

Jeannie Thomas – pour son soutien continuel dans tout ce que j'entreprends. Depuis trente ans, elle a sacrifié avec joie du temps avec moi au profit du royaume de Dieu, pour que je m'investisse dans la prochaine génération de leaders sains qui se reproduisent dans l'Église.

Adriel Ifland – pour son engagement dans le coaching et pour les remue-méninges créatifs que nous avons faits ensemble alors que je rêvais de coacher des leaders.

Anthony Ianniciello – pour avoir dirigé son équipe dans le développement du site Internet (www.gospelcoach.com) facilitant le coaching. Gabe Coyne et lui ont pris mes idées et leur ont donné vie.

Les coachs d'Acts 29 – pour les sacrifices qu'ils ont faits afin de coacher d'autres implanteurs d'Églises et les amener à glorifier Dieu.

Tom

Merci à tous les hommes que Dieu m'a permis de coacher dans la dernière décennie. Vous avez contribué à faire de moi un meilleur coach. J'ai appris plus de choses de vous que vous en avez apprises de moi. Merci à Steve Brown qui vivait et qui enseignait l'Évangile bien avant que ce soit à la mode ! Tu m'as donné une image claire de qui est Jésus-Christ, lui qui m'a aimé et qui s'est donné pour moi ! Et pour finir, merci, Rachel, ma coach biblique depuis trente-trois ans.

PRÉFACE

IL SE POURRAIT QUE L'ÉGLISE soit en meilleur état qu'elle en a l'air, ou du moins, pas aussi mal en point que le croient la plupart des observateurs.

Comprenez-moi bien. Comme Augustin le sous-entend, l'Église est réellement une prostituée, tout en étant notre mère. Une simple lecture rapide de son histoire fera grimacer n'importe quel chrétien. Ce n'est pas beau à voir. Ça ne l'a jamais été et ça ne le sera pas jusqu'à ce que Jésus revienne pour faire le ménage.

Cela dit, une brève prise de conscience de l'œuvre accomplie par l'Église tout au long de l'histoire causera la stupéfaction de tous, sauf peut-être des plus cyniques d'entre nous (et je suis un vieux prédicateur cynique). On pourra en effet s'étonner devant ce que Dieu a fait pour se glorifier à travers des humains pécheurs et faillibles. En fait, on se doute bien que l'histoire serait grandement améliorée si les chrétiens se décidaient à passer à l'action pour réaliser leur désir de devenir meilleurs. Dans nos meilleurs jours, nous voulons, pour la plupart d'entre nous, aimer, servir et glorifier Christ davantage.

Lorsqu'on nous demande quels sont les problèmes que l'Église de Jésus-Christ doit affronter aujourd'hui, presque tout le monde parle de la nécessité de la sainteté, de l'obéissance, de doctrines bibliques, d'une saine théologie, de la fidélité, de la clarté de l'Évangile, de la pertinence culturelle et de toute une variété d'éléments urgents. Oser remettre en question cette « liste » de besoins reviendrait pratiquement à être contre la vertu. Les besoins de l'Église sont grands, en effet, et nous en sommes tous conscients.

En fait, un grand nombre de livres définissent adéquatement les problèmes de l'Église. Je bénis les auteurs de ces ouvrages.

Cependant, il arrive qu'on soupire après ce qui est pratique et « faisable ». Voilà deux adjectifs qui décrivent bien ce livre. Scott Thomas et Tom Wood répondent à la question des problèmes de l'Église en demandant : « Que faire, maintenant ? » et « Comment pouvons-nous le faire ? » Pour réponse à ces questions, ils présentent la vérité biblique et théologique de l'Évangile avec tant de clarté que j'ai envie de me lever pour entonner le *Hallelujah* de Händel.

Si vous pensez qu'il s'agit simplement d'un autre livre pour les leaders d'Églises, vous vous trompez. *C'est* cela : un ouvrage extrêmement utile pour ceux d'entre nous qui sont appelés à diriger et à œuvrer côte à côte pour l'avancement du royaume de Dieu. Mais ce livre est beaucoup plus que cela. C'est un modèle biblique pour tous ceux que la Bible appelle un « royaume de sacrificateurs » et qui désirent voir l'Église relever ses manches et achever sa course efficacement d'une manière qui glorifiera le Dieu que nous servons, lui qui nous a aimés plus que ce que nous pouvons imaginer.

Lisez ce livre et soulignez-en des passages, puis donnez-le à quelqu'un qui désire que l'Église soit ce qu'elle devrait être. Qui que vous soyez, Dieu vous a appelé à être un « coach », et je vous recommande cet ouvrage pour apprendre comment le faire.

STEVE BROWN

Il est le fondateur et le président de Key Life Network. Il est aussi l'animateur d'une émission télévisée, l'auteur de nombreux livres, professeur au Reformed Theological Seminary et un conférencier des plus sollicités.

AVANT-PROPOS

LE COACHING BIBLIQUE fournit aux leaders chrétiens un fondement théologique ainsi qu'un système pratique pour former et équiper d'autres dirigeants dans l'Église locale à faire des disciples, à les amener à glorifier Dieu et à diriger d'une manière efficace. Bien que le sous-titre suggère qu'il s'adresse à des leaders, on peut l'utiliser pour coacher les croyants dans différentes étapes de leur vie, des hommes et des femmes de tous les niveaux de maturité et de tout âge. Des dirigeants de dénominations ou de réseaux d'Églises peuvent coacher des pasteurs ou des leaders régionaux. Des pasteurs peuvent coacher leurs anciens, leurs collègues ou des leaders en devenir. Des anciens peuvent coacher des responsables de petits groupes et des disciples peuvent coacher d'autres disciples. En fait, des parents peuvent coacher leurs enfants en utilisant les principes de ce livre.

Le coaching biblique est un projet collaboratif qui réunit des dirigeants implanteurs d'Églises provenant de deux milieux différents. Scott Thomas est le président du réseau Acts 29 et l'ancien exécutif de la Mars Hill Church à Seattle. Tom Wood est le président de Church Multiplication Ministries à Atlanta, Géorgie. Ils ont tous deux été pasteurs pendant plus de trente ans, ils ont implanté des Églises et ont coaché des pasteurs pendant de nombreuses années. Ils continuent de servir comme pasteurs d'assemblées locales.

Le contenu de ce livre est le fruit d'un effort commun accompli avec joie et synergie. Scott a effectué le travail colossal d'éditer son ouvrage et de le combiner avec la thèse de doctorat de Tom pour n'en faire qu'une seule voix.

La plupart des pronoms personnels et des anecdotes concernent Scott. Chaque fois qu'une histoire ou une référence n'est pas attribuée à Scott, le nom de Tom s'y trouvera entre parenthèses pour préciser.

Lorsqu'on écrit un livre pour décrire une nouvelle approche, on présuppose souvent que les autres approches sont inadéquates ou inexactes. Là n'est pas notre intention. Nous sommes reconnaissants pour les autres ressources sur le coaching qui visent le développement des leaders dans l'Église. Nous voulons simplement mettre l'accent sur l'Évangile comme moyen de développer des dirigeants qui glorifient Dieu. La principale différence entre l'approche du coach centré sur l'Évangile et les autres, c'est que le premier joint la connaissance (la tête) à l'action (les mains) et à l'être (le cœur). Bien que « faire » soit important, si le coaching de leaders n'aborde que les habiletés et les techniques externes, on risque de passer à côté de réels problèmes de cœur. L'approche du coaching centré sur l'Évangile est fondée sur la conviction que nos actions émanent de notre être (en Christ). Nous avons été créés en Jésus-Christ pour de bonnes œuvres (Ép 2.10). Nous voulons aider les dirigeants d'Églises à porter une attention particulière à ce qu'ils sont (l'être) et à veiller à conduire les autres (le faire) dans l'Église que Jésus s'est acquise par son propre sang (Ac 20.28).

Nous prions pour que *Le coaching biblique* apporte de la clarté dans le coaching et le leadership en réveillant les dons, la passion et l'appel dans la vie des gens. Nous prions qu'il aide les pasteurs et les autres leaders chrétiens à diriger le troupeau de Dieu avec amour, tout comme Jésus-Christ, le bon berger, a conduit son troupeau à lui et dans sa mission, pour sa gloire. Nous prions également qu'un renouveau jaillisse dans l'Église grâce à un coaching principalement centré sur l'Évangile.

INTRODUCTION

ALORS QUE JE SERVAIS comme pasteur principal d'une Église florissante au Colorado, j'ai pris une des pires décisions de ma vie. Un jour, parce que je ne voulais plus avoir affaire avec un ancien entêté, j'ai subitement remis ma démission. À l'époque, je n'avais pas l'impression qu'il y avait une personne dans ma vie avec qui j'aurais pu discuter objectivement de cùe problème avant de prendre cette décision. Il n'y avait personne pour m'aider à faire le tri de mes émotions et de ce qui troublait mon cœur pour me guider vers une réponse vertueuse. Je n'avais personne pour me coacher. Aujourd'hui, si je pouvais revenir en arrière, je réagirais envers cet ancien d'une tout autre manière. Bien qu'on ne puisse pas changer le passé, plusieurs années après, je suis retourné à cette Église et je lui ai demandé pardon publiquement pour ma décision. Cette expérience m'a amené à créer la structure derrière l'approche du coaching biblique. C'est une façon de promouvoir des dirigeants et des Églises en santé qui glorifient Dieu.

Dans le livre utile intitulé *Connecting: The Mentoring Relationships You Need to Succeed in Life*, les auteurs, Paul Stanley et Robert Clinton, présentent trois types de relations de mentorat : le faiseur de disciples, le guide spirituel et le coach[1]. Ils suggèrent que

chaque style de mentorat implique une interaction plus intentionnelle et spécifique, et qu'on obtient de meilleurs résultats lorsque les
trois dynamiques sont présentes.

Selon Stanley et Clinton, le *faiseur de disciples* instaure un processus relationnel dans lequel un disciple de Christ plus expérimenté
partage avec un nouveau croyant l'engagement, la compréhension et
les habiletés de base nécessaires pour connaître Jésus-Christ et lui
obéir. Le faiseur de disciples enseigne quelqu'un et l'aide à mettre
l'Évangile en pratique. Le *guide spirituel* est un disciple de Christ
consacré et mature qui partage ses connaissances, ses habiletés et
sa philosophie de base sur ce que signifie être comme Christ dans
tous les domaines de la vie. Les principales contributions d'un guide
spirituel sont la reddition de comptes, les décisions, les conseils par
rapport aux questionnements, les engagements et la direction qui
touchent la spiritualité (les motivations intérieures) ainsi que la
maturité (intégrer la vérité dans sa vie). Le faiseur de disciples fournit
aux gens les éléments de base pour suivre Christ, alors que le guide
spirituel, d'après les auteurs, nous aide à faire le tri de nos motifs par-
tagés et à nous concentrer de nouveau sur Christ lorsque les conflits
d'horaire et notre soif d'approbation des hommes viennent brouiller
nos priorités. Le *coach*, selon Stanley et Clinton, fournit la motivation et transmet les habiletés, l'encouragement et la mise en pratique
pour accomplir une tâche ou relever un défi. Il partage ses observa-
tions, un compte-rendu et une évaluation fondée sur son expérience
personnelle, ce qui lui sert de moyen d'enseignement.

Stanley et Clinton en sont venus à la conclusion que le mentorat
fonctionne mieux lorsque ces trois dynamiques sont présentes. Bien
que notre livre s'intitule *Le coaching biblique*, nous ne nous concentrons pas uniquement sur l'aspect du « coaching » dont parlent
Stanley et Clinton dans leur ouvrage. Nous souhaitons intégrer les
trois types de mentorat en une seule relation de coaching. Le coach
centré sur l'Évangile sert un dirigeant en tant que faiseur de disciples, guide spirituel et coach. Il est à la fois quelqu'un qui fait grâce

et qui dit la vérité. La relation de coaching biblique est un type de relation de mentorat qui permet d'ajuster nos paroles et nos actions pour mieux servir le disciple. Un coaching efficace est fondé sur une amitié, mais il s'agit d'un type d'amitié unique qui s'appuie sur l'Évangile.

Cette approche comporte sept engagements principaux :

1. Glorifier Dieu en remplissant un rôle de berger pour des leaders, de manière holistique, au moyen de l'Évangile ;
2. Se concentrer principalement sur l'Évangile de Jésus-Christ durant chaque séance de coaching ;
3. Prendre soin du cœur des leaders pour que l'Évangile les transforme ;
4. Rester fidèle à l'autorité et à la suffisance des Écritures ;
5. Équiper les dirigeants à manifester les effets de l'Évangile, en tant que porteurs de l'image de Dieu ;
6. Promouvoir l'Église locale comme siège du ministère à partir duquel la communauté, la mission et l'Évangile se propagent dans le monde ;
7. Coacher des leaders d'Églises pour qu'ils coachent à leur tour d'autres dirigeants par la puissance de l'Évangile en vue de produire des Églises en santé qui font des disciples.

Chaque fois que j'enseigne à des leaders et que je les forme en utilisant ce livre, plusieurs me disent qu'il est réellement facile de coacher les autres efficacement et de manière pratique. Dans les pages qui suivent, je veux présenter un moyen plaisant, pratique et centré sur l'Évangile de prendre soin de l'Église de Dieu en amenant les disciples à glorifier Dieu.

Prenez donc garde à vous-mêmes, et à tout le troupeau sur lequel le Saint-Esprit vous a établis évêques, pour paître l'Église de Dieu, qu'il s'est acquise par son propre sang (Ac 20.28).

LES FONDEMENTS DU COACHING BIBLIQUE

PREMIÈRE PARTIE

LES FONDEMENTS DU COACHING BIBLIQUE

CHAPITRE 1

LES RAISONS POUR LESQUELLES CHAQUE DIRIGEANT D'ÉGLISE A BESOIN D'UN COACH

TOUT LEADER D'ÉGLISE a besoin d'un coach. Et chacun d'eux doit jouer ce rôle auprès d'autres dirigeants. Il y a de cela plusieurs années, je sentais cette ardente conviction dans mon for intérieur, sachant que c'était une vérité biblique. Il ne me manquait que le bon modèle pour la mettre à exécution ! Depuis, j'ai coaché des centaines de pasteurs, de façon formelle ou non, et j'ai formé des milliers de personnes avec ce modèle de coaching. Aujourd'hui, je vois une nécessité encore plus grande d'avoir un moyen de répondre aux besoins des leaders d'Églises, qui répandra le message de l'Évangile, qui favorisera la santé des dirigeants et de leur assemblée, et qui stimulera l'expansion de l'Église dans le monde entier.

Les dirigeants de ministères sont souvent ceux qui ont le moins de ressources dans l'assemblée et qui reçoivent le moins de soutien et d'attention. Fréquemment, des leaders laïcs et professionnels dans l'Église me confient qu'ils se sentent délaissés, sous-équipés, insuffisamment formés et peu appréciés. Coacher les dirigeants dans le ministère demeure un aspect essentiel pour qu'ils continuent d'être efficaces en tant que bergers du troupeau du Seigneur. Nous croyons que le coaching est nécessaire, parce qu'il s'agit d'un processus qui leur donne de l'encouragement et des habiletés, ce dont tout leader a besoin pour bien jouer son rôle dans le ministère. Cependant, cela se fera dans le contexte d'une *amitié* centrée sur l'Évangile.

Trop souvent, les Églises traitent ceux qui y servent comme de la marchandise. On adopte une approche de consommateur dans nos relations et l'on utilise les individus pour s'assurer que le ministère se fera. Nous croyons qu'il existe un moyen bien meilleur et plus biblique pour travailler avec les gens dans nos assemblées. Les pasteurs et les dirigeants d'Églises peuvent recruter d'autres leaders et des bénévoles de manière personnelle et aimante, en les équipant et en leur fournissant les outils nécessaires pour répondre à l'appel de Dieu de le glorifier et de faire des disciples. En effet, les gens aspirent profondément à être utiles, mais personne n'aime être exploité.

Qu'est-ce que le coaching ?

Autant les entrepreneurs professionnels que les dirigeants d'Églises cherchent maintenant à entretenir des relations de coaching pour les aider à gérer leurs défis personnels et professionnels. À l'origine, le terme *coach* faisait référence à un carrosse tiré par des chevaux, conçu pour transporter des personnes ou du courrier. Au début du XVe siècle, on fabriquait ces véhicules dans une petite ville hongroise, nommée Kocs (prononcé « kotch »)[1]. Vers 1830, on a commencé à faire usage de ce mot dans un sens symbolique pour parler d'un instructeur ou d'un formateur. Il apparaît dans certaines des publications de l'université d'Oxford comme terme d'argot pour désigner un tuteur qui « porte » un étudiant pendant une période d'examens. À partir de 1861, cette utilisation métaphorique du mot, faisant allusion à un individu qui « porte » quelqu'un d'autre, a été employée dans le domaine des compétitions sportives[2].

À l'origine, le coaching se référait au processus de transport d'un individu d'un endroit à un autre. On peut appliquer cela aux efforts des athlètes, à la musique, à l'art, au théâtre, au jeu d'acteurs, à l'art oratoire et au développement d'habiletés professionnelles. Aujourd'hui, il est possible de trouver un coach pour presque toute activité à laquelle on désire s'adonner. Le concept du « coach de vie » aurait débuté avec un ancien entraîneur de football au collégial devenu conférencier motivateur à la fin des années 1970. On considérait ce genre de coaching comme une relation professionnelle particulière, pour une période déterminée, dans laquelle une personne discute avec un autre individu pour explorer les moyens d'avoir une vie plus engagée, de vivre « intentionnellement »[3].

Il y a quelques années, j'ai (Tom) décidé d'adhérer à un club de remise en forme et j'ai commencé un régime pour améliorer ma condition physique. J'ai donc visité un établissement de ma région et l'on m'a invité à faire le tour de l'édifice pour voir les services qui y étaient offerts. Après avoir observé des hommes et des femmes qui s'entraînaient avec des machines que je voyais pour la toute première fois, je me suis rendu compte que j'aurais besoin d'un coach personnel pour me montrer comment m'y prendre.

En travaillant avec un coach, j'ai appris plusieurs choses. Premièrement, j'ai compris que j'avais besoin de sa connaissance pour m'aider à tirer le maximum de chaque exercice que je faisais. Deuxièmement, j'ai vu que j'avais besoin de lui pour me former selon une approche holistique qui incluait mon alimentation, mon style de vie et mon activité physique. Il n'était pas suffisant de ne considérer qu'un seul domaine de ma vie ; tous ces aspects étaient reliés entre eux. Troisièmement, j'ai compris que j'avais besoin d'encouragement et de motivation. Je me souviens de ses paroles stimulantes qui, à maintes reprises, me poussaient un peu plus loin que je ne serais normalement allé. Il me disait des choses comme : « Tu peux le faire ! », « Continue ! » et « Ne t'arrête pas maintenant ! ». En plus de cela, j'ai découvert que je devais rendre des comptes à quelqu'un. Bien des matins, si je n'avais pas auparavant programmé et payé un rendez-vous avec mon coach, il y a de fortes chances que j'aurais raté ma séance avec lui. De plus, mon coach pouvait m'aider à mesurer mes progrès. Nous avions un point de départ et nous pouvions mesurer les améliorations au fur et à mesure. Cette relation de coaching constituait une des clés du succès de ma mise en forme.

De nombreux dirigeants d'Églises vivent des épreuves et de la souffrance, tant dans leur ministère que dans leur vie personnelle. Dans certains cas, ce sont des ennuis de santé, dans d'autres, ce sont des difficultés familiales ou conjugales. En plus de ces difficultés personnelles, ces leaders portent le fardeau de la multitude de problèmes auxquels sont confrontés ceux dont ils prennent soin, ceux qu'ils supervisent. Ce sont des problèmes réels – cancer, perte d'emploi, abandon par des amis et d'autres anciens, revers financiers – qui peuvent bouleverser les dirigeants pendant des mois. Parfois, cela les pousse même à quitter le ministère pour de bon. La douleur qu'ils ressentent est vive et constante.

Les dirigeants d'Églises ne sont pas exempts des soucis de la vie, et comme tout le monde, ils ont des faiblesses et il leur arrive de lutter avec des doutes et de perdre leur passion pour Dieu et sa mission. En outre, ils font souvent face à des attaques spirituelles surnaturelles. La question que nous devons nous poser est la suivante : *qui assume le rôle de berger des bergers ?* Où les dirigeants de ministères dans l'Église locale peuvent-ils recevoir des soins pastoraux pour eux-mêmes ? La plupart d'entre eux n'ont aucune idée où en trouver. Paul Stanley et Robert Clinton font la remarque suivante :

> La société actuelle redécouvre que le processus d'apprentissage et de maturation exige du temps et diverses sortes de relations. Le concept de la femme ou de l'homme qui a réussi tout seul, et qu'on qualifie de « self-made », est un mythe. Et bien que certains se disent de cette

catégorie, peu de gens y aspirent. Cette façon de faire produit des gens bornés et déficients au point de vue relationnel…

Il est particulièrement important d'avoir un coach lorsqu'on s'engage dans une nouvelle responsabilité ou qu'on essaie quelque chose pour la première fois. Ce sera également très utile lorsqu'on s'enlise dans une tâche[4].

De nombreux pasteurs et dirigeants d'Églises se sentent seuls, abandonnés et vulnérables. Ils désirent des relations où ils peuvent être vrais et honnêtes avec leur interlocuteur. Cependant, ils hésitent à partager les profondes préoccupations de leur cœur avec un membre de leur Église, ou même un autre leader, alors il n'est pas rare qu'ils souffrent en silence. Souvent, ils n'arrivent pas à se repentir ou à confesser leur péché et, par conséquent, ils sont freinés dans leur habileté à superviser le troupeau qui leur a été confié. Ils sont blessés, et l'assemblée entière souffre lorsque la santé de son berger est défaillante. Coacher d'autres disciples dirigeants est indispensable pour la santé des leaders et de leur famille, ainsi que de l'organisation dans laquelle ils servent.

L'efficacité du coaching

Howard Hendricks, professeur au Dallas Seminary, a estimé que 80 à 90 pour cent du développement du leadership se fait par la formation sur le terrain. Cela signifie que sans formation pratique, une grande partie du travail pour former et outiller les leaders n'est qu'une perte de temps. Ceux qui sont dans les domaines des sports, de l'éducation, des affaires, de la médecine, des arts, du conditionnement physique et des finances savent cela d'instinct. En fait, si vous preniez un moment pour réfléchir à votre propre vie et à votre développement professionnel, vous vous souviendriez sûrement d'une ou deux personnes qui ont eu une grande influence sur votre façon de penser, vos habiletés, vos choix de carrière et peut-être même votre caractère. Je suis redevable à mon ancien professeur de littérature anglaise et de journalisme, Dave W. Robb, qui m'a coaché « sur le terrain » dans le domaine de l'écriture, alors que j'étais chroniqueur et éditorialiste du journal de notre école. Son investissement dans ma vie a porté ses fruits de multiples façons au cours des trente dernières années. Je me souviens également du directeur de cette école, Warren « Wo » Carere, qui m'a coaché « sur le terrain », me formant à diriger l'équipe de basketball en tant que capitaine pendant deux ans. Son investissement en moi a constitué un autre tournant dans ma vie.

Michael Jordan est sans doute le meilleur joueur de basket de tous les temps. Pourtant, avant que Phil Jackson n'entre en scène, l'équipe de Jordan ne gagnait que 48 pour cent des parties et n'avait aucun championnat à son actif, même si Jordan était souvent le meneur en termes de points. Après que Jackson soit devenu l'entraîneur en chef des Bulls de Chicago, ils ont remporté 75 pour cent de leurs matchs et six championnats. Michael Jordan a toujours eu un grand talent et une habileté naturelle considérable, mais le coaching a fait une différence marquée pour l'amener à son plein potentiel.

Une grande part de notre propre expérience dans le coaching de leaders se trouve dans le domaine de l'implantation d'Églises. Récemment, la convention Southern Baptist a mené une étude sur six cents implanteurs. Le D[r] Ed Stetzer en a tiré la conclusion suivante : « Ceux qui avaient des rencontres hebdomadaires avec un mentor […] dirigeaient une Église presque deux fois plus nombreuse, en comparaison avec ceux qui n'avaient pas de mentor[5]. » Dans une étude similaire menée par The Foursquare Church, on a trouvé que les implanteurs d'Églises qui avaient des rencontres mensuelles avec un coach ou un mentor voyaient le nombre de baptêmes augmenter de 150 pour cent et l'assistance au culte s'accroître de manière importante, contrairement à ce qu'expérimentaient ceux qui n'en avaient pas[6]. Bien que la croissance numérique ne soit pas une jauge adéquate en soi de l'efficacité du coaching, elle fournit tout de même un important indice, suggérant que le coaching produit une différence dans la vie d'un dirigeant.

Les bienfaits du coaching

Lorsque je forme des leaders pour qu'ils deviennent des coachs centrés sur l'Évangile, je leur demande toujours de me dire pourquoi ils croient qu'il est important que les dirigeants d'Églises aient un coach. Voici quelques-unes des réponses les plus fréquentes :

- Le coaching aide le leader évangélique à se rappeler que les bergers ont, eux aussi, besoin d'un berger.
- Le coaching expose les angles morts d'un dirigeant.
- Puisque les leaders risquent de succomber à l'attrait trompeur du péché, le coaching est un entretien préventif, un moyen pratique pour qu'ils veillent attentivement sur eux-mêmes.
- Les enjeux pour un dirigeant d'Église sont de taille et le coaching peut protéger le troupeau des erreurs et des mauvaises décisions d'un leader.
- Le coaching offre un modèle de communauté biblique et de formation de disciples.
- Le coaching fournit un partenaire de prière pour le leader.
- Les dirigeants peuvent être orgueilleux et le coaching les aide à déceler et combattre l'arrogance.
- Le dirigeant peut se sentir seul ; le coaching lui donne de l'encouragement.
- Le coaching améliore la perspective et l'objectivité du leader.
- Le coaching facilite la croissance du dirigeant et les démarches pour l'outiller.
- Le coaching précise l'appel du leader.
- Le coaching permet au leader d'être redevable et de se soumettre à un autre leader.

- Le ministère est une tâche difficile et compliquée, et le coaching affine les compétences et les habiletés du dirigeant.
- Le coaching permet de recevoir des commentaires constructifs sur ses idées et les conseils d'un autre leader.
- Le coaching est agréable, il encourage l'amitié et permet au leader d'avoir un appui dans ses décisions.
- Le coaching favorise la sanctification personnelle.
- Le coaching protège la santé de la famille et du couple.

Comme vous pouvez le voir par ces réponses, les bénéfices du coaching ne profitent pas uniquement au dirigeant. L'Église et la communauté qu'il sert et qu'il cherche à atteindre en recevront également de grands bienfaits.

Les leaders fidèles font des disciples, mais les grands leaders font d'autres leaders. On n'apprend pas à diriger en suivant un cours ou en lisant un livre sur le sujet. La meilleure formation pour un individu a lieu lorsqu'il commence à assumer ce rôle envers d'autres personnes tout en étant suivi par un mentor. Alors qu'un dirigeant de ministère continue d'apprendre et d'appliquer l'Évangile dans sa propre vie, ceux qu'il ou elle conduit apprendront en observant et en suivant son modèle. Ils seront équipés et habilités par l'Évangile grâce à l'exemple pratique et le fruit manifeste dans la vie du leader.

Gary Collins a fait une affirmation audacieuse au sujet de l'importance de développer des dirigeants : « Un bon coaching est la clé pour produire de bons leaders. À une époque de changements, pour être un bon dirigeant, il faut être un bon coach. Et pour être un bon coach, il faut reconnaître que le coaching est devenu une importante forme de leadership et de formation de leaders[7]. » Un jour, l'équipe de supervision des implantations d'une Église avec laquelle je (Tom) travaillais m'a questionné sur ma relation de coaching avec leur nouvel implanteur. J'ai répondu : « Voici comment je perçois mon rôle de coach : chaque semaine, je prépare le nouveau dirigeant à être prêt à offrir le meilleur de lui-même, selon la façon dont Dieu l'a équipé et créé. Il ne sera peut-être jamais un pasteur professionnel de haut niveau. Je ne vise pas cela dans mon coaching. Toutefois, je suis en mesure de l'aider à devenir quelqu'un en qui et par qui Dieu peut accomplir des œuvres miraculeuses. »

Le bénéfice fondamental de ce type de coaching n'est *pas* de produire le prochain leader étoile. L'avantage du coaching biblique est qu'il prend le message de l'Évangile – qui proclame que Dieu recrute des gens faibles et ordinaires pour accomplir de grandes choses à travers eux et montrer la grandeur supérieure de Jésus-Christ – et qu'il s'en sert pour transformer des leaders et leur Église afin qu'ils contribuent à leur tour à transformer d'autres vies. Le coaching ne constitue pas la recette miracle pour atteindre les sommets. C'est plutôt un moyen qui a fait ses preuves pour faciliter la transformation par l'Évangile, dans tous les domaines de la vie d'un dirigeant de ministère, *afin* qu'il soit efficace pour conduire les autres dans la mission de Dieu, à travers son Église locale.

Les raisons pour lesquelles chaque dirigeant a besoin d'un coach

Bien des dirigeants de ministère qui servent dans les Églises se sentent dépassés par la tâche exigeante de gérer une assemblée et d'en prendre soin. Le rôle de leader d'Église peut parfois sembler une tâche impossible. De plus, il est fréquent qu'après un certain temps, la désillusion, les distractions et la déprime finissent par affecter les dirigeants. Ce qui en résulte, c'est que les leaders et le ministère en souffrent, et par conséquent, l'Église n'est pas en bonne santé et elle n'a pas beaucoup d'influence pour l'Évangile.

Chaque dirigeant a besoin de quelqu'un dans sa vie qui lui serve de coach. Après trente ans à observer les leaders chrétiens, j'ai (Scott) dressé une liste de vingt difficultés qu'ils cachent aux autres selon moi, et dont ils souffrent souvent en solitaire. À quelques exceptions près, j'ai moi-même expérimenté chacune de ces choses à un moment ou un autre.

1. Mes habiletés sont juste dans la moyenne.
2. Fréquemment, je ne sais pas trop ce que je suis censé faire.
3. J'ai des problèmes émotionnels cachés, dont certains proviennent de ma relation avec mon père et ma mère.
4. Je suis souvent motivé par la recherche de ma propre gloire.
5. Je lutte constamment avec des péchés (et à l'occasion, je chute).
6. Je travaille beaucoup trop.
7. Ma vie spirituelle manque de constance.
8. Les gens me tapent sur les nerfs.
9. Ma vie de couple est quelconque.
10. Je ne suis pas certain d'être un bon père, une bonne mère, un bon mari, une bonne épouse.
11. Je n'éprouve pas vraiment de joie à accomplir mon travail.
12. Je suis trop jeune et inexpérimenté, ou mes meilleures années sont passées.
13. Je me sens très mal à l'aise en présence de non-chrétiens.
14. Je n'ai aucun ami intime en qui je peux avoir confiance.
15. Je compte sur ma position et sur la contrainte d'un sentiment de culpabilité pour convaincre les gens de s'impliquer.
16. Je prends des décisions sans prier à ce sujet et sans consulter d'autres personnes.
17. Je perds du temps avec des futilités.
18. Souvent, je me préoccupe davantage de moi-même que des autres.
19. Je suis en difficulté financière.
20. Je suis fréquemment tenté dans le domaine sexuel.

Plusieurs choses se trouvent au cœur de bon nombre de ces problèmes. La solitude et l'isolement peuvent devenir des facteurs écrasants qui affectent les dirigeants d'Églises de manière négative. Archibald Hart mentionne que la solitude mène souvent à l'arrogance, ce qui peut engendrer une dépendance, puis l'adultère[8]. La réalité de la guerre spirituelle, qui est parfois sous-estimée ou minimisée, constitue une autre cause de ces problèmes. Satan, l'ennemi de Dieu, déteste l'Église et il ne veut pas voir des Églises saines qui se reproduisent sous la direction de gens possédant la puissance de l'Évangile. Pourquoi serions-nous étonnés de constater que Satan cherche à détruire l'Église en dévorant les dirigeants de ministères et leur famille ?

Bien que l'on ait besoin de traiter ces questions et plusieurs autres encore, notre plus grand souci dans tout cela est *le cœur du leader.* Le cœur humain a tendance à dépendre de sa propre ingéniosité, de ses habiletés naturelles et des efforts de sa chair. Et les dirigeants d'Églises ne sont certainement pas immunisés contre cette propension. Un danger très réel et présent qui guette tous les leaders d'Églises est la froideur croissante du cœur qui se traduit par une perte de vitalité, de flexibilité et d'attachement absolu à la grâce de Dieu, qui elle, insuffle la vie et la puissance dans tout ce que nous faisons.

En voulant aider les dirigeants d'Églises à réussir leur vie personnelle et professionnelle, certains ont présenté des systèmes de coaching qui promettent de les rendre plus productifs, plus stratégiques et plus efficaces dans la réalisation de leurs objectifs et le perfectionnement de leurs habiletés de leadership. En général, l'attention se porte sur l'acquisition de compétences au moyen d'expertise-conseil et de mentorat et sur l'orientation de l'individu vers un avenir plus souhaitable. Bien que ces choses aient de l'importance dans leur contexte approprié, ce genre de coaching ne traite pas la question fondamentale pour les pasteurs et les dirigeants d'Églises : *qui ai-je comme berger pour mon âme ?* La vérité, c'est qu'on peut payer quelqu'un 300 $ l'heure comme coach pour nous conseiller dans nos décisions sur les budgets, les articles de la constitution, les bâtiments, les comités et les études bibliques. Toutefois, même en ayant trouvé des solutions à ces défis techniques, un dirigeant peut toujours se sentir misérable et vivre dans un état d'anxiété désespérée totalement dépourvu de la puissance et de la présence de Dieu.

Les leaders ont besoin de quelqu'un qui prendra soin de leur âme, afin qu'ils puissent ensuite mener les gens vers le Berger en chef, Jésus-Christ. Le coaching pour les dirigeants d'Églises ressemble plus au rôle biblique d'un berger qu'à de la consultation d'entreprise. Tout leader d'Église a besoin de quelqu'un qui se tient à ses côtés pour l'encourager, le reprendre, le réconforter et l'aider avec des paroles de vérité tirées des Écritures et de sagesse divine fondée sur l'œuvre de grâce et de salut en Jésus-Christ. Cela doit se faire à travers des relations de confiance.

Des exemples bibliques de coaching

Un étudiant m'a demandé pourquoi nous utilisons le terme *coaching* pour décrire notre système qui sert à équiper les leaders et à former des disciples. Je lui ai expliqué qu'il ne s'agit que d'un terme qui définit la transmission d'habiletés (faire), de caractère (être) et de connaissances (savoir) à quelqu'un d'autre, de la même manière que Jésus, Barnabas et Paul l'ont exemplifié dans la Bible. Augustin a déclaré : « Il n'y a pas de meilleure façon de chercher la vérité qu'avec la méthode de question et réponse[9]. » Le coaching s'avère efficace pour faciliter ce dialogue.

Jésus envers les Douze

Jésus-Christ, dans sa relation avec les douze apôtres, offre le meilleur modèle d'un coaching pratiqué dans le but de transformer le monde. Son ministère d'une durée de trois ans, auprès de Pierre, Jacques, Jean, André, Matthieu, Barthélemy, Judas, Philippe, Thaddée, Simon le zélote, Jacques, fils d'Alphée, et Thomas, fournit un exemple clair et convaincant du coaching biblique.

Jésus *connaissait* ses disciples. Il a développé une relation avec eux et a passé beaucoup de temps à leurs côtés, particulièrement avec

Pierre, Jacques et Jean. Il connaissait leurs forces et leurs faiblesses, et il en tenait compte dans sa manière d'interagir avec eux.

Jésus *a nourri* ses disciples. Il leur a enseigné et s'est concentré sur leur attitude, leurs motivations et leur caractère. Il a voué son attention sur leur caractère et non sur la fixation d'objectifs, la planification de stratégies ou même leurs habiletés dans la formation de disciples. Il serait difficile de trouver des problèmes liés au ministère que Jésus n'a pas traités.

Jésus *a conduit* ses disciples. Il les a amenés à entrer en relation avec Dieu et à devenir le genre d'hommes qu'il voulait qu'ils soient. Gunter Krallman a écrit : « Jésus a concentré davantage son instruction sur les attitudes et les principes spirituels qui sous-tendent et qui déterminent le comportement, le développement de relations, l'application d'habiletés et la performance dans le ministère[10]. » Jésus a sommé les Douze à partir deux par deux lors de leur premier effort missionnaire (Mt 10.5-14 ; Mc 6.7-13 ; Lu 9.1-6). Il leur a donné des instructions précises sur ce qu'ils devaient faire et où ils devaient aller. Il les a coachés en les amenant à avoir un ministère efficace, puis il a fait un retour avec eux sur cette première expérience.

Jésus *a protégé* ses disciples. Il a accompli cela en abordant leurs faiblesses et leurs péchés, accordant une attention particulière à leur démonstration d'humilité. Il réprimandait leur incrédulité et cherchait à se réconcilier avec eux après leurs échecs (Jn 20.24-29 ; 21.15-19).

Barnabas envers Paul

Barnabas est un autre exemple de coaching dans le Nouveau Testament. On le surnommait « fils d'exhortation » parce qu'il était généreux de son temps et de ses biens. C'est lui qui a présenté Saul (plus tard appelé Paul) aux apôtres.

Les coachs bibliques sont des gens qui encouragent les autres. Ils reconnaissent les dons et les habiletés que Dieu a placés en un disciple-dirigeant et ils l'exhortent à les utiliser et à les développer.

Barnabas a reconnu l'appel de Dieu sur la vie de Paul et il l'a encouragé en enseignant, en dirigeant et en évangélisant avec lui.

Paul envers Timothée

Paul était un générateur de dirigeants. Il nous apparaît comme un leader dominant, orienté sur les tâches à accomplir et prêt à prendre des risques. Pourtant, il connaissait la valeur d'une relation de coaching envers de jeunes dirigeants. Tout au long de ses épîtres, il mentionne les noms de presque quatre-vingts personnes avec lesquelles il était en relation, dont le plus notable : Timothée. Paul a développé une relation sans pareil avec ce dernier et il lui faisait référence comme (1) « un enfant avec son père » (Ph 2.22), (2) « mon enfant légitime en la foi » (1 Ti 1.2) et (3) « mon enfant bien-aimé » (2 Ti 1.2).

Paul a écrit : « Soyez mes imitateurs, comme je le suis moi-même de Christ » (1 Co 11.1) et « Ce que vous avez appris, reçu et entendu de moi, et ce que vous avez vu en moi, pratiquez-le. Et le Dieu de paix sera avec vous » (Ph 4.9). Dans la formation de Timothée, Paul s'est concentré sur trois principaux aspects : l'aspect personnel (1 Ti 3.1-13 ; 2 Ti 2.1 ; Tit 1 – 2), l'aspect de la mission (1 Ti 5.17 ; 2 Ti 4.2,5) et l'aspect spirituel (2 Ti 3.14-17 ; Tit 1.9). Il avait un intérêt profond pour le développement de la vie entière de Timothée et il cherchait à l'encourager, à l'équiper et à lui donner les moyens d'agir.

Paul envers Tite

La croissance et le perfectionnement dans la vie de Tite illustrent aussi magnifiquement bien le fait que le coaching peut produire des leaders de qualité et être un outil efficace de formation de leaders. Le coaching est un processus reproductif qui entraîne des dirigeants pour qu'ils en forment d'autres (2 Ti 2.2).

Remarquez les progrès de Tite comme dirigeant :

1. Tite était un ami qui a encouragé Paul (2 Co 7.6). Alors que Paul était abattu, l'arrivée de Tite lui a procuré du réconfort et de l'encouragement.

2. L'œuvre du ministère des Macédoniens intriguait Tite (2 Co 7.13). Son esprit a été tranquillisé lorsqu'il a pu en être lui-même témoin.

3. Tite était un ouvrier fiable qui exécutait les volontés de Paul (2 Co 8.6 ; 12.18). Ce dernier l'a envoyé régler certaines choses sur le champ missionnaire, ce qu'il a fidèlement accompli.

4. Tite en est venu à avoir à cœur le ministère et il s'y est impliqué de son propre chef (2 Co 8.16,17). Dieu a placé en lui le même empressement que Paul pour l'œuvre du Seigneur et il a commencé à agir de sa propre initiative.

5. Tite était un ouvrier établi (2 Co 8.23). Paul parlait de lui comme étant un compagnon d'œuvre dans le ministère envers l'Église macédonienne.

6. Tite est devenu le superviseur en chef pour établir des anciens d'un bout à l'autre de l'île de Crète. Sa fidélité et son appel lui ont permis d'être un pionnier du ministère dans cet environnement hostile (Tit 1.4,5).

Choisir son protégé

Jésus a choisi douze hommes pour qu'ils soient ses disciples (Mc 3.13-19 ; Lu 6.13-16). Barnabas s'est rendu à Tarse pour y chercher Paul (Ac 11.19-26). Paul a choisi Timothée, grâce aux recommandations de l'Église de Lystre (Ac 16.1-3). Et vous, comment choisirez-vous l'individu que vous coacherez ? Je crois que chacun peut assumer ce rôle pour au moins quatre personnes. Cela exige un investissement d'environ deux heures par semaine (cinq pour cent d'une semaine de travail de quarante heures) en ayant deux entretiens d'une heure chaque mois, avec chaque personne. On ne peut être le coach que d'un nombre limité de gens ; il nous faudra donc user de discernement pour déterminer qui Dieu nous appelle à coacher. Je crois personnellement que c'est la meilleure façon de disposer des ressources du royaume de Dieu et que c'est l'occasion idéale pour sélectionner des gens qui pourront un jour coacher d'autres personnes. Lorsque Paul a laissé partir Timothée, et que celui-ci ne se trouvait plus directement sous ses soins, il lui a recommandé de se concentrer sur le développement d'autres dirigeants : « Toi donc, mon enfant, fortifie-toi dans la grâce qui est en Jésus-Christ. Et ce que tu as entendu de moi en présence de beaucoup de témoins, confie-le à des hommes fidèles, *qui soient capables de l'enseigner aussi à d'autres* » (2 Ti 2.1,2, italiques pour souligner).

De plus, en raison de la profondeur de l'attachement personnel, relationnel et spirituel qui se crée dans le coaching, nous déconseillons vivement ce genre de relation envers un individu du sexe opposé. Même s'il existe de rares cas où ce serait permissible (un couple marié ou un membre de la famille), ce n'est pas un modèle que nous recommandons ou endossons.

L'étendue du coaching biblique

Le coaching biblique peut être mis en œuvre dans plusieurs situations relationnelles (voir le diagramme 1) :

- Un dirigeant de dénomination ou de réseau envers un pasteur ;
- Un pasteur envers un autre pasteur ;
- Un pasteur envers des collègues anciens ;
- Un ancien envers des dirigeants de petits groupes ;
- Un dirigeant d'un petit groupe envers des participants ;
- Un disciple envers un autre disciple ;
- Un parent envers son enfant.

Je suis un coach pour d'autres leaders du réseau, des pasteurs dans Acts 29 et dans l'Église Mars Hill ainsi que pour mes deux fils (âgés de vingt-trois et dix-neuf ans). Peut-être serez-vous surpris de

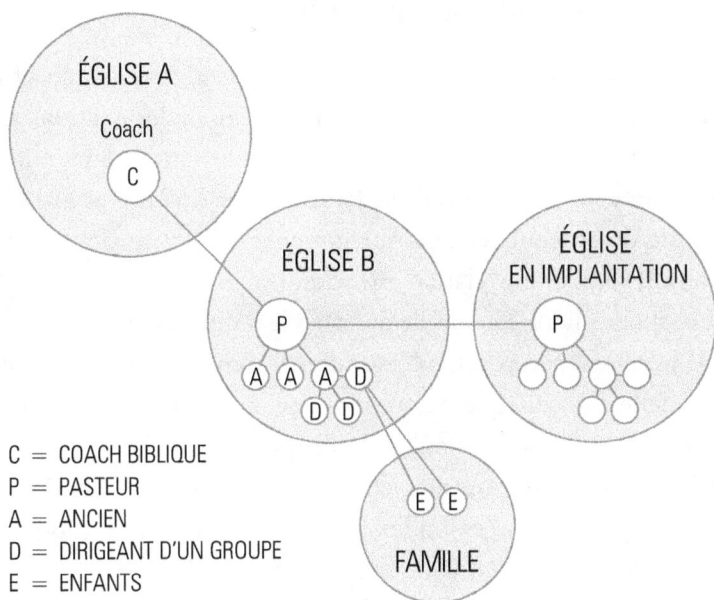

ÉGLISE A

Coach

C

ÉGLISE B

ÉGLISE
EN IMPLANTATION

P

P

A A A D

D D

C = COACH BIBLIQUE
P = PASTEUR
A = ANCIEN
D = DIRIGEANT D'UN GROUPE
E = ENFANTS

E E

FAMILLE

Diagramme 1 : L'étendue du coaching biblique

voir, dans la liste de relations de coaching possibles, celle d'un parent envers son enfant, mais j'ai découvert que ce modèle de formation de dirigeants, lorsqu'il est centré sur l'Évangile, s'avère utile dans l'enseignement et la formation des enfants. Récemment, mon fils aîné avait une décision à prendre et il est venu me voir dans ma chambre pour me demander de le coacher.

Par moments, mon coaching envers mes fils se concentre sur leur protection ; je leur communique des paroles de sagesse et de mise en garde par rapport aux tentations et aux défis de la vie. D'autre fois, je les aide à prendre leurs propres décisions en se basant sur la vérité, l'expérience et la sagesse. Ils acquiescent plus rapidement lorsque je prends du temps avec eux de cette manière, plutôt que de simplement leur dire quoi faire ou de leur donner mon avis.

Qu'est-ce que le coaching biblique ?

Comme nous le verrons dans les chapitres suivants, le coaching biblique est un moyen de glorifier Dieu à travers des relations remplies de l'Esprit et centrées sur la croix produisant une identité en Christ basée sur l'Évangile, de l'adoration, une union avec une communauté de croyants et une mission envers les gens de toutes les nations. Il s'agit d'une relation intentionnelle dans le but de travailler tout ce qu'implique l'Évangile dans la vie d'une personne.

Par exemple, un coach biblique doit chercher à comprendre la vie personnelle d'un disciple. Supposons que le protégé ait exprimé son besoin d'un nouveau véhicule. Plutôt que de chercher la meilleure solution pour obtenir une nouvelle voiture, le coach cherchera à sonder les questions plus profondes au niveau du cœur : ses motifs, ses idoles spirituelles, les conséquences imprévues qui pourraient résulter de l'obtention d'un véhicule neuf.

Dans une autre situation, un coach chercherait peut-être à aider une personne à mieux gérer son temps grâce à de nouvelles habiletés et des principes de gestion du temps. Il utiliserait peut-être une ressource telle que le livre de David Allen, *Getting Things Done*[11]. Toutefois, un coach centré sur l'Évangile ira au-delà d'une simple assistance dans la planification d'un horaire ou le développement d'habiletés. Avec amour, il remettra en cause les priorités du protégé et les exposera à la lumière des Écritures pour le conduire à prendre des décisions fondées sur la vérité révélée dans l'Évangile. Puis, il le protègera, soit en le confrontant dans sa décision ou en le tenant redevable pour celle-ci.

Comme indiqué ci-dessous (diagramme 2), le coaching biblique est un processus basé sur une relation dans laquelle un coach communique le message de l'Évangile à un disciple-dirigeant (illustré par les mots qui sortent d'un porte-voix). Ce message est projeté à travers les trois aspects de la vie d'une personne : les aspects personnel, spirituel et « missionnel ».

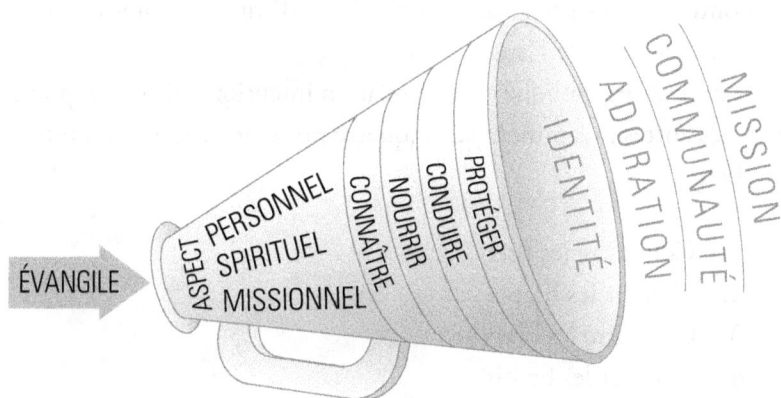

Diagramme 2 : L'illustration principale du coaching biblique

Un tel processus aura pour résultat un disciple rempli de l'Esprit qui adore Dieu dans tous les domaines de sa vie. Son identité est fondée en Christ, il est réellement uni à une communauté évangélique et en mission envers des gens de toutes les nations. Tout cela se produit *grâce à* un processus dans lequel une figure de berger, le coach biblique, connaît, nourrit, conduit et protège une autre personne.

J'ai été entraîneur de basketball et de football américain pendant environ vingt ans. Durant ces années, il ne m'est arrivé qu'à quelques reprises qu'un athlète me demande d'évaluer ses progrès. Pourtant, j'ai surveillé chaque mouvement de chaque joueur pour ensuite leur fournir les instructions, la correction et l'encouragement qui convenaient. Pendant les parties, je faisais sortir certains joueurs quand leurs actions ne progressaient pas et je leur donnais des instructions personnelles. Lors des entraînements, nous renforcions les habiletés selon ce que chaque joueur recherchait. J'ai vu de jeunes hommes se transformer en athlètes hautement performants qui aidaient leur équipe à remporter des championnats tout en excellant personnellement dans leur sport. Le coaching biblique ressemble beaucoup à cela. Un coach observe le disciple, l'écoute attentivement et lui offre ses commentaires pour l'aider à conduire d'autres disciples dans la glorieuse mission de Jésus-Christ.

Le coaching biblique est une relation intentionnelle où on prend soin des autres savamment selon quatre principes anciens et propres aux bergers :

1. Connaître les brebis ;
2. Nourrir les brebis ;
3. Conduire les brebis ;
4. Protéger les brebis.

Un coach centré sur l'Évangile s'enquiert, de façon bienveillante, mais directe, des aspects personnel, spirituel et missionnel de la vie d'un leader de ministère. Il sonde également les motivations profondes d'un dirigeant d'Église pour y déceler toute incrédulité compulsive et toute impulsion égoïste. Par amour, il cherche des indices de désobéissance et de péché, puis conduit l'individu à revenir à l'Évangile par la repentance et la foi. Le coaching permet de combiner une formation de disciples efficace et la formation de dirigeants. En outre, il a pour résultat trois bénéfices :

1. Un coach fournit ses commentaires, sa correction et ses recommandations pour les décisions en cours.
2. Un coach fournit des conseils, des réprimandes et des encouragements devant les défis.
3. Un coach fournit un plan d'action et des stratégies pour répondre à l'appel de Dieu.

Un coach biblique n'attend pas passivement d'être invité à éduquer et à évaluer. Il apprend à connaître la vie du disciple-dirigeant, il le nourrit de la vérité dont il a besoin, il l'amène à progresser dans l'appel de Dieu, puis il le protège par des encouragements et des réprimandes. Un coaching de qualité implique que l'on observe soi-même la vie et le comportement du disciple, puis qu'on l'instruise pour son bien.

Mais surtout, un coaching efficace ne fonctionne convenablement qu'avec une compréhension approfondie de l'Évangile, de son rôle central dans la vie du croyant et de son œuvre continuelle pour transformer des vies, produire des leaders équilibrés et des Églises ayant une riche théologie qui se reproduisent pour la gloire de Dieu et l'avancement de la mission de Jésus-Christ. Si l'Évangile n'est pas à l'œuvre dans la vie des dirigeants d'une Église, il est fort peu probable qu'il le sera dans la vie de l'assemblée.

CHAPITRE 2

LES RAISONS POUR LESQUELLES CHAQUE DIRIGEANT D'ÉGLISE A BESOIN DE L'ÉVANGILE

IL Y A DE CELA de nombreuses années, le pasteur d'une Église en Nouvelle-Angleterre a été confronté à des luttes de pouvoir concernant son salaire et son style de leadership. Quelques-uns des parents étaient déçus de la manière dont il avait repris un jeune garçon qui avait un mauvais comportement. Plusieurs des membres de l'Église accusaient le pasteur de manquer d'amour envers les gens, puisque ses dons s'inscrivaient principalement dans les domaines de la prédication et de l'enseignement. Ils avaient le sentiment qu'il démontrait peu de compassion et de compréhension. Tout cela se passait en dépit du fait que cet ouvrier avait joué un rôle-clé de leadership dans un réveil qui avait eu un impact sur des milliers de personnes et qui avait duré plusieurs années. À mesure que la situation empirait, un groupe nombreux d'opposants se formait. Quand le pasteur a refusé d'intégrer des non-croyants comme membres, l'Église l'a congédié. Il avait quarante-six ans et avait fidèlement servi les gens de cette communauté pendant vingt-trois ans. D'un seul coup, il se retrouvait sans emploi et traité comme un homme réprouvé par les membres de son Église.

Il a fallu presque 150 ans avant que cette même Église se repente de ses actions envers son berger renvoyé. Son nom, comme vous l'avez peut-être deviné, est Jonathan Edwards. Ce pasteur et théologien est généralement associé au premier grand réveil en Amérique, un temps de ferveur spirituelle sans précédent accompagné de puissants miracles[1]. Je fais mention d'Edwards pour souligner que bien que nous retenions souvent les faits saillants du succès dans le ministère, la vérité est qu'une part considérable de celui-ci implique une panoplie d'expériences divergentes dont des périodes de réussite et d'échec, de joie et de grands combats. Les dirigeants d'Églises rencontrent tout cela dans leur travail auprès des gens.

La tension qu'occasionne le fait de diriger une assemblée, en plus de la responsabilité de maintenir une famille exemplaire, peut souvent s'avérer accablante. Le *New York Times* communique ce rapport décourageant :

> Durant les dernières années, les résultats des études ont fait surface avec une sinistre régularité et sans grand préavis : les membres du clergé souffrent maintenant d'obésité, d'hypertension et de dépression à des taux plus élevés que la moyenne américaine. Pendant la dernière décennie, leur consommation d'antidépresseurs a augmenté, alors que leur espérance de vie a chuté. Plusieurs d'entre eux changeraient de métier s'ils le pouvaient[2].

Comme nous avons commencé à le reconnaître, les dirigeants d'Églises ne sont pas immunisés contre les effets du péché dans leur vie personnelle et spirituelle, de même que dans leurs efforts missionnaires. Ils avouent régulièrement que le ministère a des répercussions négatives importantes sur leur famille, leur vie conjugale et leur santé. Et lorsque les leaders souffrent, l'Église elle-même souffre. David Olson a écrit que « l'Église américaine est en crise » et il cite des études qui démontrent que 77 pour cent des Américains « n'ont pas de lien constant et vivifiant avec une Église locale[3] ». Aux États-Unis, l'Église semble avoir perdu une grande partie de sa théologie, sa ferveur spirituelle, sa mission et son culte envers Dieu. Elle n'est plus une communauté de disciples remplis de l'Esprit qui s'unissent pour le bien commun de rendre gloire à Dieu.

Quelle est donc la réponse des Églises au problème du stress croissant chez les dirigeants ?

Des tentatives pour résoudre les problèmes de tension chez les dirigeants

Christian Smith, professeur de sociologie et directeur du Center for the Study of Religion and Society (Centre de recherche sur la religion et la société) à l'université de Notre Dame, supervise l'étude continue des croyances religieuses des adolescents. Elle s'intitule « National Study of Youth and Religion » (Étude nationale sur les jeunes et la religion). Après avoir interrogé des centaines d'adolescents sur la religion, Dieu, la foi, la prière et d'autres pratiques religieuses, Smith et ses collègues ont relevé les croyances communes aux jeunes en général :

1. Il existe un Dieu qui a créé et organisé le monde et qui veille sur la vie humaine sur terre.
2. Dieu veut que les gens soient bons, gentils et justes les uns envers les autres, comme l'enseigne la Bible et la plupart des religions du monde.
3. Le but principal de la vie est d'être heureux et de se sentir bien dans sa peau.
4. Dieu n'a pas à être particulièrement impliqué dans la vie des gens, sauf quand ils ont besoin de lui pour résoudre un problème.
5. Après leur mort, les bonnes personnes vont au ciel[4].

Smith appelle ce système de croyances un « déisme moraliste thérapeutique » (DMT). Il précise que le DMT n'est pas une religion officielle, mais que c'est simplement une colonisation de nombreuses traditions et congrégations religieuses aux États-Unis. Tout cela implique que les philosophies du DMT dominent dans nos Églises, dans les prédications, dans les livres ainsi que dans les séances de relation d'aide et de coaching.

Nous croyons que cette dépendance au moralisme, à la méthodologie thérapeutique et à une vision déiste de Dieu est ce qu'on enseigne communément comme solution à plusieurs des problèmes que les Églises rencontrent, incluant les luttes fréquentes chez la plupart des leaders d'Églises. Observons comment ces trois aspects – le moralisme, la thérapie et le déisme – trahissent un manque de compréhension de l'Évangile de la grâce de Dieu.

Le moralisme : « Faites du bien »

Le moralisme est la croyance voulant que la vie chrétienne puisse être réduite à l'amélioration du comportement. L'approche moraliste estime que pour avoir une belle vie et être heureux, il faut être une bonne personne vertueuse. Autrement dit, il suffit d'être aimable, gentil, plaisant, respectueux et responsable, travailler à s'améliorer et prendre soin de sa santé tout en faisant de son mieux pour obtenir le succès.

Bien que de nombreux dirigeants enseignent et croient qu'ils sont justifiés par la grâce de Dieu, dans les faits, ils renient cette même grâce par leurs efforts pour être un leader selon Dieu. Ils s'appuient sur leur capacité morale ou sur le fait que les autres les perçoivent comme de bonnes personnes vertueuses. Par conséquent, ils sont aveuglés par rapport à leurs propres péchés. Ils ont confiance en eux-mêmes ou au jugement erroné des autres, plutôt qu'en la grâce de Dieu, la croix de Christ et la puissance que donne le Saint-Esprit. Ce type de dirigeant utilise fréquemment la honte pour pousser sa famille et le troupeau qu'il conduit à faire le bien. Il traite durement ceux qui ne réussissent pas à atteindre un niveau de comportement acceptable.

L'Évangile nous dit que notre standard de moralité est Jésus-Christ et que nous ne pouvons atteindre cette perfection morale qu'à travers l'imputation de sa justice. Nous sommes justifiés par les mérites de Christ seul (Ro 4.3-8). Comme le dit Tim Keller : « Je suis plus pécheur et imparfait que je n'ose le croire. Je suis davantage accepté et aimé que je n'ose l'espérer[5]. » Un dirigeant chrétien qui néglige l'importance de l'Évangile se fiera plutôt à des systèmes et des structures qui offrent des techniques pour mener une bonne vie. Le moralisme fournit des méthodes d'amélioration du comportement par lesquelles on cherche à changer ce que l'on fait sans aborder ce que l'on est : un être pécheur. Le moralisme ne nous aide nullement à gagner la faveur de Dieu ni à nous libérer de la pression. À dire vrai, ceux qui dépendent de systèmes ou de structures pour vivre une vie d'une grande moralité ou pour venir à bout de leurs péchés abandonnent l'Évangile de Christ.

La thérapie : « *Souriez et soyez heureux* »

La thérapie est la croyance que ses adhérents jouissent de bénéfices psychologiques en participant à quelque chose de bien. Ce n'est pas une religion qui comporte la repentance de ses péchés ou une vie au service d'un Dieu souverain. La thérapie nous encourage plutôt à chercher à nous sentir bien, heureux, en sécurité et en paix avec le monde. Elle vise à atteindre un état de bien-être subjectif en résolvant des problèmes et en évitant les conflits. Il s'agit de faire de bonnes actions *pour ensuite être bien dans sa peau.*

La frontière est dangereusement mince entre servir Dieu et servir l'ego. Les dirigeants de ministère peuvent être enclins à surutiliser leur fonction de « porte-parole pour Dieu » pour encourager les disciples à trouver leur propre bonheur, puisque, comme ils le disent, « Dieu veut que vous soyez heureux. » D'autres les inciteront peut-être à appliquer « des étapes faciles pour obtenir la plénitude personnelle ». Certains leaders opteront pour la solution du « sois gentil et souris », en ignorant les effets du péché. Celui qui adopte la mentalité thérapeutique se concentrera souvent sur les points positifs et évitera à tout prix les conflits, même si cela exige de compromettre certains principes ou enseignements clairs des Écritures.

De nombreux dirigeants chrétiens bien intentionnés offrent des solutions thérapeutiques aux problèmes qu'on rencontre. Fréquemment, ils suggèrent qu'on a simplement besoin de changements dans nos passe-temps et notre routine ou proposent de participer à une retraite. Un pasteur a écrit dans un article que pour lui, les meilleures façons de gérer le stress dans le ministère sont d'écouter de la musique douce, de passer du temps avec de bons amis, de se faire masser et de tirer des coups de feu avec ses fusils. Un autre leader a dit : « Je prends des congés cérébraux quand je suis à l'église durant la semaine. » Un autre encore a dit : « Je conserve une note que je me suis écrite à moi-même, dans un tiroir de mon bureau. On y lit simplement : "Détends-toi et souris"[6] ». Ce sont toutes diverses façons de gérer le stress, et chacune d'elles utilise une approche différente pour ignorer la racine du problème dans le cœur. Je doute sérieusement qu'une note m'encourageant à me détendre et à sourire puisse m'apporter un certain bienfait quand un membre de ma famille aura le cancer ou lorsque j'aurai à consoler un ami qui vient de perdre un enfant. Malheureusement, de nos jours, plusieurs des « conseils » offerts par des dirigeants d'Églises ne sont pas bibliques. Puisque nos assemblées sont remplies de leaders qui croient ces choses, doit-on s'étonner d'y voir prospérer le déisme moraliste thérapeutique ?

Le déisme : « Sois disponible si j'ai besoin de toi »

Le déisme est la croyance selon laquelle il existe un Dieu qui a créé le monde, mais qui est détaché des choses de cette vie. Il y a un Dieu, mais en gros, il nous laisse nous débrouiller. D'un point de vue pratique, le déisme perçoit Dieu comme un majordome divin qui attend que l'on fasse appel à lui pour intervenir lorsqu'un grand besoin se présente, ou comme un génie cosmique qui existe pour nous accorder nos souhaits. Si nos plans et nos objectifs n'obtiennent pas le succès que nous attendons, nous blâmons Dieu pour notre déception et notre douleur.

Un dirigeant qui a un penchant pour cette croyance ne se reposera pas sur l'enseignement biblique de la souveraineté de Dieu, voulant que toute chose dans la vie arrive pour accomplir les desseins de Dieu. Il sera donc enclin à engager un consultant ou à s'instruire davantage pour trouver ce qui l'aidera à résoudre les problèmes qu'il rencontre. Il aura tendance à passer la majeure partie de son temps à travailler sur les structures superficielles de sa vie et à aligner sa philosophie du leadership sur des maximes et des idéaux pragmatiques aux solutions rapides. Il s'adaptera promptement à des méthodes qui lui semblent bonnes et qui donnent des résultats, au lieu d'adopter des principes qui le guideront.

Des problèmes dans les méthodes de coaching de vie

À la base, le déisme moraliste thérapeutique est fondé sur une façon humaniste, c'est-à-dire centrée sur l'homme, de concevoir nos problèmes. De plus, il offre des solutions que nous pouvons gérer et accomplir par notre propre force et notre sagesse humaine, sans dépendre de Dieu. En ce sens, il s'oppose à l'Évangile de la grâce de Dieu qui déclare que nous sommes morts dans nos péchés, et avons désespérément besoin du salut que Dieu seul peut donner à travers l'œuvre rédemptrice et toute suffisante de Jésus-Christ. Mais le DMT n'est pas l'unique indice de la présence de la mentalité humaniste dans l'Église actuelle. Une grande part du mouvement contemporain de coaching, qui cherche à guider et à équiper les dirigeants dans les Églises et dans le monde des affaires, est également marquée par ce type de raisonnement.

Une des tentatives les plus connues pour résoudre le problème du leadership dans l'Église est le mouvement de « coaching de vie ». Plusieurs des méthodes et des principes fondamentaux du coaching de vie proviennent de théories profanes et humanistes. En fait, ce mouvement est enraciné dans les préceptes qu'embrassaient Carl Rogers, Abraham Maslow[7], Carl Jung[8], Alfred Adler[9], et Milton Erickson[10].

Le livre de Carl Rogers datant de 1951, *L'approche centrée sur la personne,* définit la relation d'aide et la thérapie comme une interaction dans laquelle on suppose que le client a la capacité de changer et de grandir au moyen d'une alliance thérapeutique établie entre lui et le clinicien. Cette alliance évolue dans un environnement sûr et confidentiel qui donne au client ce que Rogers appelle « un respect inconditionnel et positif ». Il s'agit de la couverture d'acceptation et de soutien accordée à une personne, peu importe ce qu'elle dit ou fait. C'est ce changement d'attitude envers le client qui a permis le développement de ce qu'on appelle aujourd'hui le « coaching de vie ». Au lieu d'une relation définie par les concepts bibliques de l'amour, des devoirs envers Dieu et des responsabilités issues d'une alliance, on s'est tourné vers un modèle de coaching et de relation d'aide qui appuie tous nos choix de vie. L'humanisme insiste sur l'expérience subjective et le potentiel humain. En fait, Carl Rogers enseignait que les gens seraient capables de résoudre eux-mêmes leurs problèmes si on leur accordait la liberté de se réaliser eux-mêmes. Il croyait que l'être humain est moralement bon et que son expérience personnelle constitue l'autorité suprême pour guider sa vie.

Le coaching de vie cible fréquemment des gens qui cherchent à évoluer et à s'épanouir, puis il les aide en travaillant à améliorer leur performance et leurs accomplissements. À première vue, cela peut nous sembler tout à fait correct, mais en regardant de plus près, nous constatons que c'est fondé sur la psychologie humaniste. Le principal point de mire du coaching de vie de nos jours n'est pas la *pathologie*, l'examen complet de la nature de nos problèmes et de leurs causes, leur processus, leur évolution et leurs conséquences. L'humanisme, au contraire, se focalise plutôt sur une *modification du comportement* au moyen d'une conscience accrue et de certains choix visant les résultats futurs que l'on désire et des solutions aux « problèmes de la vie »[11]. Autrement dit, une grande part du coaching de vie se préoccupe peu des questions du péché, de la rébellion contre Dieu et de notre besoin d'un Sauveur. Il cherche plutôt à nous aider à atteindre les objectifs que nous nous sommes fixés, nous permettant de poursuivre le bonheur en assouvissant nos envies personnelles.

Des problèmes potentiels au sein du coaching chrétien

En suivant le mouvement du coaching de vie, certains intervenants du coaching chrétien, peut-être inconsciemment, ont emprunté certaines théories et pratiques de Carl Rogers et d'autres théoriciens humanistes. Malheureusement, plusieurs de ces concepts se basent sur la supposition que le client est fondamentalement bon et que l'on trouve les solutions aux maux de l'existence en « regardant à l'intérieur de soi » et en se concentrant sur ses envies. Rogers enseignait que l'homme est bon et que la corruption vient de l'extérieur. Larry Crabb suggère que Rogers croyait qu'à travers un processus de réalisation de soi[12], l'homme deviendrait tout ce qu'il peut être[13]. Il préconisait une approche thérapeutique non directive et centrée sur le client pour résoudre les problèmes personnels. Avec cette méthode, le thérapeute ou le coach *évite délibérément* de donner des directives ou des instructions particulières à l'individu, même lorsqu'il croit que cela pourrait lui être utile. Selon cette approche, les réponses aux questions du client se trouvent déjà en lui. Le coach doit donc agir comme un miroir en lui renvoyant ses questions et en lui retournant ses affirmations, et ce, sans lui imposer ses propres idées. Rogers a suggéré que l'un des buts du coaching est d'amener la personne à devenir autonome et à choisir elle-même les objectifs qu'elle veut atteindre[14].

Quelques-unes des méthodes du coaching humaniste employées par certains coachs chrétiens semblent diamétralement opposées à leurs propres enseignements sur d'autres concepts bibliques[15]. Peut-être est-ce dû à un manque de ressources de qualité, centrées sur l'Évangile, qu'une grande part du mouvement de coaching chrétien de nos jours semble souffrir d'une dépendance aux méthodes thérapeutiques de Rogers. Alors que les Églises tentent d'offrir du coaching pour les implanteurs d'Églises, les pasteurs et les leaders évangéliques, il faut prendre conscience que certains auteurs chrétiens puisent leurs informations de sources qui sont potentiellement dénuées du message de l'Évangile et de ce qu'il implique.

À titre d'exemple, de nombreux coachs chrétiens font usage des principes que l'on trouve dans le livre de John Whitmore, *Le guide du coaching au service de la performance*. L'auteur reconnaît qu'il a élaboré sa propre théorie et sa pratique du coaching en empruntant la psychologie humaniste qu'enseignait Abraham Maslow. Ce dernier vivait à la même époque que Carl Rogers, et tous deux ont contribué au mouvement de la « réalisation de soi ». Whitmore croyait que « pour obtenir le meilleur des gens, il faut croire que le meilleur est en eux ». De plus, il a fondé son modèle de coaching sur la supposition de la bonté inhérente des humains[16]. Une auteure d'un ouvrage sur le coaching chrétien adopte ce raisonnement et elle soutient que « le coaching vise à promouvoir la découverte […] En aidant un individu à focaliser sur le potentiel non exploité en lui, un coach peut l'aider à découvrir ce potentiel et les démarches qui s'imposent pour y arriver[17]. » Ces deux approches supposent à tort que l'on peut résoudre des problèmes simplement en découvrant son propre potentiel. Cette hypothèse est fondée sur l'idée fausse que les gens sont fondamentalement bons, et que plutôt que d'être fondamentalement égoïstes, ils ont simplement besoin de se découvrir eux-mêmes. En revanche, nous affirmons que *toute* approche qui dépend d'un coaching centré sur le client est foncièrement erronée, même si on l'exerce sous la bannière d'une œuvre centrée sur Christ.

Les Écritures rejettent clairement la présupposition de notre bonté morale. Elles insistent sur le fait que les effets de la chute, provenant de la désobéissance humaine et de la rébellion contre notre Créateur, s'avèrent bien pires que nous osons le croire. L'apôtre Paul a écrit :

Ce qui est bon, je le sais, n'habite pas en moi, c'est-à-dire dans ma chair : j'ai la volonté, mais non le pouvoir de faire le bien. Car je ne fais pas le bien que je veux, et je fais le mal que je ne veux pas. Et si je fais ce que je ne veux pas, ce n'est plus moi qui le fais, c'est le péché qui habite en moi (Ro 7.18-20).

On conseille souvent aux gens de simplement « écouter leur cœur ». Pourtant, le prophète Jérémie nous dit : « le cœur est tortueux par-dessus tout, et il est méchant : qui peut le connaître ? » (Jé 17.9.) En d'autres mots, la Bible enseigne que nous nous séduisons si facilement nous-mêmes, qu'il est possible de ne pas réaliser que nous nous mentons à nous-mêmes. À combien plus forte raison mentirons-nous à la personne qui nous guide ! Même un coach doit admettre qu'il est sujet à se tromper lui-même. Éphésiens 2.1 affirme qu'en tant que pécheurs, nous sommes « morts par *[nos]* offenses et par *[nos]* péchés ». Au verset 3, nous apprenons que le pécheur pratique le mal et qu'il est esclave du péché, parce que, par nature, il désire vivre selon ses convoitises et accomplir la volonté de la chair plutôt que celle de Dieu. Alors qu'il coache son jeune disciple et son compagnon d'œuvre Timothée, Paul l'avertit du piège de Satan qui menace de soumettre quelqu'un « à sa volonté » (2 Ti 2.26). Sans l'intervention de Christ dans notre vie, nous tombons tous dans ce piège. Nous n'avons aucun autre choix ; nous sommes esclaves de nos convoitises pécheresses.

Pour expérimenter tout le potentiel que Dieu a voulu pour lui, un dirigeant chrétien doit d'abord reconnaître qu'il est un pécheur pardonné et justifié par Jésus-Christ seul, et non par ses mérites ou ses propres capacités. Lorsque les chrétiens s'approprient l'Évangile et qu'ils vivent par la foi en ce que Dieu déclare être vrai en Jésus, une transformation se produit. Ceux qui ont été métamorphosés par la puissance de ce message reconnaissent que toute mauvaise action, pensée ou émotion est fondamentalement une forme d'incrédulité envers l'Évangile et ce qu'il atteste être la vérité.

Même si un individu croit au message de l'Évangile, il se peut qu'en pratique il laisse voir qu'une autre croyance profonde réside dans son cœur, celle qui veut que notre propre pouvoir, l'approbation, le confort et la sécurité soient plus dignes d'être poursuivis que Dieu lui-même. Puisque Jésus-Christ est le seul moyen que Dieu a pourvu pour notre salut, nous péchons lorsque nous trouvons notre raison d'être et notre valeur dans autre chose que dans notre identité en Christ. Ce péché est une forme d'idolâtrie, qui consiste à refuser de croire en la bonne nouvelle que Dieu nous a sauvés en Jésus seul et à s'appuyer sur quelqu'un ou quelque chose pour recevoir ce que Dieu seul peut donner. David Powlison explique ce lien entre l'idolâtrie biblique, le péché et nos cœurs :

> Y a-t-il quelque chose ou quelqu'un d'autre que Jésus-Christ qui s'est déclaré titulaire de votre confiance profonde, vos préoccupations, votre loyauté, votre service, vos craintes et vos délices ? Voilà une question qui porte sur la motivation de notre comportement, nos pensées et nos sentiments. Dans la conceptualisation biblique, la question de la motivation correspond à la question de la seigneurie. Mes actions sont-elles « gouvernées » par le Seigneur ou par un substitut[18] ?

Alors que l'approche humaniste du coaching nous dit que notre problème vient « de l'extérieur de nous » et que sa solution se trouve en nous, l'Évangile nous enseigne exactement le contraire. En l'occurrence, il nous révèle qu'en réalité, le problème est dans le cœur et les pensées de l'homme et que sa solution se trouve à l'extérieur de nous, non pas dans nos œuvres ou nos efforts, mais en Christ seul. L'Évangile est la réponse par excellence pour chaque difficulté que nous rencontrons et, de toute évidence, nous ne trouverons pas la solution en nous-mêmes. La puissance de l'Évangile se déploie lorsque nous détournons nos regards de nous-mêmes pour nous tourner vers Jésus. En mettant notre confiance en lui et en ce qu'il a accompli pour nous, nous recevons la puissance surnaturelle de Dieu par le don gracieux de son Esprit.

À la lumière de cette vérité, toute méthodologie de coaching chrétien qui n'est pas basée sur l'Évangile finira par dépendre de formules axées sur des techniques dérivées d'un fondement humaniste. Henri Nouwen offre cette critique pertinente sur l'état de la majorité du leadership chrétien d'aujourd'hui :

> Peu de pasteurs et de prêtres cultivent une pensée théologique. La plupart d'entre eux ont été éduqués dans un climat dominé par le comportementalisme que l'on retrouve en psychologie et en sociologie, à un point tel qu'ils n'y apprenaient que peu de véritable théologie. La plupart des dirigeants chrétiens d'aujourd'hui soulèvent des questions d'ordre psychologique et sociologique, même s'ils les formulent avec des termes scripturaires. La vraie pensée théologique, qui est une réflexion selon la pensée de Christ, s'avère difficile à trouver dans la pratique du ministère. Sans un raisonnement théologique solide, les futurs dirigeants deviendront à peine plus que des pseudo-psychologues. [...] Ils se percevront comme des facilitateurs, des modèles à suivre, des figures paternelles ou maternelles, des grands frères ou grandes sœurs et ainsi de suite. Ils se joindront ainsi aux innombrables hommes et femmes qui gagnent leur vie en essayant d'aider leur prochain à gérer les tensions et les contraintes de la vie quotidienne. Mais cela a peu à voir avec le leadership chrétien[19].

Au vu de ce problème généralisé dans le leadership de l'Église, nous croyons qu'il y a un grand besoin de retrouver un moyen d'exercer le coaching et la relation d'aide dans l'Évangile, par l'Évangile et à travers l'Évangile, pour la cause de Christ.

Diagramme 3 : Les résultats du coaching biblique

Le dessin ci-dessus (diagramme 3) illustre comment la puissance de l'Évangile, lorsqu'il est communiqué dans la vie d'un disciple-dirigeant dans un contexte de coaching, produira un disciple dont l'identité est profondément enracinée en Christ, en tant qu'enfant de Dieu. Il adorera Dieu de tout son cœur, de toute son âme, de tout son esprit et de toute sa force. Il s'unira à une communauté évangélique et il sera en mission envers tous les peuples, comme messager de la bonne nouvelle de Jésus. Lorsque l'Évangile pénètre dans le cœur des disciples-dirigeants, le « message » que l'on entend est celui d'un disciple de Jésus, rempli de l'Esprit et vivant pour la gloire de Dieu.

Le récit de l'Évangile

Pour que le coaching soit efficace, biblique et qu'il honore Dieu, nous sommes convaincus que l'Évangile doit en être le fondement central. Il est donc essentiel que nous sachions quelle est cette bonne nouvelle, et comment elle façonnera nos pratiques. Des mots tels que justification, adoption, sanctification et péché sont souvent bien définis dans plusieurs documents historiques de l'Église, son crédo et ses articles de foi. Mais étonnamment, il existe peu de définitions classiques de l'Évangile. Et il y a une raison pour cela. Certains ont tenté d'en condenser les vérités profondes en formules ou en lois (par exemple, les « quatre lois spirituelles ») ou ils ont essayé d'en illustrer le message au moyen d'un pont. D'autres en résument les points principaux avec des titres comme : Dieu, le péché, Christ et la foi, ou encore, ils racontent les moments forts du schéma narratif de la Bible. Cette approche communique l'Évangile à travers des mouvements dans l'histoire de la rédemption et elle se résume souvent par la création, le péché et la rédemption ou par la création, la chute, le salut et le rétablissement. À dire vrai, l'Évangile s'avère davantage une histoire qu'une simple définition. Pour réellement saisir son message, il faut se plonger dans les récits de la Bible, parce que la foi qui transforme est plus qu'une simple affirmation que l'on accepte. Elle rejoint à la fois notre intellect et notre cœur. C'est une histoire vraie, avec des tragédies, de l'action et une portée éternelle.

Le théologien J. I. Packer a écrit ceci au sujet de l'Évangile :

> Quelle était cette bonne nouvelle prêchée par Paul ? Elle concernait Jésus de Nazareth. C'était la nouvelle de son incarnation, de son œuvre d'expiation et de son royaume – la crèche, la croix et la couronne du Fils de Dieu. C'était la nouvelle que Dieu « a glorifié son serviteur Jésus » (Ac 3.13). Il avait fait de Lui le Christ, le « Prince et Sauveur » si longtemps attendu par le monde (Ac 5.31)[20].

L'Évangile est la bonne nouvelle de Dieu. L'apôtre Paul a écrit :

> Je vous rappelle, frères, l'Évangile que je vous ai annoncé, que vous avez reçu, dans lequel vous avez persévéré, et par lequel vous êtes sauvés, si vous le retenez dans les termes où je vous l'ai annoncé ; autrement, vous auriez cru en vain. Je vous ai enseigné avant tout, comme je l'avais aussi reçu, que Christ est mort pour nos péchés, selon les Écritures ; il a été enseveli, et il est ressuscité le troisième jour, selon les Écritures [...] (1 Co 15.1-4).

L'Évangile est la bonne nouvelle de Dieu à propos de Jésus-Christ. Ce dernier en est le message central. Et c'est en entendant parler de ce qu'il a fait (l'Évangile) et en nous détournant de notre rébellion (la repentance) pour placer notre confiance en son œuvre pour nous (la foi) que nous sommes sauvés et que nous pouvons enfin commencer à comprendre le but de notre vie. Puisque l'Évangile change fondamentalement notre perception de nous-mêmes et notre regard sur la vie, c'est le point de départ qui convient lorsqu'on coache les autres.

Le message de l'Évangile est assez peu profond pour qu'un enfant y patauge et assez profond pour y noyer un éléphant. Pour le saisir, nous suggérons de suivre le résumé de son histoire avec les quatre actes de la création, la chute, la rédemption et le rétablissement. Alors que chaque acte de la pièce se déroule, il est important de se rappeler que l'Évangile demeure avant tout *l'histoire de Dieu*. Bien qu'elle implique d'importantes répercussions pour nos vies aujourd'hui, cette histoire a été écrite et conçue par Dieu lui-même. Elle raconte comment ses créatures ont commis une gigantesque trahison contre son règne juste et plein d'amour. Puis, elle décrit comment Dieu a pris l'initiative de secourir son peuple pour l'affranchir de sa rébellion et des conséquences de sa folie, de sa culpabilité et d'une mort certaine. L'histoire intégrale de l'Évangile communique la percutante vérité sur Dieu, ce qu'il exige de nous et ce qu'il a fait pour nous. Elle nous dit la vérité sur le monde, sur qui nous sommes réellement et sur notre destinée.

La création : comment tout a commencé

Au commencement, Dieu a créé tout ce qui existe : le temps, les ténèbres et la lumière, le soleil, la lune, les étoiles, la terre et toute sa végétation, les animaux et les gens. L'histoire de l'Évangile débute avec un Dieu personnel qui existe en lui-même de toute éternité. Dieu est l'auteur de tout. Il a créé le temps et l'espace. Il soutient toute chose, en tout temps, et tout ce qui existe présentement est là par sa volonté. Par le simple pouvoir de sa parole, tout ce qui existe a vu le jour dans le but de glorifier Dieu et d'élever son nom.

La Bible nous dit que Dieu a créé toutes choses. Il les a faites belles, bonnes et pour un but. Rien n'est aléatoire ou laissé au hasard. Dieu est omniprésent (présent partout), omniscient (sachant tout ce qu'il y a à savoir) et omnipotent (tout-puissant). Cet enseignement sur la nature et le caractère de Dieu demeure une vérité importante de l'Évangile qui doit fréquemment être réaffirmé au cours du coaching.

Le premier acte de l'histoire de l'Évangile nous apprend que nos premiers parents, Adam et Ève, ont été créés à l'image de Dieu pour qu'ils l'aiment, qu'ils l'adorent et qu'ils trouvent en lui leur plus grande joie. Le catéchisme de Westminster résume cet enseignement dans sa réponse à la première question :

Question : Quelle est la principale fin de l'homme ?

Réponse : La principale fin de l'homme est de glorifier Dieu et de jouir éternellement de sa présence.

Dieu est non seulement la source de tout ce qui existe dans le monde matériel, mais aussi de toute raison d'être et de toute finalité, de toute joie et de toute plénitude. En tant que créatures, nous sommes faits pour l'adorer et trouver notre complétude en lui seul.

Dieu a placé nos premiers parents dans le jardin d'Éden, cet endroit parfait et beau, pour qu'ils le gardent et le cultivent. Ils ont été créés pour s'aimer l'un l'autre comme une seule chair et pour vivre comme des adorateurs de leur Créateur. « Selon le dessein de Dieu, toute la création était harmonieuse, exactement comme elle devait être. Pendant cette période, il n'y avait aucune douleur, aucune souffrance, aucune maladie, aucun décès. Entre Dieu et l'homme, entre Adam et Ève, et dans toute la création, il y avait l'amour parfait, l'acceptation et l'intimité[21]. » La Bible nous dit que c'est ainsi que Dieu voulait que ce soit : « Dieu vit tout ce qu'il avait fait et voici, cela était très bon » (Ge 1.31).

Dieu a dit à Adam qu'il pouvait vivre en toute liberté en Éden, avec une petite exception. Il lui a expliqué qu'il pouvait se nourrir des fruits de tous les arbres, mais il lui a donné l'ordre de ne pas manger ceux d'un arbre en particulier situé au centre du jardin : « mais tu ne mangeras pas de l'arbre de la connaissance du bien et du mal, car le jour où tu en mangeras, tu mourras certainement » (Ge 2.17). En substance, Dieu a dit à Adam : « Obéis et tu vivras ; désobéis-moi et tu mourras. » Étant donné la grande liberté que Dieu avait laissée à Adam, cette demande peut sembler être un commandement plutôt anodin. Mais Dieu savait qu'il s'agissait d'un test et que, dans sa décision d'obéir ou pas à cet ordre, Adam avait entre les mains la destinée de la création tout entière, incluant l'avenir de ceux qui le suivraient, ses descendants. Nous sommes tous impliqués dans les choix qu'a faits notre premier ancêtre, Adam, et nous vivons tous les conséquences de sa décision.

La chute : ce qui a déraillé

Toute grande épopée contient un élément de conflit, et le litige catastrophique de l'histoire de l'Évangile prend des proportions colossales. La Bible accorde une grande importance à cet événement, parce qu'il encadre le drame qui se déploie dans le reste de l'histoire. Le livre de la Genèse offre un aperçu unique qui explique pourquoi notre monde, nos relations et notre vie spirituelle s'avèrent si chaotiques aujourd'hui. En termes simples, pour comprendre la « bonne » nouvelle de l'Évangile, nous devons premièrement saisir la « mauvaise » nouvelle, c'est-à-dire la chute tragique de la race humaine à travers la désobéissance, la rébellion et la mort.

Les premiers êtres humains, Adam et Ève, vivaient une vie pleine, significative, remplie d'amour, dans un monde parfait. Mais cet environnement n'était pas entièrement exempt de tentations. Dans le jardin, il y avait un serpent, un être angélique créé, mais déchu, connu sous le nom de Satan. Il s'était révolté contre Dieu et il était déterminé à entraîner ceux qui avaient été créés à l'image de Dieu à sa suite dans le mal et la rébellion. En utilisant la ruse et une tromperie subtile, le serpent a chuchoté à leur cœur. Il les a incités à douter des commandements clairs et des promesses de Dieu pour placer leur confiance dans leur propre sagesse et dans les paroles du serpent. Satan a présenté à Adam et Ève la tentation de l'incrédulité, en les poussant à remettre en doute la parole de Dieu : « Dieu a-t-il réellement dit : Vous ne mangerez pas de tous les arbres du jardin ? » (Ge 3.1*b*.) Il les a tentés à considérer comment serait leur vie s'ils reniaient leur dépendance à leur Créateur. Satan les a invités à déterminer pour eux-mêmes ce qui est bien ou mal, en faisant miroiter une manière de vivre autonome où ils tourneraient le dos à leur véritable roi au lieu de s'appuyer sur lui.

Nos premiers parents se sont laissé appâter par la promesse d'être entièrement délivrés de Dieu pour devenir leur propre « dieu » et être libres de choisir leur propre voie avec des possibilités illimitées qu'ils n'avaient jamais connues auparavant. Ils ont cru le mensonge, se sont rebellés volontairement et ont mangé du fruit de l'arbre, celui-là même que Dieu leur avait interdit de manger. C'était une terrible décision dont les conséquences résonnent jusque dans l'éternité. Adam et Ève, ainsi que tous ceux qui viendraient après eux, sont alors devenus les objets de la juste colère de Dieu et de son jugement. Ils subissent donc le châtiment de la mort (physique et spirituelle) et de l'expulsion du jardin d'Éden.

La triste réalité de notre chute dans le péché demeure une vérité de l'Évangile dont il faut se souvenir lorsque nous devons gérer les motifs et les désirs de notre cœur. La chute nous fournit une perspective sur notre vie, nous rappelant pourquoi nous rencontrons des difficultés et quelle est la cause profonde de toute souffrance et frustration humaines. En assumant le rôle de berger envers les autres, nous devons nous rappeler de dire la vérité sur notre tendance pécheresse à nous rebeller l'un contre l'autre. Martin Luther a écrit :

Douter des bonnes intentions de Dieu est une méfiance innée qui se trouve en chacun de nous. Devant toutes ces difficultés, nous n'avons qu'un seul soutien : l'Évangile de Christ. La solution est de s'y accrocher. [...] De plus, quand il est tenté, l'homme sent [...] les traits enflammés du diable, les terreurs de la mort, il ressent la colère et le jugement de Dieu. [...] Mais, au fort de ces terreurs de la loi, de ces coups de tonnerre du péché, de ces ébranlements mortels et de ces rugissements du diable, le Saint-Esprit, dit Paul, fait entendre ce cri dans notre cœur : « Abba, Père ». [...] Il envoie [...] son Saint-Esprit dans notre cœur [...] et il atteste à notre esprit que nous sommes enfants de Dieu[22].

Puisque nous vivons dans un monde déchu, nous aurons à lutter toute notre vie contre nos doutes sur Dieu.

L'acte de rébellion humaine a créé au moins quatre schismes fondamentaux. L'humanité a été séparée de la *création* (Ge 3.17-19). Nous avons été séparés dans nos relations avec *les autres* (Ge 3.12,16). Nous avons été séparés de *Dieu* et de sa douce présence, et nous vivons maintenant dans une réelle culpabilité morale (Ge 3.10,22). Nous avons également été séparés de *nous-mêmes*. Notre cœur et notre esprit sont obscurcis, nos pensées sont vaines (sans référence à Dieu), et nous sommes devenus spirituellement morts, esclaves du péché. L'apôtre Paul l'a résumé ainsi : « Ce qui est bon, je le sais, n'habite pas en moi, [...] j'ai la volonté, mais non le pouvoir de faire le bien » (Ro 7.18).

La Bible nous dit qu'à cause de notre rébellion, nous avons dévié de la raison d'être que nous avions à l'origine. De plus, nous avons détourné notre attention de Dieu pour nous concentrer sur nous-mêmes : « Nous étions tous errants comme des brebis, chacun suivait sa propre voie » (És 53.6*a*). Le moi est désormais au centre de notre vie. Chacun de nous est coupé de la création et des autres, mais, plus important encore, nous sommes coupés de Dieu. Nous sommes devenus ses ennemis. Nos labeurs doivent maintenant être de nouveau rendus justes pour être acceptables devant Dieu. Nous ne sommes pas seulement vides, nous sommes brisés, vivant sous la malédiction d'une mort éternelle, spirituelle et physique. Notre état nous conduit dans une lutte perpétuelle, parce que nous cherchons un moyen d'être à nouveau intacts et de retourner dans le jardin !

La rédemption : la bonne nouvelle en Jésus seul

Jésus-Christ, Dieu le Fils, a obéi avec joie à Dieu le Père qui l'a envoyé à la rescousse de sa création rebelle. Jésus est né miraculeusement d'une vierge (il était sans péché). Dieu est devenu un homme. De son plein gré, il a payé le prix de notre rébellion – la mort spirituelle, éternelle et physique – en mourant sur la croix. Puis, il est revenu à la vie pour démontrer sa victoire complète sur le péché et sur la mort.

Jésus est venu pour établir son règne et pour racheter (acheter de nouveau pour lui-même en payant un prix) un peuple qui lui appartient. L'Ancien Testament dans son entier – ses lois, ses cérémonies, ses histoires, ses personnages, ses rois, ses prophètes et ses promesses – est une histoire incomplète de laquelle Jésus est l'accomplissement, le point culminant. Comme C. S. Lewis l'exprime, Jésus est « le chapitre autour duquel tourne toute l'intrigue[23]. » En Jésus, Dieu a tenu la promesse qu'il avait faite : « L'être tout à fait innocent est mort pour secourir ceux qui sont désespérément coupables. Sur une croix, il a pris la place qui nous revenait, payant le prix des péchés que nous avons commis, et que nous commettrons, contre Dieu[24]. »

L'Évangile est la plus grande preuve de l'amour de Dieu pour nous. Nous méritions d'être châtiés pour nos fautes, mais Dieu a placé tous nos péchés sur Jésus et il l'a puni à notre place. La Bible enseigne que ceux qui sont sauvés à cause de la mort de Christ reçoivent aussi la justice parfaite de Jésus : « Celui qui n'a point connu le péché, il [*Dieu le Père*] l'a [*Jésus-Christ*] fait devenir péché pour nous, afin que nous devenions en lui justice de Dieu » (2 Co 5.21). C'est un échange merveilleux et magnifique : nos péchés contre sa justice.

Mais la mort de Christ ne constitue pas la fin de l'histoire. Trois jours après sa crucifixion, Jésus a été ramené à la vie, et sa résurrection nous fournit la certitude d'une vie éternelle. Quarante jours après qu'il soit ressuscité, Jésus est remonté au ciel, où il règne aujourd'hui en tant que roi légitime de sa création. Steve Childers, professeur associé de théologie appliquée au Reformed Theological Seminary, a écrit :

> La bonne nouvelle du royaume de Dieu, c'est que notre roi a remporté pour nous une merveilleuse victoire. Par sa vie sans péché, sa mort sacrificielle à notre place, sa résurrection et son ascension, il a non seulement vaincu la mort pour nous, en éliminant sa condamnation, mais il a aussi vaincu la domination du péché sur nous […] Maintenant, au moyen de la repentance et de la foi, Dieu veut que nous puisions dans la puissante victoire de notre roi pour être transformés en vrais adorateurs du Seigneur et en personnes qui aiment réellement les gens […] Par la foi, nous devons dorénavant nous attacher à Christ[25].

Le rétablissement : un avenir avec Jésus

L'Évangile est une déclaration de réconciliation avec Dieu. Mais c'est un message, une histoire, qui change tout. Christ est venu pour faire toutes choses nouvelles !

Robert Heppe, pasteur à l'Église New Life Masih Ghar, à Londres, en Angleterre, a écrit ce qui suit :

> L'Évangile est le message de libération de Dieu : libération de la culpabilité, de l'aliénation et de tout esclavage qui empêche la race humaine de porter du fruit et de refléter la gloire de Dieu. La bonne nouvelle que Jésus annonçait soutient qu'en tant que Seigneur de l'univers, il s'affaire à recapturer une planète en fugue. Il est venu

détruire les œuvres du diable – toutes ses œuvres, pas seulement les méfaits psychologiques qui tourmentent la classe moyenne – et assujettir le monde à son autorité salvatrice. Cela signifie qu'il est venu annuler les effets de la chute, « aussi loin que s'étend la malédiction ». L'Évangile du royaume de Christ n'annonce rien de moins que l'intention et l'activité de Dieu pour remplacer les effets de la chute (le péché, la culpabilité, la maladie, la faim, l'injustice, l'oppression, la pauvreté, l'esclavage, la déshumanisation et la mort) par la justice de son royaume. Et son oeuvre ne sera terminée que lorsque sa rédemption couvrira toute la terre[26].

Étant le nouveau peuple de Dieu, nous sommes devenus des agents de changement dans notre monde. Nous sommes « des enfants de Dieu irréprochables [...] *[qui brillent]* comme des flambeaux dans le monde » (Ph 2.15). Nous sommes des témoins du Christ ressuscité. L'Évangile est la puissance de Dieu pour nous sauver *et* nous régénérer. Il nous a remis une citoyenneté céleste qui nous permet de le servir ici et maintenant. Lorsque nous saisissons clairement l'Évangile, que nous comprenons ce que Dieu désire et quel est son plan pour renouveler toute chose, notre coaching envers des dirigeants peut exercer une influence marquante sur leur ministère dans le royaume de Dieu. Grâce à Jésus et à ce qu'il a fait pour nous, nous sommes maintenant libres de servir les autres, non pas pour nous-mêmes, avec notre force et notre sagesse, mais avec sa puissance et son amour. L'Évangile nous encourage à dépendre humblement de Dieu tout en ayant la créativité et le courage qui découlent d'une foi authentique en celui qui est ressuscité, qui règne et qui reviendra un jour pour juger les vivants et les morts. L'Évangile nous donne une fondation pour coacher les autres et les encourager à marcher dans la liberté et la joie de la bonne nouvelle du Seigneur.

Un jour, il y aura de nouveaux cieux et une nouvelle terre qui seront entièrement exempts de péché et d'égoïsme, un endroit où s'épanouira une amitié parfaite avec Dieu, les autres et toute la création. Le but premier de Dieu fleurira, alors que ceux qui auront cru en son salut entreront dans leur grandiose destinée qui est de l'adorer en l'aimant, en le servant et en jouissant d'une relation éternelle avec lui.

L'une des réalités les plus extraordinaires de ce monde nouveau, c'est que nous demeurerons avec Dieu pour toujours et que nous expérimenterons sa joie complète et parfaite. Nous serons restaurés dans une relation parfaite avec celui qui nous a créés, qui nous a aimés, qui est mort et ressuscité pour nous. C. S. Lewis, le célèbre érudit et auteur jeunesse, a parlé de cette première étape dans le monde nouveau. Selon lui, c'est le véritable début de l'histoire : « Le premier chapitre de la Grande Histoire que personne sur terre n'a jamais lue. Celle qui dure toujours, et dans laquelle chaque chapitre est meilleur que le précédent[27]. »

Le récit de l'Évangile est la bonne nouvelle de Dieu. Même si j'étais séparé de Dieu et sous sa juste condamnation, menant une existence remplie de doutes et de désobéissance, Dieu m'a aimé et s'est donné lui-même pour moi. Christ est mort sur la croix, payant ainsi ma dette envers Dieu, et il est ressuscité des morts pour pardonner mes fautes, pour être ma justice et ma capacité de croire Dieu. En lui, je peux adorer le Seigneur en lui disant oui et en disant non au péché ; je peux vivre dans l'amour pour les autres et je rentrerai à la maison de mon Père avec une grande joie. Vivre selon l'Évangile signifie dépendre entièrement de Jésus pour notre vie et pour notre force, et se détourner des croyances et des modes de vie égocentriques. Plus la réalité de l'Évangile nous saisira, plus nous commencerons à voir la transformation se produire dans notre vie.

Puis je vis un nouveau ciel et une nouvelle terre [...] Dieu lui-même sera avec eux. Il essuiera toute larme de leurs yeux, et la mort ne sera plus ; il n'y aura plus ni deuil, ni cri, ni douleur, car les premières choses ont disparu (Ap 21.1,3,4).

Alors que les affections de notre cœur (nos motifs, notre volonté et nos désirs) reposeront de plus en plus sur la beauté, les merveilles et la liberté de l'Évangile de la grâce, et que ce dernier commencera à nous ébahir, les choses de cette terre perdront de leur attrait. Ce monde, lui aussi rempli de choses pouvant nous époustoufler, les plaisirs de notre chair (nos plans et nos stratégies personnelles pour être « bon ») et les chuchotements du malin auront de moins en moins d'emprise sur nous.

L'Évangile est plus que le simple pouvoir de Dieu pour nous sauver ; il implique aussi la puissance divine pour nous sanctifier et pour faire de nous des personnes conformes à ce qu'il veut que nous soyons. En ce sens, il est tout aussi nécessaire que les chrétiens (disciples de Christ) entendent l'Évangile que ça l'est pour les non-croyants (ceux qui ne connaissent pas Christ). Dick Kauffmann, du réseau d'Églises Harbor Presbyterian à San Diego, l'exprime ainsi :

L'Évangile est la puissance explosive de Dieu qui change tout.

Premièrement, il fait de nous des chrétiens. [...] Dieu pardonne nos péchés, nous déclare justes en Christ, nous donne la vie éternelle, nous adopte comme ses enfants et nous fait entrer dans une relation intime avec lui [...].

Deuxièmement, l'Évangile nous fait grandir. Il n'est pas seulement ce qui nous fait entrer dans le royaume de Dieu ; il s'avère la façon dont nous progressons tous dans la vie du royaume [...] C'est la voie de la justice « du début à la fin » [...] Puisque l'Évangile est non seulement ce qui fait de nous des chrétiens (la justification), mais aussi ce qui nous fait grandir (la sanctification), le besoin le plus pressant des non-croyants comme des croyants [...] est de l'entendre et de se l'approprier dans leur vie.

Troisièmement, l'Évangile nous donne la puissance de servir [...] Il nous fournit une toute nouvelle structure de motivation [...] Nous trouverons les raisons de persévérer dans l'Évangile, qui nous libère pour que nous puissions aimer et servir inconditionnellement, en réponse à la grâce de Dieu en Christ[28].

Autrement dit, tout ce que nous faisons dans notre vie et dans notre ministère est motivé et rendu possible par l'Évangile. Dans le travail de coaching, nous constatons que lorsque les deux parties, autant le coach que le dirigeant de ministère, oeuvrent sous l'influence du Saint-Esprit, Dieu est glorifié et son royaume avance. Ils manifestent cette attitude en appliquant réciproquement le récit de l'Évangile à leurs vies, en priant ensemble et en s'encourageant mutuellement. Ce faisant, ils mettront à part des moments appropriés pour examiner leur cœur ainsi que du temps pour la formation dans les domaines où c'est nécessaire.

L'Évangile est la pièce manquante du processus de coaching. Même en ayant les meilleures intentions, un coach expérimenté partagera souvent ses conseils et sa sagesse en partant d'un point de vue qui suppose que la solution à notre problème se trouve en nous. Mais le récit de l'Évangile part d'une position totalement opposée, c'est-à-dire avec Dieu, son action dans ce monde, et surtout, son œuvre en Jésus-Christ. Coacher des leaders avec l'histoire de l'Évangile est essentiel pour un coaching efficace et transformateur, parce que tout leader *a besoin* de l'Évangile, parce que les gens dans son Église *ont besoin* de l'Évangile, parce que les gens qu'ils tentent de rejoindre dans la communauté *ont besoin* de l'Évangile et parce que notre culture *a besoin* de l'Évangile.

Aucun besoin n'est plus pressant, pour les gens dans ce monde, que d'entendre, de comprendre et de répondre au message de l'Évangile. Cela commence par des dirigeants d'Églises qui le comprennent correctement et qui le communiquent clairement, du haut de la chaire, dans les petits groupes et dans des relations de coaching.

CHAPITRE 3

LE PROBLÈME QU'ENGENDRE LE LEADERSHIP CENTRÉ SUR LA PERFORMANCE

J'AI GRANDI DANS UN FOYER où la performance avait une place centrale. Mes parents étaient tous deux des gens qui travaillaient dur. Toute leur approche, dans l'éducation des enfants et dans la vie en général, était un système de récompenses, la poursuite du prochain objectif et des efforts pour réaliser de grands exploits. À leur décharge, ils ne connaissaient pas d'autre manière d'élever une famille puisque c'est ainsi qu'ils avaient été éduqués. Au moment où j'écris ces lignes, mon père a presque quatre-vingt-deux ans et il travaille toujours aussi dur. Après quarante-six ans à avoir travaillé comme ouvrier dans une aciérie, il a pris sa retraite avec une pension intéressante et depuis quinze ans, il travaille sur un terrain de golf. Un jour, je lui ai demandé pourquoi il ne s'arrêtait pas pour simplement jouir de sa liberté. D'une voix rauque, il m'a répondu : « Un homme ne vaut rien s'il ne travaille pas. » À mon avis, cette courte phrase a résumé sa tendance à poursuivre l'accomplissement. En outre, elle m'a aidé à comprendre où j'avais appris et acquis cette volonté de briller et de réussir dans ma propre vie.

Je tiens à ce que vous sachiez que mes parents sont tous les deux aimants et d'un grand soutien, et que je continue d'entretenir une relation saine avec eux. Mais, comme pour plusieurs enfants, j'étais récompensé lorsque je pouvais cocher toutes les tâches ménagères sur ma liste quotidienne et quand j'avais du succès dans mes études et dans les sports. Je me souviens d'avoir été félicité après avoir frappé des coups de circuit au baseball, pour avoir marqué des points au basketball, pour l'excellence de mes résultats scolaires et pour le succès de ma propre entreprise de peinture à domicile alors que j'étais étudiant. Presque tous les mots d'encouragement que j'ai reçus de leur part étaient liés à ma performance. Inconsciemment, j'en suis venu à croire que j'avais de la valeur et que j'étais digne d'être aimé *uniquement* lorsque je performais exceptionnellement bien.

J'ai donc cherché à me dépasser dans tous les domaines de ma vie. J'étais convaincu que je devais être le meilleur. Je m'entraînais au basketball dans notre cour arrière, jusque tard dans la nuit, en rêvant d'entrer au collège à l'aide d'une bourse (je croyais que c'était le seul moyen que j'avais d'y accéder). Je faisais tant d'efforts dans ma poursuite de l'excellence sportive parce que je savais que mon avenir reposait sur ma capacité d'être remarqué par ceux que les institutions scolaires envoyaient pour dénicher le talent. Si je réussissais cette étape, j'obtiendrais alors une bourse d'études, puis un diplôme, et je pourrais diriger un jour ma propre entreprise. À mes yeux, chaque match auquel je participais semblait être une question de vie ou de mort. Je luttais intensément pour éviter la défaite. J'ai donc accordé à l'obtention du succès au basketball le rang d'un dieu. Elle est devenue mon idole et mon existence entière y était consacrée. J'ai finalement reçu une bourse et j'ai pu m'inscrire dans un petit collège. Lors de la toute première séance d'entraînement, alors que je me préparais à faire partie des cinq meilleurs joueurs de l'équipe, je me suis cassé la cheville. Je me souviens d'être retourné dans ma chambre à la résidence et d'avoir défoncé la porte de mon armoire d'un coup de poing. Ce trou était un rappel constant de l'effondrement de mes rêves. Sans le basketball, j'avais l'impression d'avoir perdu mon identité. Je me suis donc tourné vers l'alcool pour engourdir ma douleur, mais cela ne m'a été d'aucun secours.

Le dernier jour de ma première année au collège, je me suis fait prendre alors que je conduisais mon camion sur la pelouse du campus. La police a dit que je serais relâché si je m'engageais à quitter la ville immédiatement. J'ai conduit tard ce soir-là, avec mes deux meilleurs amis sur la banquette avant, et je me suis endormi au volant. Nous avons dévié de notre voie et avons percuté l'arrière d'un camion-remorque stationné le long de l'autoroute. En un instant, ma vie a changé pour toujours.

Les dommages causés sur l'avant de mon véhicule m'empêchaient d'ouvrir ma portière, alors je suis sorti par la fenêtre. J'ai ensuite constaté que je n'arrivais plus à me tenir debout. Ces jambes que j'avais fièrement utilisées pour courir, sauter et marquer des points au basket, ces jambes qui m'avaient permis d'être admis au collège, ne me supportaient plus. Forcé de rester à genoux sur le bord de la route, j'ai crié à Dieu. Je savais qu'il me poursuivait et je lui ai promis de cesser de m'enfuir loin de lui. Maintenant libre de mon autosuffisance, je lui ai déclaré humblement qu'il pouvait dorénavant faire de moi ce qu'il voulait. Quand je me suis relevé, je n'avais plus de douleur dans les jambes. On peut dire littéralement que je marche avec Jésus depuis ce soir-là.

Quelques années plus tard, j'ai senti l'appel de Dieu pour une vocation de pasteur jeunesse, mais il a fallu peu de temps avant que je constate que ma mentalité centrée sur la performance me talonnait encore. En tant que nouveau pasteur, j'avais du « succès » et mon service dans ce domaine nourrissait tout bonnement ma soif de réussir davantage. Les autres applaudissaient mes efforts lorsqu'ils voyaient les résultats (quand le nombre de fidèles augmentait), et lorsqu'une diminution survenait, mon patron n'hésitait pas à me réprimander. En réponse à cela, j'investissais des heures additionnelles, m'efforçant d'exceller, jusqu'au jour où j'ai constaté que je travaillais régulièrement soixante-quinze à quatre-vingt-dix heures par semaine. Cependant, malgré mes efforts supplémentaires, mon employeur n'était toujours pas satisfait. J'ai donc quitté cette Église et j'ai accepté un appel ailleurs comme pasteur principal, en espérant de ne plus avoir à travailler pour plaire aux autres et satisfaire leurs désirs.

Malheureusement, même si j'étais maintenant mon propre « patron » dans cette nouvelle Église, je traînais toujours un vieux travers : la quête de la performance. D'emblée, le succès que j'expérimentais m'a poussé plus loin dans ma poursuite d'un but inatteignable. Je travaillais un nombre d'heures incalculables au détriment de ma vie conjugale. Je me convainquais que mon épouse aimante comprendrait. Au départ, je justifiais mes longues heures en me disant que c'est ainsi que l'assistance augmenterait, ce qui génèrerait des offrandes suffisantes pour couvrir les dépenses de l'Église. Une fois que cela a été atteint, j'ai néanmoins continué de travailler fort pour satisfaire mon ego et mon orgueil, et pour acquérir de plus en plus de reconnaissance. À certains moments, j'en venais même à croire que ma vie de couple constituait un obstacle à ce que je puisse accomplir davantage pour Jésus. Bien que cela me semble étrange aujourd'hui, mon orgueil générait une soif de succès, de prestige et de notoriété, et la plupart de mes relations faisaient obstruction à mes efforts pour plaire à mon idole de l'approbation qui, nourrie par ma performance, s'avérait éternellement insatisfaite.

Quelques années plus tard, alors que je priais seul à l'arrière-scène avant de prêcher à une foule d'étudiants de niveau collégial, le Saint-Esprit m'a interpelé. Il m'a dit : « Tais-toi ! » (C'est la meilleure façon pour le Consolateur de capter mon attention.) Ses mots m'ont arrêté dans ma lancée. Puis, j'ai senti qu'il me disait : « À présent, prêche à toi-même. » Ce n'était pas une voix audible, mais c'était bien réel et je savais que c'était pour moi. Je ne savais pas trop comment réagir, alors je me suis mis à relire mes notes. Ce faisant, je les ai vues d'une manière nouvelle, comme si je me prêchais à moi-même. J'ai pris conscience que ce que j'avais écrit pour le partager aux autres était exactement ce que l'Esprit voulait *me* dire. Cette expérience convaincante a commencé un processus de découverte de moi-même, au cours duquel j'ai appris que je m'étais créé une idole du succès. Je vouais un culte à mes propres réalisations, parce que je croyais que ces choses m'octroyaient de la valeur et du mérite. J'ai compris que je ne mettais pas réellement ma confiance en Dieu pour qu'il pourvoie à ces choses à travers son Fils ; je comptais sur mes capacités pour acquérir cette valeur. Je me confiais davantage en mes propres forces qu'en l'omnipotence de Dieu. J'ai commencé à me repentir de mon orgueil flagrant et stupide, à peine quelques minutes avant de monter sur scène pour enseigner.

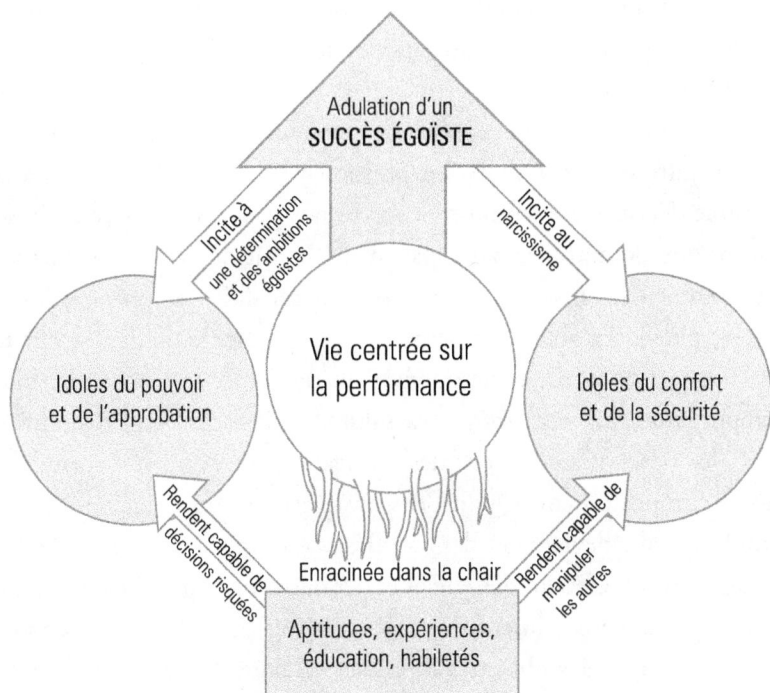

Diagramme 4 : La vie centrée sur la performance

Une vie centrée sur la performance

Cette expérience m'a donné l'idée d'élaborer le diagramme suivant. Il m'a aidé à diagnostiquer ma tendance à vivre en étant focalisé sur ma performance (voir le diagramme 4).

Vivre selon la chair

Dans le diagramme, la performance est au centre de la vie et du leadership du dirigeant d'Église. La performance est enracinée dans la chair (Ga 5.16,17). Ce leader est motivé par un succès égoïste, et sa volonté de se surpasser est ancrée dans ses aptitudes, ses expériences, son éducation et ses habiletés. Il désire en tirer du pouvoir, de l'approbation, du confort et de la sécurité. Pour acquérir les deux premiers avantages, un dirigeant sera typiquement porté à prendre des décisions risquées, basées sur la confiance qu'il a en ses capacités. Quant aux deux autres privilèges, pour y avoir droit, le leader fera sa propre promotion et manipulera les autres pour son propre bénéfice.

Dans la pratique, une personne centrée sur la performance rejette la centralité de l'Évangile et obéit de façon servile à un désir insatiable de satisfaire sa propre chair. L'expression « vivre selon la chair » dans la Bible décrit notre tendance à suivre nos propres désirs coupables, plutôt que de marcher pas à pas avec l'Esprit de Dieu. Lorsqu'une personne vit selon sa chair, elle croit que satisfaire ses propres désirs s'avère plus justifiable – lui permettant de gagner le mérite, la valeur et la faveur de Dieu – que de vivre au diapason de l'Évangile. Elle s'appuie sur son propre moyen de salut et finit par rejeter l'Évangile.

Nos désirs mauvais sont des motivations du cœur qui stimulent notre comportement. Quand ces motivations commencent à nous conduire, elles deviennent des « surdésirs », ce que la Bible appelle des « convoitises ». Ce sont des envies et des désirs profonds du cœur, parfois pour des choses interdites et d'autres fois pour de bonnes choses qui deviennent des objectifs suprêmes. Galates 5 offre une liste de quinze de ces œuvres de la chair. En les étudiant, on peut distinguer cinq catégories interreliées dans cette énumération partielle des péchés de la chair : les péchés sexuels, relationnels, religieux, matérialistes et de complaisance.

Nos désirs sont contrôlés par nos besoins et, au niveau le plus fondamental, ces envies mauvaises sont stimulées par quatre besoins primaires propres à tout cœur humain. Les idoles du cœur sont les objets de nos désirs qui contrôlent nos choix et nos émotions en devenant notre premier amour. Une telle idolâtrie est exclusive et l'on peut en distinguer quatre qui se classent en métacatégories : le pouvoir, l'approbation, le confort et la sécurité.

Regardons cela de plus près pour voir comment ces quatre idoles sont liées aux cinq catégories des péchés de la chair, dans Galates 5 :

Les péchés sexuels incluent l'immoralité sexuelle, l'impureté et la sensualité. L'*idole du pouvoir* emploie le sexe pour contrôler ou blesser une autre personne. L'*idole de l'approbation* s'en sert comme moyen d'obtenir l'approbation de l'amoureux. L'*idole du confort* l'utilise pour se sentir mieux et pour apaiser les souffrances de l'âme. L'*idole de la sécurité* utilise le sexe comme moyen d'alimenter un faux sentiment de sécurité dans une relation ou dans le contrôle d'une autre personne.

Les péchés relationnels incluent l'hostilité, les conflits, la jalousie, la colère, les rivalités, les dissensions et les divisions. L'*idole du pouvoir* prend le contrôle des relations au moyen de la force, de l'intelligence, de la manipulation, des menaces et de la colère. L'*idole de l'approbation* se sert des relations pour nous faire sentir équilibrés, bien dans notre peau, surtout si nous nous savons aimés ou respectés par quelqu'un. L'*idole du confort* utilise les relations pour nous faire sentir bien si d'autres gens (les parents, les amis et ainsi de suite) entretiennent une relation harmonieuse avec nous. L'*idole de la sécurité* emploie les relations comme moyen de faire avancer les choses et de nous faire sentir productifs.

Les péchés religieux incluent l'idolâtrie, la sorcellerie, l'occultisme, et le fait de s'appuyer sur sa propre justice ou sur le légalisme pour atteindre la satisfaction et l'équilibre. *L'idole du pouvoir* emploie l'observation des règles ou des valeurs morales ainsi que des disciplines religieuses pour obtenir la droiture personnelle. *L'idole de l'approbation* utilise la religion pour qu'on se sente « bien avec soi-même » en se conformant à une communauté. *L'idole du confort* utilise la religion et ses lois comme standard pour mesurer la paix avec soi-même et avec son dieu. *L'idole de la sécurité* emploie la religion pour déterminer si la manière de vivre qu'on a choisie ne présente aucun danger.

Les péchés matérialistes incluent l'envie, les mauvais désirs et la convoitise qui est une idolâtrie (Col 3.5). Le matérialisme suppose que la plénitude se trouve dans des portefeuilles financiers, de belles demeures, des projets d'investissement dans des propriétés, des véhicules neufs, des vêtements griffés, de la technologie et tout autre bien matériel. *L'idole du pouvoir* se sert de la fortune d'un individu pour tirer avantage des gens et des situations. *L'idole de l'approbation* emploie le matérialisme pour montrer aux autres ce qui les rend acceptables. *L'idole du confort* utilise le matérialisme pour qu'on se sente à l'aise grâce à ses possessions. *L'idole de la sécurité* s'en sert pour obtenir les objets et le mode de vie désirés.

Les péchés de complaisance incluent l'ivrognerie, la consommation de drogues, les orgies et les choses semblables. *L'idole du pouvoir* a le sentiment d'avoir le droit de se laisser aller à un mode de vie lascif. *L'idole de l'approbation* utilise la complaisance afin qu'on soit inclus et accepté par ceux qui festoient dans le péché. *L'idole du confort* se sert de la complaisance pour soulager la souffrance et ressentir une sensation d'intoxication, même si c'est temporaire. *L'idole de la sécurité* emploie la complaisance pour faire disparaître nos inhibitions avec les autres et pour qu'on profite du fait qu'ils ont perdu leur sens de la justice et de la vertu.

Comme vous pouvez le constater, les quatre idoles sources du cœur englobent la plupart des catégories de péchés. Pour chacune de ces idoles et pour chacun de nos mauvais désirs, l'Évangile offre la seule solution pour combler notre besoin inné de pouvoir, d'approbation, de confort et de sécurité. Dans l'Évangile, nous voyons le tout-puissant Fils de Dieu qui utilise son pouvoir pour nous servir et répondre à nos besoins les plus profonds. Et maintenant, sa puissance est également disponible pour nous, alors que nous le suivons en servant les autres.

Nous découvrons que Jésus n'a pas cherché l'approbation des autres, mais qu'il l'a reçue comme un cadeau de son Père, et qu'il nous a donné la seule approbation dont nous ayons besoin. L'Évangile nous affirme que nous sommes entièrement acceptés par le Père à travers ce que Jésus a accompli parfaitement. Le Père nous fournit le confort et le vrai réconfort qu'il nous faut dans notre cœur et notre vie. Il nous a également acquis une sécurité absolue, pour aujourd'hui et jusque dans l'éternité, au moyen de la personne et de l'œuvre de Christ. Lui seul peut nous offrir ce dont notre cœur a réellement besoin et lui seul est digne de notre adoration. Toute autre chose est une idole qui ne peut nullement nous satisfaire.

Les Écritures nous enseignent que Dieu a créé l'homme et qu'il l'a placé « dans le jardin d'Éden pour le cultiver et pour le garder » (Ge 2.15). Il nous a conçus à son image, en tant que créateurs, inventeurs, concepteurs et ingénieurs au sein de notre culture. Il a également fait en sorte que nous puissions « garder » le jardin, c'est-à-dire protéger sa création, la gérer, l'entretenir et la préserver. Comme en toute chose, nous abusons généralement du plan parfait que Dieu a conçu pour notre vie. Par conséquent, nous travaillons trop fort pour notre propre gloire, au détriment d'autres domaines de nos responsabilités. Nous recherchons la renommée en sacrifiant nos relations, nos familles, nos valeurs, notre témoignage et notre service pour Dieu. De plus, nous tentons de protéger à tout prix notre territoire personnel. Nous pouvons même en venir à accorder plus de valeur à notre propre confort qu'à la communauté, et transformer notre maison en véritable paradis, où on évite de pratiquer l'hospitalité, de peur que cela cause de l'inconfort dans notre vie.

Dieu veut que nous portions du fruit, que nous nous multipliions et que nous prospérions comme un arbre planté près d'un courant d'eau (Ps 1.3). Nous pouvons interpréter cette vérité en disant qu'il n'y a rien de mal à acquérir du succès, de la notoriété et des richesses dans ce monde. Toutefois, il ne faut pas transformer une bonne chose en objectif suprême, sinon elle deviendra automatiquement une mauvaise chose, c'est-à-dire un piège qui s'emparera de l'affection de notre cœur pour remplacer Dieu sur le trône de notre vie. Elle deviendra une idole. Et cette dernière est habituellement dissimulée dans les profondeurs de notre cœur.

En tant que coachs centrés sur l'Évangile, nous devons apprendre à chercher ce que le disciple-dirigeant adule, ce qui dirige ses désirs. Comment ? En écoutant attentivement ses réponses à nos questions. Ce ne sera pas toujours évident à première vue. Cela exigera que vous exploriez les implications de ses motivations profondes, que vous découvriez quelle est sa vision du succès et ce qu'il essaie d'accomplir dans sa vie. Il vous faudra porter attention à ses propos pour trouver de quelle manière il cherche le pouvoir et le confort, où il obtient l'approbation et ce qui l'aide à se sentir en contrôle.

Soi-même comme sauveur

Le succès égoïste, comme but ultime, est un dieu avide qui ne peut jamais être satisfait. Le succès en soi est neutre. Il est possible de réussir dans la vie tout en évitant le piège de cette idole qui exige que l'on sacrifie tout sur son autel. Pourtant, bien des leaders d'Église y tombent encore. Nous pouvons désirer le succès dans plusieurs domaines : dans nos finances, notre famille, notre profession ou notre carrière, nos relations, notre éducation, notre santé et même notre sexualité. Le succès n'est pas un bon indicateur de l'amour de Dieu pour nous, et il ne nous dit rien non plus à propos d'un manque d'amour de Dieu envers nous. Lorsque nous connaissons le succès, il est facile de devenir orgueilleux et de penser que quelque chose nous est dû en raison de nos accomplissements. En substance, nous disons : « Je mérite ceci parce que j'ai réussi. » D'un autre côté, si le succès nous échappe, nous pourrions avoir tendance à nous sentir coupables, honteux et désespérés. Nous nous surprenons à brûler d'envie de réussir, quel qu'en soit le prix. Cela peut devenir une tentation, un piège pour notre cœur, qui est semblable à la prostituée malveillante décrite dans le livre des Proverbes. Par ses paroles doucereuses, elle séduit un homme en l'attirant dans son lit et le réduit à l'esclavage de sa propre convoitise (Pr 5 et 6). Le succès égoïste nous tente et nous entraîne loin du bon sens et de la satisfaction qui se trouve dans la personne de Jésus-Christ.

Construire notre succès sur nos propres aptitudes

Pour réussir dans la vie, nous pensons que nous devons améliorer nos compétences, notre expérience et notre créativité. Nous tenons des propos tels que : « Ce sera à moi de voir à ce que cela se produise » ou « Si j'y crois, j'y arriverai. » Nous faisons l'erreur d'agir selon l'optique que nos vies sont construites par nos propres forces et aptitudes. Nous oublions que l'apôtre Paul, autrefois pharisien admiré, avait toutes les raisons de se vanter de ses habiletés particulières. Pourtant, lorsqu'il les comparait au trésor qui lui avait été offert gratuitement en Christ, il les regardait comme n'ayant aucune valeur.

> Prenez garde aux chiens, prenez garde aux mauvais ouvriers, prenez garde aux faux circoncis. Car les circoncis, c'est nous, qui rendons à Dieu notre culte par l'Esprit de Dieu, qui nous glorifions en Jésus-Christ, et qui *ne mettons point notre confiance en la chair*. Moi aussi, cependant, j'aurais sujet de *mettre ma confiance en la chair*. Si quelqu'un croit pouvoir *se confier en la chair*, je le puis bien davantage, moi, circoncis le huitième jour, de la race d'Israël, de la tribu de Benjamin, Hébreu né d'Hébreux ; quant à la loi, pharisien ; quant au

zèle, persécuteur de l'Église ; *irréprochable* à l'égard de la justice de la loi. Mais ces choses qui étaient pour moi des gains, je les ai regardées comme une perte, à cause de Christ. Et même je regarde toutes choses comme une perte, à cause de l'excellence de la connaissance de Jésus-Christ mon Seigneur, pour lequel j'ai renoncé à tout ; je les *regarde comme de la boue*, afin de gagner Christ, et d'être trouvé en lui, *non avec ma justice*, celle qui vient de la loi, *mais avec celle qui s'obtient par la foi en Christ*, la justice qui vient de Dieu par la foi. Ainsi je connaîtrai Christ, et la puissance de sa résurrection, et la communion de ses souffrances, en devenant conforme à lui dans sa mort, pour parvenir, si je puis, à la résurrection d'entre les morts (Ph 3.2-11 ; italiques pour souligner).

Paul met ses lecteurs en garde contre une dépendance au succès qui vient de nos propres habiletés. Il nous exhorte à n'accorder *aucune* confiance à la chair en ce qui concerne notre salut. Bien des gens veulent être « partenaires » de Dieu en devenant co-sauveurs, même parmi ceux qui sont appelés à diriger une assemblée. Ils demeurent enclins à croire que Dieu a besoin de leur performance pour accomplir ses desseins à l'égard de son Église. Dans ce passage, Paul souligne sa propre vie exemplaire de pharisien modèle pour illustrer combien il est futile de nous confier en nos capacités. L'existence quasi parfaite qu'il avait menée n'était rien de plus que « de la boue ». En utilisant le mot grec *skybalon*, Paul déclare que son vécu ne vaut pas plus que du *fumier*, des excréments d'animaux, une matière détestable qui n'avait aucune valeur.

La motivation d'une vie centrée sur la performance est très répandue parmi les leaders chrétiens de nos jours. Il faut que ceux qui désirent devenir des coachs centrés sur l'Évangile en soient conscients lorsqu'ils conduiront des individus dans le diagnostic des motivations de leur cœur et qu'ils les encourageront avec la vérité de l'Évangile. Plus que toute autre chose, la performance demeure le principal critère selon lequel la plupart des gens sont estimés, évalués et élevés à une position d'autorité et d'honneur – oui, même dans l'Église.

Le directeur général du World Harvest Mission (Mission de la moisson mondiale), Bob Osborne, a noté que les leaders de ministère boivent souvent un cocktail empoisonné de narcissisme et d'isolement. Lorsqu'ils se concentrent sur leur propre réussite, le résultat naturel est une existence centrée sur soi. Ils semblent lutter pour qu'on les approuve *et* pour prouver aux autres qu'ils ont du succès. Une vie centrée sur la performance produit une tendance à servir l'une des quatre idoles : le pouvoir, l'approbation, le confort ou la sécurité. Pour plaire à l'un de ces dieux et être perçu comme quelqu'un qui a réussi, un individu se lancera de manière excessive vers tout ce que son maître exige. Un dirigeant en quête d'applaudissements et d'une promotion peut y laisser sa santé, sa famille et son attachement à Dieu. Malheureusement, un degré de succès restreint poussera habituellement une personne encore plus loin dans l'idolâtrie dans un effort de maintenir son rang de pouvoir, d'approbation, de confort et de sécurité. Pour conserver ses acquis, un dirigeant fera peut-être des choix risqués en les dissimulant sous une apparence de grande foi. De même, un individu qui recherche la sécurité pourra user de son influence sur les autres pour bâtir une organisation ou amasser des ressources financières ou encore pour atteindre un poste de premier plan. Il obtiendra ainsi l'impression de garder le contrôle de sa vie et de ses ressources. Peut-être en viendra-t-il à manipuler des gens et des circonstances pour nourrir cette idole de sécurité.

La solution de remplacement : une vie centrée sur l'Évangile

Lorsque notre vie est centrée sur l'Évangile (voir le diagramme 5), le Saint-Esprit nous habite et nous remplit pour que nous adorions Dieu. Plutôt que de vouer un culte à nous-mêmes (comme c'est le cas dans un modèle centré sur la performance), nous adorons le seul vrai Dieu. Nous aimons le Seigneur de tout notre cœur, de toute notre âme, de toute notre force et de toute notre pensée (Lu 10.27).

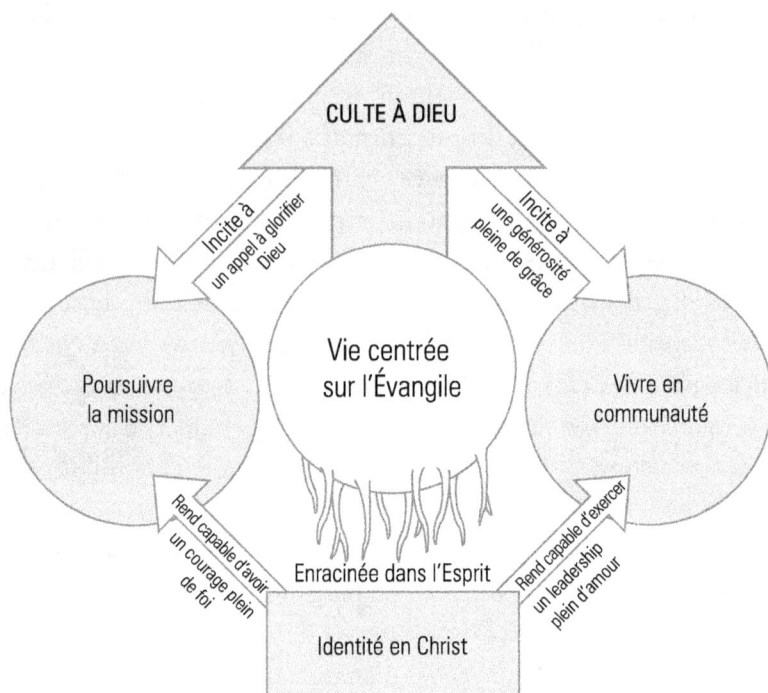

CULTE À DIEU

Incite à un appel à glorifier Dieu

Incite à une générosité pleine de grâce

Poursuivre la mission

Vie centrée sur l'Évangile

Vivre en communauté

Rend capable d'avoir un courage plein de foi

Rend capable d'exercer un leadership plein d'amour

Enracinée dans l'Esprit

Identité en Christ

Diagramme 5 : La vie centrée sur l'Évangile

Fortifiés par la puissance de l'Esprit, nous fixons toujours nos regards sur Dieu. Il demeure à nos côtés et nous ne chancellerons pas. Ainsi, notre cœur est dans la joie et notre être entier se réjouit. Notre corps repose en sécurité (Ps 16.8,9).

Au lieu de compter sur ses propres capacités (comme c'est le cas dans une vie centrée sur la performance), un croyant centré sur l'Évangile s'appuie sur son identité en Christ. Dans ses épîtres, l'apôtre Paul emploie souvent l'expression « en Christ ». Cela veut dire prendre part à la mort et la résurrection de Jésus, être placé sous son autorité plutôt que sous la malédiction d'Adam. Nous jouissons donc maintenant d'une tout autre relation avec Dieu. La mort et la résurrection de Christ constituent le fondement de cette nouvelle vie centrée sur l'Évangile. Mourir avec Christ signifie que nous ne trouvons plus de vie dans ce qui contrôlait autrefois nos vies ; c'est vivre sous un nouveau règne et servir un autre Roi. Alors que les principales motivations de la vie centrée sur la performance sont notre propre personne et notre succès (cela s'exprime de diverses manières), Christ nous appelle à faire toute chose *pour sa gloire* et non pour la nôtre. Être ressuscité avec lui signifie de s'éveiller à une nouvelle vie soumise à sa royauté. Avant que nous devenions ses sujets, notre identité était dominée par nos propres intérêts plutôt que par l'amour pour Dieu et pour les gens, à l'exemple de Jésus. De nouveau, l'apôtre Paul nous aide en décrivant cette vie nouvelle « en Christ » – être une nouvelle création :

> Si quelqu'un est en Christ, il est une nouvelle création. Les choses anciennes sont passées ; voici, toutes choses sont devenues nouvelles. Et tout cela vient de Dieu, qui nous a réconciliés avec lui par Christ, et qui nous a donné le ministère de la réconciliation. Car Dieu était en Christ, réconciliant le monde avec lui-même, en n'imputant point aux hommes leurs offenses, et il a mis en nous la parole de la réconciliation (2 Co 5.17-19).

La position en Christ

Les coachs peuvent appeler les disciples-dirigeants à la repentance tout en les exhortant à vivre en accord avec leur position en Christ. Nous renforcerons donc, par exemple, la déclaration biblique selon laquelle nous sommes héritiers de Dieu et cohéritiers avec Christ (Ro 8.17), même si notre vie ne le reflète pas. Dans la pratique, il se peut que nous vivions comme des orphelins spirituels, mais notre position *réelle* est celle d'un enfant de Dieu. Lorsque mes fils étaient plus jeunes, il m'arrivait de corriger leur comportement en leur rappelant l'Évangile, qu'ils avaient été déclarés morts au péché et vivants pour Christ. Même s'ils avaient encore le désir de pécher, ils n'étaient plus obligés d'obéir à cette pulsion, parce qu'ils étaient positionnés comme morts au péché et vivants pour Christ. Sur mon bureau, je conserve une liste de ces promesses au sujet de ma position, pour me rappeler qui je suis selon la Parole de Dieu. Bien que je ne me *sente* pas toujours ainsi, ces versets rafraîchissent ma mémoire.

> En Christ, je suis mort au péché (Ro 6.11).
> En Christ, je suis spirituellement vivant (Ro 6.11 ; 1 Co 15.22).
> En Christ, je suis pardonné (Col 2.13 ; 1 Jn 2.12).
> En Christ, je suis déclaré juste (1 Co 1.30 ; 2 Co 5.21).
> En Christ, je suis un enfant de Dieu (Ro 8.16 ; Ph 2.15).
> En Christ, j'appartiens à Dieu (Tit 2.14).
> En Christ, je suis héritier de Dieu (Ro 8.17).
> En Christ, je suis béni de toute bénédiction spirituelle (Ép 1.3).
> En Christ, je suis citoyen des cieux (Ph 3.20).
> En Christ, je suis libre de la loi (Ro 8.2).
> En Christ, je suis crucifié avec lui (Ga 2.20).
> En Christ, je suis libre des désirs de la chair (Ga 5.24).
> En Christ, je suis déclaré irréprochable et pur (Ph 2.15).
> En Christ, je suis une lumière dans le monde (Mt 5.14,15 ; Ph 2.15).
> En Christ, j'ai la victoire sur Satan (Lu 10.19).
> En Christ, je suis purifié de tout péché (1 Jn 1.7).
> En Christ, je suis libéré du pouvoir du péché (Col 2.11-15).
> En Christ, je suis en sécurité avec lui (1 Pi 1.3-5).
> En Christ, je suis en paix avec Dieu (Ro 5.1 ; Ph 4.6-9).
> En Christ, je suis aimé de Dieu (1 Jn 4.10).

Notre identité détermine nos actions. Autant ce que nous sommes que la façon dont nous nous voyons affecteront nos choix et nos réactions aux circonstances. Il est crucial que nous sachions qui nous sommes. Lorsque Jésus a été baptisé, Dieu le Père s'est associé à lui en annonçant : « Celui-ci est mon Fils bien-aimé, en qui j'ai mis toute mon affection » (Mt 3.17). Immédiatement après cette déclaration définissant l'identité de Jésus, comme le Fils bien-aimé et l'objet de l'affection du Père, on nous dit que l'Esprit a conduit Jésus au désert pour qu'il soit tenté par Satan pendant quarante jours. Pourquoi ?

> Alors Jésus fut emmené par l'Esprit dans le désert, pour être tenté par le diable. Après avoir jeûné quarante jours et quarante nuits, il eut faim. Le tentateur, s'étant approché, lui dit : Si tu es Fils de Dieu, ordonne que ces pierres deviennent des pains. Jésus répondit : Il est écrit : L'homme ne vivra pas de pain seulement, mais de toute parole qui sort de la bouche de Dieu.
>
> Le diable le transporta dans la ville sainte, le plaça sur le haut du temple, et lui dit : Si tu es Fils de Dieu, jette-toi en bas ; car il est écrit :
>
> > Il donnera des ordres à ses anges à ton sujet ;
> > Et ils te porteront sur les mains,
> > De peur que ton pied ne heurte contre une pierre.
>
> Jésus lui dit : Il est aussi écrit : Tu ne tenteras point le Seigneur, ton Dieu.
>
> Le diable le transporta encore sur une montagne très élevée, lui montra tous les royaumes du monde et leur gloire, et lui dit : Je te donnerai toutes ces choses, si tu te prosternes et m'adores. Jésus lui dit : Retire-toi, Satan ! Car il est écrit : Tu adoreras le Seigneur, ton Dieu, et tu le serviras lui seul.
>
> Alors le diable le laissa. Et voici, des anges vinrent auprès de Jésus, et le servirent (Mt 4.1-11).

Dans les deux premières tentations, le diable s'en prend directement à l'identité de Jésus en remettant en cause ce que le Père vient de déclarer. Satan dit : « *Si* tu es Fils de Dieu... » Le fourbe essaie de tenter Jésus avec du pain pour satisfaire sa faim et lui procurer du confort. Il en va de même du secours qu'il obtiendrait des anges à la suite d'un saut mortel pour prouver sa foi dans l'approbation et la protection de Dieu. Pour finir, le diable lui offre le pouvoir de régner sur des royaumes terrestres, si simplement Jésus se prosterne et l'adore. Hébreux 4 nous rappelle que Jésus a été tenté en toute chose, comme nous, mais qu'il n'a jamais péché. Dans le passage de Matthieu 4, nous voyons que Jésus a été tenté par les idoles du *pouvoir* (sur les royaumes), de l'*approbation* (si tu es le Fils de Dieu), du *confort* (manger des pierres changées en pains après 40 jours de jeûne) et de la *sécurité* (les anges à la rescousse). En réponse à cela, Jésus a repris Satan et lui a cité le verset suivant : « Tu adoreras le Seigneur, ton Dieu, et tu le serviras lui seul. »

Nous adorons ce qui nous donne notre identité. Comme leader d'Église, vous êtes peut-être tenté de la trouver dans votre rôle de pasteur, de dirigeant de ministère ou de responsable d'un petit groupe. On adore ce avec quoi l'on s'identifie. Voilà pourquoi notre identité doit reposer en Christ.

Remettre l'Église en ordre

Ce n'est qu'à partir de notre identité en Christ que nous sommes libres d'adorer en esprit et en vérité. Fréquemment, les gens se présentent à nos cultes d'adoration en ayant le cœur et les pensées complètement décalées de Dieu. Quand celui qui préside leur demande de se lever pour adorer, ils pensent à combien ils sont inadéquats pour louer Dieu. Il se peut qu'ils se perçoivent comme des adultères, des toxicomanes, des convoiteurs, des gens qui détestent les autres, des alcooliques, des minables, des mal-aimés et des rejetés. Ou alors, ils se voient peut-être comme des gens justes et moraux grâce à toutes les bonnes actions qu'ils ont accomplies. Cependant, nous ne pouvons adorer correctement que lorsque nous

nous voyons « en Christ ». Notre identité, éclairée et touchée par l'Évangile, est la clé de notre adoration.

L'Évangile est déformé quand notre attention est exclusivement sur la mission de Dieu et la communauté de son peuple. Les leaders d'Églises sont tentés d'accorder de la valeur à des choses telles qu'une meilleure expansion de la mission ou une expérience approfondie de la communauté. De plus, on leur offre souvent une promotion ou un poste d'influence lorsqu'ils réussissent à créer ces choses. L'accent est alors mis sur l'aspect *horizontal*, et ce sera assurément une source de déception pour le dirigeant d'Église. Au contraire, la mission et la communauté devraient provenir d'une insistance sur l'aspect *vertical* de *l'adoration* et de *l'identité*. Il est utile de se rappeler que Jésus a passé trente ans de sa vie à se préparer pour seulement trois ans de ministère. Il est resté quarante jours dans le désert, seul avec son Père et l'Esprit, avant de commencer son ministère public. Même au chœur de son ministère, il passait volontairement de longs moments, seul avec Dieu dans la prière et le jeûne, à l'écart de la mission et de sa communauté de disciples. Il se concentrait sur la verticale, enraciné dans son identité en tant que Fils de Dieu. Il se soumettait à la volonté de Dieu et criait à lui fréquemment dans la prière. Il enseignait que l'adoration et la prière sont reliées (Lu 11.2).

Cela s'appliquerait-il uniquement à Jésus ? Non, puisque nous voyons une façon de faire semblable chez l'apôtre Paul. Ce dernier se considérait comme un « esclave » de Jésus, assujetti à la volonté d'un autre. Il a passé trois ans, seul dans le désert d'Arabie, recevant l'enseignement du Seigneur ressuscité, et quatorze années de plus se sont écoulées avant son premier voyage missionnaire. Le but suprême de toute chose est de glorifier Dieu par une adoration qui coule à travers l'Évangile, qui est rendue puissante par l'Esprit et qui étend ses racines dans notre identité en Christ. C'est en mettant l'accent sur la verticale, à la gloire de Dieu, que nous parvenons à remettre les priorités de l'Église en ordre ; ce n'est pas en faisant de sa mission notre objectif principal. Une œuvre efficace et une riche communion proviennent de l'adoration et de l'identité.

La passion et l'appel pour la mission de Jésus

Les quatre résultats d'une vie centrée sur l'Évangile sont les suivants : (1) adorer Dieu, (2) s'appuyer sur son identité en Christ, (3) vivre une véritable communion avec le peuple de Dieu et (4) poursuivre la mission de Dieu. Si nous adorons Dieu et suivons son Fils Jésus-Christ, comme disciples remplis de l'Esprit, nous serons des pêcheurs d'hommes (Mt 4.19). Nous ferons de toutes les nations des disciples, les baptisant au nom du Père, du Fils et du Saint-Esprit et leur enseignant à observer tout ce que Jésus nous a prescrit (Mt 28.19,20).

Au lieu d'être motivés par un désir égoïste de réussir pour notre propre gloire, nous serons motivés par une passion et un appel de Dieu sur notre vie. Nous voudrons être son porte-étendard et un missionnaire par obéissance à Christ et pour la gloire de Dieu. Il existe une différence subtile, mais tout de même notable, entre une passion qui vient de Dieu et une motivation égocentrique. L'une est axée sur la reconnaissance des autres envers soi-même et l'autre, sur Dieu et sa réputation. S'il est efficace, un coach centré sur l'Évangile pourra diagnostiquer la différence entre les ambitions égoïstes et celles qui honorent Dieu.

Une communauté de grâce et d'amour

Ce qui émane d'une vie d'adoration centrée sur Jésus, celui « qui suscite la foi et la mène à la perfection » (Hé 12.1), c'est un cœur généreux. La générosité est motivée par la conscience profonde que nous avons nous-mêmes été graciés. Par conséquent, comme porte-étendards de Jésus, nous accordons cette même grâce aux autres. L'apôtre Jean a écrit :

Et la Parole a été faite chair, et elle a habité parmi nous, pleine de grâce et de vérité ; et nous avons contemplé sa gloire, une gloire comme la gloire du Fils unique venu du Père [...]. Et nous avons tous reçu de sa plénitude, et grâce sur grâce [...], la grâce et la vérité sont venues par Jésus-Christ (Jn 1.14,16,17).

Le fruit de la grâce de Dieu partagée aux autres est une communauté remplie de générosité. Chez un individu, une libéralité motivée par la grâce de Dieu plutôt que par la poursuite du pouvoir, de l'approbation, du confort ou de la sécurité, est l'un des signes clairs d'une vie dynamisée par l'Évangile. Il est facile, comme dirigeant dans l'Église, de chercher des positions d'influence dans le but de chercher la sécurité, le pouvoir, le confort et l'approbation des autres, mais cela ne produit qu'un leader narcissique. Un coach centré sur l'Évangile doit user de sagesse et de discernement pour voir la différence entre de bonnes œuvres accomplies pour des raisons égoïstes et une générosité pour mettre en évidence l'Évangile de la grâce. L'une des clés consiste à remarquer à quel point une personne tient à ce que d'autres personnes soient témoins de ses actes de générosité. En général, un être narcissique n'adoptera pas un comportement altruiste, à moins que quelqu'un puisse lui offrir une reconnaissance publique.

Le courage en Christ qui mène à la mission

Puisque notre identité est en Christ, nous démontrerons aussi du courage grâce à la foi, c'est-à-dire la foi en Christ et non en nous-mêmes : « Je puis tout par celui qui me fortifie » (Ph 4.13). Notre justice, notre rédemption, notre sanctification, notre sagesse, les fruits que nous portons, notre puissance, notre joie, notre satisfaction et notre obéissance sont en Christ. Il en va de même de nos souffrances, notre foi, notre repos, notre confiance et notre force[1].

LA VIE CENTRÉE SUR LA PERFORMANCE		LA VIE CENTRÉE SUR L'ÉVANGILE	
Un culte à soi-même	*Un comportement motivé par la chair*	*Un culte à Dieu*	*Un comportement motivé par l'Esprit*
Le pouvoir	Des décisions risquées	La mission	Un courage rempli de foi
L'approbation	Une motivation et des ambitions égoïstes		Un appel à faire des disciples
Le confort	Le narcissisme	La communauté	Une générosité remplie de grâce
La sécurité	La manipulation des autres		Un leadership aimant

Tableau 1 : Comparaison de deux styles de leadership

En Christ, alors que nous nous engageons dans la mission de Dieu, nous faisons preuve d'un courage basé sur la foi. Cependant, une vie centrée sur la performance produira quelque chose qui ressemble à une prise de risques. Ce n'est rien de plus que l'accomplissement de sa propre mission pour sa propre gloire, son approbation ou son confort. Je le répète, la différence entre les deux est subtile et difficile à distinguer. Néanmoins, après un certain temps, on reconnaîtra chacun par leurs fruits. Une vie rend hommage à Dieu, et l'autre élève quelque chose ou quelqu'un d'autre, peut-être une organisation ou une personne.

Grâce à notre identité en Christ, nous pouvons aussi conduire efficacement une communauté avec l'amour qui convient à un véritable berger. Notre leadership ne démontre pas simplement notre affection pour les gens. En définitive, il est une manifestation de l'amour de Jésus envers nous. Manipuler les fidèles ou les contraindre à faire ce que nous attendons d'eux ne nous intéresse pas. Nous sommes plutôt occupés à prendre soin des autres en vue d'une vie commune qui promeut l'Évangile par l'obéissance à Christ.

Le tableau 1 ci-dessus expose la différence subtile entre la vie centrée sur l'Évangile et la vie centrée sur la performance. La partie de gauche décrit le comportement qui caractérise un être qui vit par la chair et la partie de droite présente une vie par l'Esprit. On y reconnaît la subtilité des divergences entre les deux. Cela souligne le fait que la plupart de nos motivations ne sont pas toutes des tentatives flagrantes de pécher. C'est plutôt *lorsque nous négligeons la puissance que l'Évangile nous offre pour manifester la grâce, l'amour, la foi et répondre à l'appel* que nous nourrissons notre propension à pécher. Comme l'a écrit Jean Calvin : « l'esprit de l'homme forge, en tout temps et de façon permanente, des idoles » et « chacun de nous, même dès le sein maternel, est un expert à inventer des idoles »[2]. Le problème, c'est que souvent, nous ne sommes pas conscients des idoles dans notre vie[3]. Elles nous trompent en se faisant passer pour des désirs nobles et pieux subtilement déformés.

La comparaison que Jésus fait des deux modes de vie

Dans Luc 18, Jésus compare deux personnes : l'une est centrée sur la performance et l'autre, sur l'Évangile. Au verset 10, Jésus nous présente deux hommes qui se rendent au temple pour prier : un pharisien et un collecteur d'impôts.

À l'époque de Jésus, les pharisiens étaient des membres du parti religieux juif et d'éminents leaders spirituels tenus en haute estime par le peuple. Ils maintenaient que leurs traditions orales et leurs interprétations de la loi devaient s'appliquer à tous les Juifs. Ils constituaient aussi un excellent exemple de gens religieux motivés par leur performance visible et qui évaluaient leur propre vie, ainsi que celle de leurs concitoyens, selon ce critère.

En revanche, au temps de Jésus, les collecteurs d'impôts étaient généralement d'autres Juifs qui travaillaient pour Rome, le dictateur étranger. Connus également sous le nom de « publicains », on disait d'eux qu'ils étaient cupides et qu'ils prenaient souvent plus d'argent que ce à quoi ils avaient droit. Quand ils percevaient les taxes pour Rome, ils remettaient le montant requis et gardaient pour eux tout ce qu'ils pouvaient soutirer pour eux-mêmes. Selon leur réputation, ils extorquaient de grosses sommes aux gens du peuple. Ce n'est donc pas surprenant que Jésus ait choisi un collecteur d'impôts pour représenter le pire des pécheurs.

Jésus décrit le pharisien religieux et imbu de sa propre justice, comme un homme préoccupé par ses actions visibles et sa supériorité morale qui prie : « Ô Dieu, je te rends grâces de ce que je ne suis pas comme le reste des hommes, qui sont ravisseurs, injustes, adultères, ou même comme ce publicain ; je jeûne deux fois par semaine, je donne la dîme de tous mes revenus » (Lu 18.11,12). Jésus utilise le pharisien pour illustrer ce qu'est une personne qui essaie de convaincre Dieu et les autres qu'elle est juste et qu'elle mérite la faveur divine. Il s'agit là de l'approche typique d'un individu centré sur la performance. Il croit que son succès est fondé sur sa propre justice et ses capacités, et qu'il a droit aux fruits de son travail, même si c'est au détriment des autres. N'avons-nous pas tous, à un moment ou un autre, prononcé la prière suivante : « Seigneur, je te sers fidèlement et je te donne la dîme de mes revenus, pourquoi donc m'arrive-t-il ce terrible événement ? » Lorsque nous prions ainsi, nous révélons l'attitude de notre cœur imprégnée de la pensée qu'une chose nous est due à cause de notre bon comportement et notre obéissance.

Jésus fait ressortir le contraste entre le pharisien et l'infâme collecteur d'impôts. Ce dernier se tient loin derrière les autres et n'ose même pas lever les yeux. Il se frappe la poitrine en disant : « Ô Dieu, sois apaisé envers moi, qui suis un pécheur » (Lu 18.13). Cet ignoble personnage – nul n'en douterait – ne s'appuie ni sur ses propres capacités ni sur sa propre justice ni sur ses mérites, mais sur la miséricorde de Dieu comme son seul espoir.

La conclusion du récit saisit l'essentiel de l'enseignement de Jésus. On nous dit que le collecteur d'impôts est retourné chez lui, *justifié*, déclaré juste par Dieu, à l'opposé du pharisien quasi parfait qui se disait meilleur que les autres en raison de sa performance. Jésus termine la parabole avec la leçon suivante : « Car quiconque s'élève sera abaissé, et celui qui s'abaisse sera élevé. » Jésus compare une vie centrée sur la performance qui met en évidence les capacités et les réalisations d'un individu, à une vie centrée sur l'Évangile qui est vécue humblement en ayant conscience de son besoin de miséricorde. Il prononce un jugement sur la vie centrée sur la performance.

Quelle est la différence ?

Cela ne signifie pas que la personne centrée sur l'Évangile manque de productivité, néglige les bonnes œuvres ou refuse de connaître le succès. En fait, elle porte probablement beaucoup de fruit pour le Royaume et la mission de Dieu. Toutefois, sa réussite n'est pas ancrée dans sa performance ou motivée par un désir de se glorifier elle-même. Voilà la différence fondamentale, et c'en est toute une ! On n'atteint pas la productivité centrée sur l'Évangile en exploitant les gens, en les manipulant ou en les contraignant. Elle n'est pas non plus motivée par un besoin de produire des résultats pour obtenir la sécurité ou son propre confort. Au contraire, les efforts fournis sont enracinés dans l'Évangile et motivés par l'amour pour Dieu et par un humble empressement à servir les autres, à rechercher leur bien et à considérer leurs besoins avant les siens. En outre, tout cela a pour but d'honorer Christ et de lui rendre gloire, lui qui a été envoyé par le Père et qui envoie maintenant son Église pour continuer son œuvre à travers son Corps – une communauté de disciples remplis de l'Esprit.

CHAPITRE 4

LA SEULE SOLUTION AU STRESS DU MINISTÈRE ECCLÉSIAL

EN TANT QUE COACHS centrés sur l'Évangile, nous nous soucions du développement des compétences et de la résolution des problèmes, mais nous sommes également déterminés à aider notre protégé à repérer ses idoles sous-jacentes – les racines de ses péchés – puis à lui montrer comment réagir correctement à ces fautes par une confession franche et une repentance radicale, mais joyeuse. Notre objectif est qu'il marche dans la liberté que Christ lui a acquise.

Bien sûr, nous exerçons ce coaching spirituel en étant humblement conscients de notre propre condition de pécheur. Nous devons d'abord reconnaître que nous n'y arriverons pas tout seuls. Notre cœur, comme coachs, s'incline vers notre propre personne. Notre tendance naturelle est de prendre notre vie en main et d'essayer de fonctionner sans Christ. Et à certains moments, nous nous demanderons si un changement est vraiment possible. Même les croyants matures luttent à l'occasion avec des doutes sur l'amour, la bonté et la puissance de Dieu. Martin Luther, l'un des principaux responsables de la réforme protestante, a écrit ceci dans son commentaire sur l'épître aux Galates :

Bien que *[j'aie]* moi-même prêché et cultivé *[l'Évangile de la grâce]* en lisant et en écrivant sur le sujet pendant presque vingt ans, je ressens toujours la souillure incrustée, cette volonté de marchander avec Dieu pour que je lui offre quelque chose de sorte qu'il m'accorde sa grâce en échange de ma sainteté.

Le coaching est en partie un rappel que l'Évangile n'est pas fondé sur notre bonne conduite, mais sur celle de Jésus. La foi en Christ est notre seul moyen d'être « juste » devant Dieu et d'être rétablis. Nous devons nous souvenir de cette vérité : non seulement sommes-nous déclarés justes d'un point de vue *légal*, mais sa justice nous a été *imputée*. Notre rébellion et notre désobéissance à la loi nous sont pardonnées et toute la justice de Jésus nous est donnée. « Celui qui n'a point connu le péché, il [*Dieu*] l'a [*Jésus*] fait devenir péché pour nous, afin que nous devenions en lui [*Jésus*] justice de Dieu » (2 Co 5.21). Non seulement Dieu nous déclare non-coupables, mais nous devenons pleinement justes en Christ et sa vie d'obéissance parfaite devient nôtre. Voilà ce qui nous libère de la condamnation de la loi et du pouvoir continu du péché sur nous.

Nous devons également apprendre à nous emparer de la vérité que nous avons été adoptés comme fils et filles dans la famille de Dieu. Dieu nous a offert son amitié, mais en plus, il nous a accueillis dans sa famille comme héritiers de tout ce qui appartient à Christ. Comme J. I. Packer l'a dit, « Être en règle avec Dieu le Juge est une grande chose, mais être aimé et entouré par Dieu le Père en est une plus grande encore[1]. »

Jésus a promis de nous envoyer le Saint-Esprit. Au moment où nous acceptons Christ comme Sauveur, nous recevons l'Esprit Saint ainsi que sa puissance dans notre vie. L'Évangile nous apprend que nous pouvons maintenant lui dire « oui » et obéir aux commandements de Dieu de nous revêtir d'amour, de pardonner, de servir avec nos dons et nos talents, et d'exercer la miséricorde et la justice. En outre, la Bonne Nouvelle nous rend capables de dire « non » à la chair. Paul a écrit : « Car la grâce de Dieu, source de salut pour tous les hommes, a été manifestée. Elle nous enseigne (litt., « nous montrant comment ») à renoncer à (litt., « refuser ») l'impiété et aux convoitises mondaines, et à vivre dans le siècle présent selon la sagesse, la justice et la piété » (Tit 2.11,12).

Le président de Key Life, Steve Brown, a écrit ceci :

> Lorsque je suis devenu chrétien, deux choses se sont produites. J'ai été sauvé et j'ai été aimé. Cet amour est si profond que j'en suis encore ébahi quand j'y pense aujourd'hui. Puisque je suis aimé à ce point, je veux plaire à Celui qui m'a tant aimé. Je n'y parviens peut-être pas toujours. Parfois même, je cours dans la direction opposée, parce que son amour peut être réellement douloureux. Il se peut que je résiste à faire ce qu'il désire, voire à lui parler. Mais je vais vous avouer quelque chose : je désire lui plaire, et quand je ne le fais pas, j'ai mal. Bien sûr, si je veux réellement y arriver, je dois savoir ce qui lui plaît. Je découvre cela en lisant sa Parole et en écoutant ses commandements. Lorsque je sais ce qu'il veut, j'aspire à la même chose. L'amour produit cet effet sur nous. Mais je dois savoir ce qu'il veut. Voilà pourquoi il ne faut jamais atténuer ce que prescrit la loi divine. La sainteté est un concept très important, pourvu qu'elle soit enseignée dans le contexte de l'amour de Dieu[2].

Les idoles du cœur

Dans notre monde moderne, les idoles ne sont pas nécessairement des statues sculptées à la main comme dans l'Antiquité. Les gens, par leur manière de vivre indépendante et à leur propre service, en sont venus à vouer un culte aux dieux du pouvoir, de l'approbation, du confort et de la sécurité qu'ils se sont érigés eux-mêmes. Nous devons rigoureusement inspecter notre cœur pour y déceler ces idoles. Puisque nous avons été créés pour adorer, nous placerons inévitablement quelque chose à adorer au centre de notre vie, que nous en soyons conscients ou pas. L'adoration est comme un tuyau d'incendie qui est resté ouvert et qui propulse avec force un jet d'eau continuel. Nous devons décider où nous braquerons le tuyau ; c'est cela, choisir l'objet de notre dévotion.

Dans le coaching, il est vital d'atteindre le cœur du protégé de manière à repérer ce qui a remplacé Dieu ou ce qui entrave son adoration. Comme Tim Keller le formule, « la seule solution *[au problème du péché]* ne consiste pas simplement à changer *[notre]* comportement : il faut réorienter et recentrer *[notre]* vie et *[notre]* cœur tout entiers sur Dieu[3] ». Par conséquent, nous devons nous en prendre au péché en allant à la racine plutôt que de simplement nous concentrer sur ses fruits. Il arrive que des personnes se repentent d'une transgression qui n'est que le rejeton de l'idole dans leur cœur. Cela ne règle pas la cause profonde du problème. Pour ce faire, nous devons d'abord découvrir non seulement le *quoi*, mais le *pourquoi* du comportement.

Dans le prochain schéma (diagramme 6), nous voyons l'exemple d'un disciple à qui l'on a dit qu'il avait un problème de colère. Il est probable que sa première réaction à ce problème soit de chercher à s'améliorer, à éviter les conflits, à vivre en paix avec les autres et à établir des limites pour se prémunir contre la colère. Il dira peut-être qu'il est désolé d'avoir ce travers, ou promettra même de ne plus jamais y succomber. Mais en définitive, cette approche, même si elle traite les problèmes de péché et de repentance, est fondée sur le déisme moraliste thérapeutique. Le problème avec cette réponse beaucoup trop répandue, c'est qu'elle n'aborde pas les *motivations du cœur* dissimulées sous le péché de la colère.

Pour modifier son comportement, cette personne doit premièrement comprendre le « pourquoi » derrière. Elle doit apprendre à identifier la fausse croyance qu'elle a acceptée et se repentir du péché sous-jacent à sa colère. Il lui faut démasquer l'idole (son « sauveur » dans le quotidien ou ce qui, d'après elle, lui fournit le pouvoir, l'approbation, le confort ou la sécurité qu'elle désire). Dans ce cas-ci, après plusieurs questions pointues, on a découvert qu'à la racine de sa colère, il y avait une idole d'orgueil. En se repentant de son orgueil

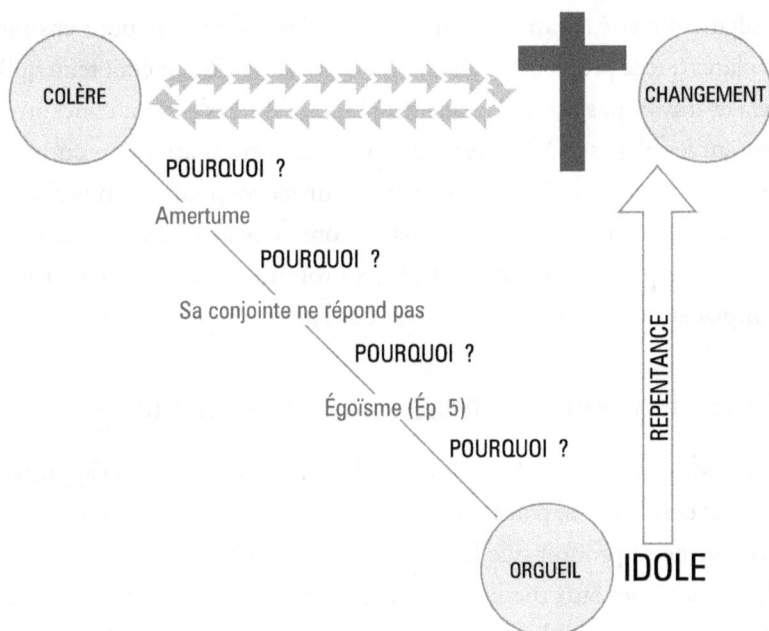

```
COLÈRE  →→→→→→→→→→→→    ✝  CHANGEMENT
         ←←←←←←←←←←←

        POURQUOI ?

     Amertume

           POURQUOI ?

       Sa conjointe ne répond pas
                                    REPENTANCE
                 POURQUOI ?

          Égoïsme (Ép 5)

                 POURQUOI ?


                        ORGUEIL  IDOLE
```

Diagramme 6 : Exploration du « pourquoi » sous le « quoi »

et de son égoïsme, l'individu a été capable d'affronter le fruit de cette idolâtrie, sa colère injustifiée.

Pourquoi est-ce si important de traiter l'idolâtrie à la racine de notre péché ? Parce qu'il n'y aura pas de changement durable à moins que celle-ci ne soit arrachée. Pour illustrer cela, considérons le cas de la foreuse du Deepwater Horizon, opérée par la compagnie BP. En 2010, pendant presque trois mois, un puits sur le fond marin a déversé 4,9 millions de barils de pétrole brut vers la côte du Golfe du Mexique au rythme de 35 000 à 60 000 barils par jour. Environ 1 003 km du littoral en ont été affectés. Des kilomètres de nappes de pétrole et de boulettes de boue visqueuse de couleur caramel sont apparues sur les plages. Des équipes de nettoyage ont dû y être dépêchées pour les nettoyer. Lorsque l'on traite les péchés apparents, tels que la colère, sans régler ceux qui se trouvent en dessous, c'est comme si l'on avait seulement retiré les amas gluants sur les plages du Golfe pour ensuite déclarer que le problème avait été résolu. Et si BP ne s'en était tenu qu'à cela et n'avait pas bouché la tête du puits ? S'ils ne s'étaient concentrés que sur les plages ? Qu'en sera-t-il si nous ne portons attention qu'à nos péchés apparents ? Il nous faut régler leur *source* pour qu'un véritable changement ait lieu. Nous devons explorer le *pourquoi* sous-jacent au quoi pour pouvoir repérer nos idoles profondes, nous en repentir et remplacer notre affection pour eux par l'amour pour Christ.

Faire des bonnes choses nos buts ultimes

Nos idoles adoptent diverses formes : le pouvoir et le succès, l'approbation, le confort et le plaisir, le contrôle, la sécurité. Un véritable changement ne se produit que lorsque nous nous repentons et nous nous détournons des faux dieux fermement ancrés dans notre vie. L'une des clés du coaching biblique est d'apprendre à trouver nos idoles et nous en repentir. Tout comme nous n'arriverons pas à faire mourir un arbre simplement en coupant quelques branches, nous ne pouvons pas espérer vaincre un péché uniquement en étant désolés de ce qu'il produit.

Examinons de nouveau les faux dieux du pouvoir, de l'approbation, du confort et de la sécurité énumérés dans le tableau ci-dessous (tableau 2) pour découvrir comment nous les créons. Comment en venons-nous à faire d'une bonne chose un but ultime ? Un péché se transforme en idole quand nous lui accordons plus de valeur qu'à Jésus pour notre joie et notre satisfaction suprêmes. En agissant ainsi, nous rejetons Dieu comme objet de notre adoration et nous le remplaçons par autre chose.

Puisque nos idoles sont les choses que nous chérissons et qui ont pour nous plus de valeur que Jésus, nous les démasquons quand nous nous demandons honnêtement ce qui donne un sens et de la valeur à notre vie. Considérez le tableau suivant. Laquelle de ces idoles donne un sens à votre existence ? Quelles sont les choses qui sont précieuses pour vous et qui donnent de la valeur à votre vie ?

Nos nouveaux « sauveurs » nous promettent de nous donner une signification et une valeur, comme moyens d'atteindre la plénitude. Pourtant, les idoles que nous nous sommes forgées en viennent aussi à nous menacer en nous disant que notre vie sera sans valeur et vide de sens si nous ne les servons pas.

L'IDOLE DU POUVOIR	L'IDOLE DE L'APPROBATION
• Le contrôle • Le poste • L'influence • Le succès • La force (employée)	• Les relations • Les accomplissements • L'appartenance ethnique • Les groupes d'amis • L'apparence
L'IDOLE DE LA SÉCURITÉ	**L'IDOLE DU CONFORT**
• La famille • Les finances • La protection • La religion • La sûreté • L'avenir	• Le plaisir • La santé • La liberté • Les excès • La maison et les véhicules • Les loisirs

Tableau 2 : Le tableau des idoles

Au début, nous voulons qu'elles nous servent, mais avec le temps, leur attrait est trop puissant. Elles prennent le dessus, dominent nos désirs et finissent par contrôler presque tous les aspects de notre vie. Un changement réel et durable ne se produira que lorsque nous nous *repentirons* de la confiance que nous avons accordée aux idoles en nous. Il nous faudra ensuite avoir la *foi* pour croire en l'Évangile de Jésus-Christ comme notre seul moyen de salut. Le coaching biblique va bien au-delà du processus extérieur et méthodologique qui caractérise habituellement le coaching et adresse les motivations du cœur du disciple-leader. Le coach centré sur l'Évangile conduit la personne sur la voie de la repentance et de la foi, pour qu'elle se défasse de ses idoles et qu'elle mette sa confiance en Christ.

Martin Luther a déclenché la réforme protestante en clouant ses quatre-vingt-quinze thèses à la porte de l'église de la Toussaint à Wittenberg, en Allemagne. La toute première de ces thèses insiste sur l'importance essentielle de la repentance dans la vie chrétienne. « Notre Seigneur et maître Jésus-Christ [...] a voulu que la vie entière des croyants soit une repentance[4]. » Richard Lovelace nous rappelle également cela, soulignant que toute repentance implique que l'on confronte l'incrédulité avec la foi en la vérité de l'Évangile :

> Luther avait raison : la racine de toute autre manifestation de péché est l'incrédulité compulsive. C'est notre ignorance volontaire en ce qui concerne Dieu, nous-mêmes, sa relation avec un monde déchu et son objectif de rédemption [...] Si la chute s'est produite à cause des mensonges que l'on a crus, le processus du salut doit être centré sur la foi en la vérité afin de renverser cet état des choses[5]. »

La repentance et la foi, les deux dynamiques de l'Évangile qui mènent à l'obéissance, sont la seule solution à la lutte constante contre l'incrédulité. L'obéissance découle de la liberté de l'Évangile.

Un coach centré sur l'Évangile doit savoir à quoi ressemble la repentance pour pouvoir aider son disciple à développer une vie de repentance continuelle. Thomas Watson, un puritain anglais (env. 1620-1686) a écrit un traité utile sur le sujet. Il y déclare : « La repentance est une grâce venant de l'Esprit de Dieu par laquelle un pécheur est intérieurement humilié et visiblement réformé[6]. » Jean-Baptiste a averti les pharisiens et les sadducéens qui se présentaient avec leurs serviettes de bain à sa cérémonie de baptêmes : « Race de vipères, qui vous a appris à fuir la colère à venir ? Produisez donc du fruit digne de la repentance » (Mt 3.7,8). Ces deux hommes affirment qu'une vie transformée – un fruit visible – accompagne la repentance.

Watson nomme six ingrédients nécessaires pour une véritable repentance[7]. Le premier est *la vue du péché*, par laquelle un individu rentre en lui-même (Lu 15.17) et découvre l'iniquité dans son mode de vie. Un disciple qui ne voit pas sa faute sera rarement motivé à se repentir. Fréquemment, une personne aura besoin de l'aide de son coach pour reconnaître la gravité et l'étendue de ses torts.

Le deuxième ingrédient de la véritable repentance est le *chagrin d'avoir péché* (Ps 38.19). Nous avons besoin de sentir les clous de la croix dans notre âme lorsque nous péchons. La repentance implique une tristesse selon Dieu, une sainte angoisse (2 Co 7.10). Un coach centré sur l'Évangile s'assurera de ne pas laisser le disciple sortir de sa posture de deuil avant d'avoir expérimenté une repentance authentique et empreinte de tristesse. Avant d'offrir du réconfort, il est important que le coach accorde du temps au disciple pour plonger dans les ténèbres de son péché et l'expulser complètement (Ps 126.5). Les fruits de la repentance seront exprimés par une tristesse angoissée et sincère par rapport à l'offense, et non uniquement par rapport aux conséquences. Le chagrin suscité par le péché est plus qu'une simple « tristesse du monde ». Il sera visible dans les actions qui s'ensuivront. La véritable repentance s'attarde non seulement sur les lèvres, mais également dans l'âme. Celui qui se repent avec tristesse priera : « Seigneur, je sais que j'ai mal agi. Mon cœur a élevé quelque chose d'autre que toi au rang d'idole, et j'en ai fait mon dieu. »

Le troisième ingrédient est la *confession des péchés*. Le pécheur qui s'humilie porte volontairement un jugement sur lui-même en avouant sincèrement les péchés précis qu'il a commis dans son cœur. Il faut continuer de confesser jusqu'à ce que tout soit librement et entièrement avoué. Nous devons arracher toute racine de péché qui se cache en nous. « Qu'il n'y ait point parmi vous de racine qui produise du poison et de l'absinthe » (De 29.18). Dans les Écritures, nous trouvons au moins sept bienfaits de la confession :

1. La confession des péchés donne gloire à Dieu (Jos 7.19) ;
2. La confession des péchés est un moyen pour l'âme de s'humilier (2 Ch 26.19) ;

3. La confession des péchés apporte un soulagement au cœur troublé (Ps 51.13,14) ;

4. La confession des péchés les expulse (Né 13.3) Augustin appelait la confession « l'expultrice du vice » ;

5. La confession des péchés rend Christ précieux pour l'âme qui a besoin d'expiation (Ro 7.25) ;

6. La confession des péchés fait de la place pour le pardon (2 Sa 12.13 ; 1 Jn 1.9) ;

7. La confession des péchés fait de la place pour la miséricorde (Pr 28.13).

Ainsi, quelqu'un pourra prier : « Seigneur, je suis désolé d'avoir fait de quelque chose d'autre mon sauveur, et je choisis de ne plus vivre sous sa domination. Je me repens d'avoir rejeté ta croix pour suivre ma propre voie. »

Le quatrième ingrédient de la véritable repentance est la *honte d'avoir péché*. La couleur de la repentance est celle d'un visage rougissant d'embarras. Elle produit une sainte timidité. Esdras a prié : « Mon Dieu, je suis dans la confusion, et j'ai honte, ô mon Dieu, de lever ma face vers toi ; car nos iniquités se sont multipliées par-dessus nos têtes, et nos fautes ont atteint jusqu'aux cieux » (Esd 9.6). Le fils prodigue repentant avait tellement honte de sa mauvaise conduite qu'il croyait qu'il ne méritait plus d'être un fils pour son père (Lu 15.21). Le péché nous rend honteusement nus et déformés aux yeux de Dieu, et il fait honte à Christ, lui qui a pris le mépris de la croix sur lui-même.

Le cinquième ingrédient de la repentance est la *haine du mal*. Nous devons avoir une haine viscérale de notre péché. Plus nous aimons Jésus, plus nous détestons l'iniquité. La repentance débute avec l'amour de Dieu et se termine avec la haine du péché. En tant que coachs centrés sur l'Évangile, nous devons aider des disciples-dirigeants à repérer chaque transgression qui germe dans le jardin de leur cœur et qui est fertilisée par une apathie envers Christ. La tolérance du péché est une enjambée volontaire vers l'action coupable. La véritable repentance produit une haine profonde du mal.

Pour finir, le sixième ingrédient de la repentance est de *se détourner du péché et de retourner à Dieu* « de tout son cœur » (Joë 2.12). Cette volte-face implique un changement notable : « la pratique d'œuvres dignes de la repentance » (Act 26.20). Ézéchiel rapporte ces paroles de Dieu à la maison d'Israël : « Revenez, et détournez-vous de vos idoles, détournez les regards de toutes vos abominations ! » (Éz 14.6.) Il nous appelle à nous écarter de *toutes* nos abominations, pas seulement celles qui sont évidentes ou celles qui provoquent des frictions avec les autres. Le but de la repentance n'est pas de fabriquer une paix avec les autres par une repentance sommaire, mais de s'élancer tout entier vers Dieu.

Toutefois, ce qui est plus important encore, c'est que la repentance n'est pas uniquement de se détourner du péché ; c'est également de se tourner vers Dieu dans « la repentance […] et la foi en notre Seigneur Jésus-Christ » (Act 20.21). Le coach devrait inviter le disciple-dirigeant à se repentir joyeusement de ses doutes en croyant à la gloire, la bonté, la grandeur et la grâce de Dieu, et à s'approprier par la foi la liberté qu'offre Christ dans l'Évangile. La repentance est enracinée dans une haine du péché *et* une conscience de la bienveillance de Dieu, ce qui produit la joie : « la bonté de Dieu te pousse à la repentance » (Ro 2.4). Nous nous réjouissons du fait que Christ a tout accompli pour nous, tout ce qu'il fallait pour nous assurer notre salut et notre croissance dans la sainteté. Notre prière sera : « Seigneur, je ne suis pas un esclave du péché, mais un enfant adopté. Je suis accepté à cause de Christ. J'ai oublié à quel point je suis aimé, en sécurité, riche et libre en Christ. Je t'en prie, fais que je sois ébahi par ton amour. »

La transformation par l'Évangile : il est possible de changer

Bien qu'il soit nécessaire d'identifier nos idoles et de les rejeter, un changement véritable et durable ne sera pas complet si l'on ne se tourne pas vers Dieu par la foi. Mon ami Tim Chester a écrit, au sujet de ce processus de transformation : « Tout péché trouve son origine dans une forme ou une autre d'incrédulité. Derrière tout péché se cache un mensonge[8]. »

Il a répertorié des vérités capitales sur Dieu et lorsque nous les oublions, cela nous amène à nous détourner de lui. Dans la dernière étape de la repentance, nous réaffirmons à notre cœur les vérités que

L'IDOLE DU POUVOIR	L'IDOLE DE L'APPROBATION
Dieu est *glorieux*, je n'ai donc pas besoin de produire des résultats.	Dieu est *plein de grâce*, je n'ai donc pas à prouver ma valeur.
• Il doit se trouver en situation de pouvoir • Il est exigeant • Il tient à prendre la décision finale • Il fait échouer les autres dirigeants • Il a des accès de colère	• Il prend mal la critique et les échecs • Il a de la difficulté à se détendre • Il est orgueilleux ou envieux des autres • Il désire être inclus • Il brûle d'envie d'être reconnu
L'IDOLE DE LA SÉCURITÉ	L'IDOLE DU CONFORT
Dieu est *grand*, alors je n'ai pas besoin de garder le contrôle.	Dieu est *bon*, alors je n'ai pas besoin de chercher ailleurs pour trouver le réconfort, la paix et l'épanouissement.
• Il est dominateur • Il est rigide • Il est impatient • Il est irresponsable • Il cache ses faiblesses	• Il perçoit le ministère comme un fardeau • Il se plaint souvent • Il place le fardeau du devoir sur les autres • Il n'a pas de joie • Il est d'humeur instable

Tableau 3 : Un diagnostic d'incrédulité

Dieu est glorieux (réfutant l'idole du pouvoir), Dieu est plein de grâce (réfutant l'idole de l'approbation), Dieu est bon (réglant le cas de l'idole du confort) et Dieu est grand (contrecarrant l'idole de la sécurité)[9].

Scotty Smith, pasteur fondateur de l'Église Christ Community à Franklin, Tennessee, a écrit ceci :

> La vérité et la beauté de l'Évangile exposent les idoles trompeuses comme de pâles substituts et de flagrantes contrefaçons. De plus, la puissance de l'Évangile nous rend capables de nous soustraire à leur emprise asservissante et destructive. En effet, Jésus, notre Sauveur et Libérateur, nous délivre pour que nous prenions part à la grande aventure de vivre en tant que *personnages* et *messagers* du récit archétypal suprême de Dieu[10].

Tout péché est une forme d'incrédulité envers l'Évangile. Un coach biblique conduira un disciple-dirigeant à repérer ses idoles et à expérimenter, par la repentance, la transformation qu'opère l'Évangile, en se dépouillant du vieil homme corrompu et trompeur, et en revêtant l'homme nouveau (Ép 4.22-24). Timothy Lane et Paul David Tripp ont écrit : « *[Le changement est]* une norme universelle[11]. » La direction d'une Église est un environnement rempli de stress. Lorsque nous sommes stressés, notre réaction penche soit vers les bons conseils, soit vers la Bonne Nouvelle. Un coach centré sur l'Évangile aidera un dirigeant d'Église à s'appuyer sur la seule solution au stress du ministère.

CHAPITRE 5

TROIS ASPECTS À EXAMINER DANS LA VIE DU DISCIPLE

LES COACHS BIBLIQUES prennent soin des dirigeants chrétiens, et ceux-ci, à leur tour, sont libérés pour assumer leur rôle de berger envers le troupeau et pour s'investir avec l'Église dans la mission rédemptrice. L'un des principaux engagements d'un coach est de promouvoir l'Église locale comme siège du ministère, c'est-à-dire l'endroit où la communion, la mission et l'Évangile éclatent en ferveur incandescente vers le monde, pour la gloire de Dieu.

Une Église centrée sur l'Évangile investit ses efforts dans le but de voir l'œuvre de Jésus-Christ – sa vie, sa mort et sa résurrection – s'appliquer aujourd'hui par le travail du Saint-Esprit, métamorphosant sa ville, sa région et les nations. À travers l'œuvre de Jésus, Dieu a pardonné son peuple de sa rébellion contre lui et il le remplit, l'équipe et le dirige. De manière progressive, Dieu transforme ses enfants par l'application continuelle de sa grâce afin qu'ils puissent servir les autres avec amour.

Le message et les gens de l'Église sont l'espoir de ce monde

Nous croyons que l'Église, tant son message que les gens qui la composent, est l'espoir du monde. Elle représente, en tant que communauté du peuple de Dieu, la seule institution conçue et outillée par Dieu en vue du renouvellement spirituel, culturel et social de toutes les nations. Nous croyons également que l'implantation de nouvelles Églises est un moyen efficace pour atteindre les âmes perdues avec l'Évangile. L'implantation établit de nouveaux groupes de croyants en santé qui se reproduisent en atteignant les gens, en faisant des disciples de Christ dans leur région et en les outillant avec l'Évangile pour ensuite les relâcher dans leurs communautés locales respectives afin qu'ils mettent leur « monde » en contact avec la puissance transformatrice du royaume de Dieu. Voilà comment le Seigneur apporte un renouveau rédempteur. Bruce McNichol a écrit, dans la revue *Christianity Today* (Le christianisme aujourd'hui), que les Églises qui ont plus de quinze ans d'existence ne produisent annuellement en moyenne que trois conversions à Christ par tranche de cent membres. Les Églises de trois à quinze ans voient cinq conversions par tranche de cent membres comme moyenne annuelle. Mais celles qui ont moins de trois ans produisent en général dix conversions à Christ par tranche de cent membres[1]. C'est le double de ce que constatent les Églises actuelles. J'ai servi comme pasteur à Mars Hill Church, une Église qui se réunit à distance de marche de l'Université de Washington à Seattle. Au cours des quatre premiers mois de cette assemblée naissante, cinquante-et-une personnes ont été baptisées. Il est clair qu'une nouvelle œuvre produit de nouveaux disciples à un rythme beaucoup plus rapide.

L'Évangile de Jésus-Christ est la solution par excellence à tout problème, qu'il soit social, spirituel, culturel ou personnel. La transformation personnelle, religieuse et culturelle se produit par la redécouverte et l'application de la puissance transformatrice de l'œuvre et de la vie de Christ par l'action du Saint-Esprit. Lorsqu'on retrouve la pleine mesure du message de l'Évangile, nos Églises deviennent des lieux d'espoir pour un monde en fuite. Pourquoi ? Parce que ce récit nous parle de notre chute dans le péché, puis il affirme ce que Christ a fait pour régler notre problème, et il nous annonce le renouvellement à venir de toute chose. Il mettra un terme à la faim, à la pauvreté, aux maladies, à l'oppression, à l'injustice et à l'esclavage. Voilà un message rempli d'espoir ! Tout le pouvoir du péché pour détruire et corrompre la création sera remplacé par le juste règne de Christ qui rendra toute chose nouvelle et parfaite. C'est pour cela que nous prions que le royaume de Dieu vienne et que sa volonté soit faite sur la terre comme au ciel.

La mission de Jésus

La mission de l'Église est celle de Jésus, lui qui a été envoyé par le Père pour « chercher et sauver ce qui était perdu » (Lu 19.10). L'Église a été envoyée dans un monde spirituellement brisé pour proclamer la Bonne Nouvelle de la rédemption qui n'a été rendue possible que par le sacrifice du Fils pour nos péchés et l'amour du Père pour nous. Tout comme Dieu a envoyé Jésus pour accomplir cette mission, à son tour, il y envoie chaque croyant (Jn 17.14-16,18 ; 20.21). Nous répondons à cette mobilisation en suivant Jésus et en devenant pêcheurs d'hommes pour lui (Mt 4.19). Si nous négligeons cet appel à faire des disciples, nous délaissons la mission de Dieu et nous cessons d'être une Église qui « suit » réellement Jésus dans son mandat.

Dieu appelle son Église à participer à sa mission de rédemption dans le monde et au renouvellement de toute chose (Mt 28.18-20 ; Ac 1.8). Il mandate les croyants de tous les âges pour apporter la Bonne Nouvelle du roi Jésus dans leur contexte culturel. Cela inclut de partager le message de l'Évangile (l'évangélisation) pour le faire connaître à ceux qui ne l'ont jamais entendu, et d'enseigner à ceux qui suivent Christ la façon d'incorporer la vérité de l'œuvre de Dieu dans leur vie (la formation de disciples). Pour intéresser la culture actuelle à l'Évangile, il faut former une communauté évangélique qui peut servir de représentation visible de l'amour de Dieu. Elle servira aussi de témoin de l'œuvre de Dieu qui sauve les gens et transforme leur vie par Jésus.

Puisque nous sommes en Christ, nous possédons une identité missionnaire. Nous avons été adoptés dans une famille missionnaire et nous servons un Dieu missionnaire. Cela fait partie de ce qui nous distingue, parce que notre Père est missionnaire et nous, ses enfants, lui ressemblons. L'Église est en mission, elle est composée de gens missionnaires qui accomplissent un travail missionnaire pour la gloire de notre Dieu missionnaire. C'est là ce que nous *sommes*, mais c'est également ce que nous *faisons*. La mission n'est pas une chose que l'on ajoute à une liste d'activités facultatives qu'un chrétien peut choisir de faire. Elle réside au cœur de ce à quoi Jésus nous appelle. Nous devons nous engager à la poursuivre en y consacrant toutes nos capacités. Dans Matthieu 28.18-20, Jésus confie cette mission bien connue à ses disciples, définissant ainsi leur objectif et établissant pour eux un mandat clair qu'ils doivent suivre jusqu'à son retour :

> Jésus, s'étant approché, leur parla ainsi : « Tout pouvoir m'a été donné dans le ciel et sur la terre. Allez, faites de toutes les nations des disciples, les baptisant au nom du Père, du Fils et du Saint-Esprit, et enseignez-leur à observer tout ce que je vous ai prescrit. Et voici, je suis avec vous tous les jours, jusqu'à la fin du monde. »

Sur une période de seize ans, j'ai servi comme pasteur de trois Églises locales sans jamais pouvoir avoir un coach. Bien que de belles choses se sont produites et que des centaines de personnes sont venues à Christ, une grande part de tout cela est arrivée au détriment de ma santé, de ma vie conjugale et de mes relations avec les autres. Je n'ai jamais vraiment senti que j'avais accès à une personne qui se souciait de moi personnellement, qui comprenait clairement l'Évangile et qui pouvait me parler objectivement par rapport à ma vie, d'après sa propre expérience et avec la sagesse de la Parole de Dieu. Pendant ces seize années, j'ai combattu avec beaucoup de stress, stress que je m'infligeais à moi-même, et parfois, cela devenait insoutenable. Je désirais secrètement que quelqu'un m'écoute et m'offre des commentaires francs et attentionnés, mais j'étais toujours trop orgueilleux pour le demander. J'ai donc souffert en silence, larguant ma colère sur les gens les plus proches de moi, incluant les autres anciens. On ne m'a jamais confronté à ce sujet, probablement parce que nous vivions une croissance numérique ininterrompue. Une expansion du ministère ne constitue cependant pas un bon indicateur de la santé spirituelle et émotionnelle d'un dirigeant d'Église.

Aujourd'hui, Tom et moi sommes convaincus que le coaching est la pratique manquante, la clé pour produire des disciples féconds, pour outiller des leaders, pour en faire des brebis en santé et pour implanter des Églises de manière efficace. Le coaching centré sur l'Évangile est fondé sur des méthodes de coaching qui suivent des modèles bibliques tout en s'adaptant à la situation particulière devant laquelle le dirigeant se trouve. Il cherche à développer des leaders qui produisent du bon fruit dans leur vie, au lieu de faiseurs productifs qui arrivent à exécuter le travail. Il ne s'agit pas d'un processus « professionnel » par lequel on s'efforce de perfectionner ses compétences pour obtenir le succès. C'est plutôt un investissement qu'un coach effectue dans la vie d'un autre dirigeant. Un coach biblique partage sa connaissance et sa sagesse, mais également son amour, sa compassion et son expérience personnelle. J'ai déjà payé des coachs professionnels pour m'aider à atteindre le succès dans mon leadership. Bien que cela ait une valeur certaine, ce qui a eu un impact réel dans ma vie, ce qui a produit un changement durable, c'est la combinaison de l'expertise professionnelle et d'un investissement de temps et de soins semblables au pastorat biblique. Ces individus m'ont donné des commentaires, une direction et des suggestions en vue d'améliorer les résultats de mon ministère, mais ils ont aussi pris soin de moi, m'ont tenu responsable de mes engagements et promesses, et m'ont signalé les domaines où j'avais des faiblesses et où mon caractère avait le plus besoin de transformation. Par conséquent, non seulement suis-je devenu un dirigeant plus compétent dans l'Église, mais j'ai aussi grandi comme époux, comme père et comme ami. Un coach centré sur l'Évangile se soucie de la personne (le cœur), communique la vérité (la tête) et offre la sagesse de son expérience (les mains).

Séparer la *mission* d'une Église de ses *missionnaires* est une erreur, mais c'est exactement ainsi que plusieurs assemblées agissent de nos jours. Nous jugeons de l'efficacité de la mission par des chiffres – les évidences extérieures d'une croissance – et nous concluons que c'est une réussite. Qu'en est-il alors de ceux qui dirigent cette mission ? Pour investir dans la mission de l'Église, on doit aussi investir dans ceux qui la portent, c'est-à-dire les disciples-dirigeants autour de nous. Plutôt que d'investir dans un programme ou un nouveau concept qui pourraient aider à faire croître l'assemblée, nous aurions bien plus intérêt à nous occuper des leaders. Dans de nombreuses Églises, on trouve des gens qui assistent aux cultes et qui sont connectés au ministère d'une manière ou d'une autre. Mais bien souvent, ils se retrouvent parmi les autres membres, ne sachant pas trop si quelqu'un se soucie d'eux, s'il y a des personnes qui pourraient les aider et qui savent réellement comment suivre Jésus et sa mission. Les dirigeants sont bombardés de distractions : ils répondent au courrier électronique, font des tâches administratives, lisent des livres qui ne leur rapportent rien, mettent à jour les médias sociaux et consacrent de nombreuses heures à faire de la relation d'aide avec des gens peu motivés. Ils devraient plutôt investir leur vie dans les autres leaders autour d'eux.

Il faut du temps et de l'énergie pour outiller des gens et en faire des disciples de Jésus. N'oublions pas qu'au cœur de la stratégie du ministère de Jésus se trouve le temps qu'il a passé, presque trois ans, à marcher quotidiennement avec un petit groupe de douze hommes. C'est à travers eux qu'il a enclenché son plan pour changer le monde. De plus, il n'a pas commencé avec la crème de la crème, mais avec douze hommes égoïstes et pécheurs qui se disputaient fréquemment, qui étaient impulsifs et qui manquaient souvent de foi. Jésus savait que pour compléter la mission que Dieu lui avait confiée, il devait investir sa vie, son amour, son temps et ses paroles dans des hommes prêts à proclamer la Bonne Nouvelle de son œuvre de rédemption à toute nation, toute tribu, tout peuple de toute langue, et ce, même au prix de leur vie (Ap 7.9).

Dans le livre classique de Robert Coleman, *Évangéliser selon le Maître*, il émet le commentaire suivant : « La philosophie de base *[de Jésus]* est si différente de celle de l'Église moderne que ses implications sont tout bonnement révolutionnaires. [...] *[Jésus ne cherchait pas à élaborer]* des programmes pour atteindre les multitudes, mais de trouver des hommes que les multitudes suivront ». Coleman en conclut : « C'est par des hommes *[que Jésus]* gagnera le monde à Dieu[2] ». Suivre l'exemple du leadership de Jésus signifie donc de coacher des disciples-dirigeants qui poursuivront activement la mission de Dieu à travers l'Église.

Jésus a concentré ses efforts sur le coaching des Douze parce qu'il les préparait pour une grande mission. Sa formation était bien plus qu'une série de conférences, c'était un processus, d'une durée de trois ans, de coaching au quotidien, traitant du caractère personnel, des aptitudes missionnaires et d'un continuel réalignement spirituel. Elle comportait au moins quatre phases. Premièrement, Jésus a invité ses disciples à *venir voir* (Jn 1.39). Ensuite, son invitation est devenue « *venez et suivez-moi* » (Mc 1.17). Puis, il leur a demandé de *venir pour être avec lui* (Mt 11.28). Dans la phase finale de son coaching, Jésus leur a commandé d'*aller vers les nations pour faire des disciples* et pour implanter de nouvelles Églises. Il leur a donné le Saint-Esprit et il leur a promis qu'il serait toujours avec eux. Il leur a commandé de suivre son exemple en enseignant et en faisant de nouveaux disciples (Mt 28.18-20).

Dans le diagramme ci-dessous (Diagramme 7), on retrouve notre schéma du coaching, cette fois clarifié avec l'ajout de trois catégories dans lesquelles un coach devrait délibérément investir : les aspects personnel, spirituel et missionnel de la vie du disciple-dirigeant. L'Évangile est communiqué et manifesté à une personne, et il en résulte une vie qui glorifie Dieu. Un coach centré sur l'Évangile examinera avec soin et amour la vie personnelle, spirituelle et missionnelle du disciple, et lui offrira ensuite des conseils bibliques et appropriés pour l'individu et la situation.

Le coaching biblique facilite la transformation par le réalignement sur l'Évangile. Nous ne pouvons être réellement libres que lorsque nous vivons en conformité avec la vérité de la Parole de Dieu.

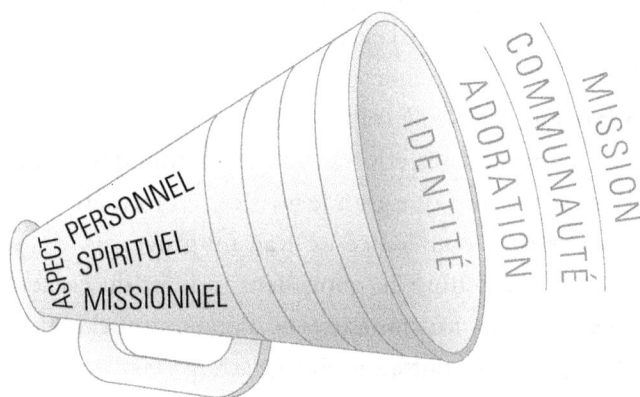

Diagramme 7 : Trois aspects à examiner dans le coaching

Et il dit aux Juifs qui avaient cru en lui : Si vous demeurez dans ma parole, vous êtes vraiment mes disciples ; vous connaîtrez la vérité, et la vérité vous affranchira. Ils lui répondirent : Nous sommes la postérité d'Abraham, et nous ne fûmes jamais esclaves de personne ; comment dis-tu : Vous deviendrez libres ?

En vérité, en vérité, je vous le dis, leur répliqua Jésus, quiconque se livre au péché est esclave du péché. Or, l'esclave ne demeure pas toujours dans la maison ; le fils y demeure toujours. Si donc le Fils vous affranchit, vous serez réellement libres (Jn 8.31-36).

L'Évangile de la grâce demeure le chemin où nous devons marcher pour jouir d'une vie transformée. Il est la solution par excellence pour tous les problèmes et toutes les difficultés que nous rencontrons et il est, de toute évidence, à l'extérieur de nous. Il nous faut aller à Christ pour le recevoir. C'est la puissance surnaturelle de Dieu qui nous est accordée gracieusement par son Esprit.

Le plus grand bienfait qu'un coach biblique peut donner est de guider le disciple-dirigeant dans l'application de l'Évangile à chaque défi et opportunité de sa vie personnelle, spirituelle et missionnelle. Le coach et le disciple entrent dans une relation de soutien qui conduit à un perpétuel renouvellement de l'Évangile et à l'approfondissement du caractère. Cela a pour résultat un disciple qui suit fidèlement Jésus pour la gloire de Dieu, le bien des autres et la joie de le servir.

Trois aspects de notre vie en tant que croyants

Wayne Grudem décrit une Église en santé comme possédant des caractéristiques orientées vers le haut, vers l'intérieur et vers l'extérieur. Nous croyons que cela s'applique également à notre vie en tant que croyant. Le diagramme suivant (diagramme 8) illustre ces trois aspects de la vie d'une personne et l'interaction qu'ils ont entre eux. Aucun de ces aspects ne peut être séparé des autres ; l'aspect personnel affecte le spirituel, celui-ci affecte l'aspect missionnel, et ce dernier affecte les deux autres.

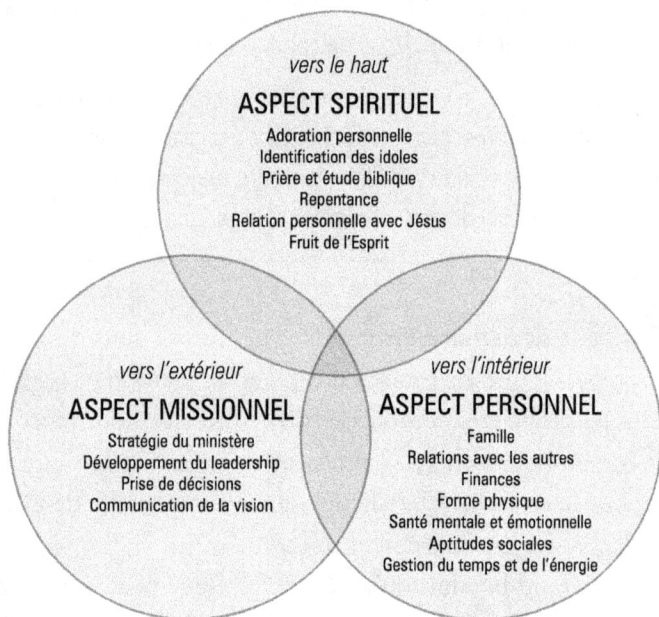

vers le haut
ASPECT SPIRITUEL
Adoration personnelle
Identification des idoles
Prière et étude biblique
Repentance
Relation personnelle avec Jésus
Fruit de l'Esprit

vers l'extérieur
ASPECT MISSIONNEL
Stratégie du ministère
Développement du leadership
Prise de décisions
Communication de la vision

vers l'intérieur
ASPECT PERSONNEL
Famille
Relations avec les autres
Finances
Forme physique
Santé mentale et émotionnelle
Aptitudes sociales
Gestion du temps et de l'énergie

Diagramme 8 : Trois aspects interreliés

Les aspects spirituels

Les caractéristiques orientées vers le haut – les aspects spirituels – concernent notre adoration et nos louanges à Dieu, et notre foi en ses promesses d'agir pour notre bien. Dieu est notre amour, notre joie et l'objet de notre adoration – celui que nous adorons de tout notre coeur. Nous exprimons ces aspects dans nos prières, notre étude de la Bible et notre méditation. Nous adorons Dieu en consacrant notre temps, nos ressources et nos habiletés pour sa gloire. Un coach centré sur l'Évangile posera des questions au disciple sur sa louange personnelle, sa vie de prière et la manifestation du fruit de l'Esprit chez lui. Le coach examinera la relation personnelle du disciple-dirigeant avec

Jésus, la qualité de sa repentance à la suite d'un péché et son engagement envers une communauté évangélique.

Récemment, je coachais un pasteur et après quelques questions de ma part sur sa vie personnelle, il m'a confié qu'il se sentait déprimé. Je n'en étais pas étonné, parce que j'ai constaté que la dépression et la colère sont des choses courantes chez les pasteurs de nos jours. J'aurais pu réagir à sa déprime en examinant son régime alimentaire et son activité physique ou en lui parlant de son emploi du temps et du nombre de jours de congé qu'il prenait. Nous aurions pu explorer les raisons médicales pour lesquelles il pouvait se sentir ainsi. J'aurais pu me concentrer sur son travail et sur sa gestion du personnel et des dirigeants bénévoles. Au lieu de cela, je l'ai interrogé brièvement pour comprendre pourquoi il se retrouvait dans cet état. Il m'a raconté qu'il n'avait plus l'impression d'accomplir ce qu'il croyait que Dieu attendait de lui. De toute évidence, sa dépression était un problème spirituel. Je l'ai donc aidé à explorer son identité en Christ. Nous avons parlé du fait qu'il ressentait un besoin de réussir, d'accroître l'assemblée même s'il y avait déjà près de mille personnes qui venaient à son Église (après seulement quelque temps dans ce ministère). Même si, au départ, sa dépression avait été dévoilée au moyen de questions d'ordre personnel, nous n'avons pas tardé à l'examiner à travers une lentille *spirituelle*. Sans hésiter, il s'est repenti de la valeur que son idole du succès lui conférait. Il a admis ouvertement que ce qu'il percevait comme un manque de succès contribuait à sa dépression. Il est intéressant de noter qu'un an plus tard, son Église a connu une croissance de plus de 50 pour cent, frôlant les deux mille participants.

Bryan Chapell a écrit : « Le cœur est aux commandes de chaque bataille. Une compréhension complète et cohérente de la raison pour laquelle nous aimons Dieu est l'élément le plus efficace de l'armure dans l'arsenal chrétien, parce que le diable commence toujours son attaque par une aliénation de notre affection. Ainsi, notre plus puissante arme spirituelle est l'adulation constante de la miséricorde de Dieu révélée en Christ[3]. » Plusieurs des difficultés et des défis auxquels nous faisons face durant notre vie ne peuvent être réglés à l'aide de techniques de résolution de problèmes ou d'amélioration des compétences. Nous ne pouvons demeurer forts que lorsque nous sommes dans le Seigneur et sous sa puissance. Cela me trouble de constater le nombre de problèmes spirituels que nous essayons de traiter avec un outil matériel. Peut-être essaierons-nous d'utiliser le silence et la solitude, la prière et le jeûne, le rythme des sabbats et la mémorisation des Écritures comme techniques pour tenter de venir à bout de nos problèmes. Parfois, nous en venons à croire qu'en frottant la lampe du génie des disciplines spirituelles, nous obtiendrons la réponse au vide qui se trouve dans notre cœur. Dans certains cas, cette approche mène à l'orgueil et à l'autosuffisance, alors qu'en apparence, nous démontrons de la discipline. Mais au lieu de cela, nous devons traiter l'éloignement de notre cœur qui ne poursuit plus une relation avec notre Dieu saint et plein d'amour. J'ai vu beaucoup trop de dirigeants d'Églises dont le cœur se trouvait loin du Seigneur et qui savouraient leur « succès » dans leur service envers les autres, même s'ils étaient conscients qu'ils n'aimaient pas Dieu autant qu'eux-mêmes, leur poste et leurs désirs mauvais.

Les aspects personnels

Un examen des aspects personnels (les caractéristiques orientées vers l'intérieur) de la vie de quelqu'un mène à se concentrer sur ce que le disciple comprend de son identité en Christ, de ses relations avec les autres, de son service envers eux, des difficultés familiales, des finances, de sa forme physique, de sa santé mentale, émotionnelle et sociale, de la gestion du temps et des objectifs académiques.

J'ai (Scott) connu deux pasteurs qui se sont suicidés et, dans les deux cas, ils n'avaient personne autour d'eux pour les interroger régulièrement sur leur vie personnelle et spirituelle. Tous deux semblaient connaître beaucoup de succès dans leur Église et dans l'œuvre du ministère. Tous deux étaient des dirigeants solides. Ils donnaient des conférences, écrivaient des ouvrages et coachaient d'autres pasteurs, partageant leur sagesse sur l'implantation d'Églises efficace. Après qu'ils se soient enlevé la vie, nous avons toutefois appris que pendant plusieurs années, ils avaient tous deux été profondément troublés. L'un d'eux avait des problèmes conjugaux, mais personne n'avait su à quel point ils étaient graves. Quand il a constaté que sa vie de couple n'avait pas été rétablie comme il le souhaitait, il a fait le choix horrible de se suicider devant sa femme. L'autre pasteur avait une dépendance aux somnifères qu'il avait soigneusement cachée aux autres. Encore là, personne ne l'avait su. Après qu'il ait perdu son emploi pour avoir mal géré les finances de l'Église, on l'a retrouvé sans vie. Le médecin légiste a déclaré que sa surdose de somnifères constituait un suicide. Ces deux bergers avaient des amis et des consultants. Mais ils n'ont pas cherché l'aide de bergers centrés sur l'Évangile pour parler ouvertement de leurs années de douleur chronique, de leurs problèmes conjugaux complexes, des dépendances ainsi que de la colère et de la peur enfouies en eux. Lorsque nous évaluons la santé d'un leader seulement par les signes visibles de sa réussite, nous risquons de commettre une erreur tragique.

Comme mentionné plus haut, la plupart des dirigeants d'Églises se sentent dépassés par le travail dans le ministère. Nous avons justement commencé un programme de coaching centré sur l'Évangile à cause, en grande partie, d'une préoccupation sincère pour l'âme des pasteurs. Récemment, j'ai pu m'entretenir avec la veuve de l'un des ouvriers qui s'étaient suicidés et ce fut un moment marquant. Elle m'a raconté que son mari n'avait pas explosé en rentrant à la maison un certain jour. C'était plutôt « comme si son âme s'était éteinte tout doucement, comme cette chanson de Casting Crowns[4] » :

> C'est un fondu lent où le noir et le blanc tournent au gris.
> Des pensées nous envahissent, on fait des choix, on devra en payer
>   le prix.
> Quand on se trahit soi-même. Personne ne s'effondre en un
>   seul jour[5].

Cette veuve m'a alors demandé avec instance de dire aux autres ouvriers qu'ils devraient rechercher l'aide dont ils ont besoin avant de permettre à ce genre de drame de survenir. Elle a avoué que c'est souvent l'orgueil de son mari qui l'a empêché de parler aux autres de la douleur chronique qui criblait son âme depuis des années. Son orgueil avait simplement masqué les grandes peurs avec lesquelles il avait lutté toute sa vie. Personne ne s'est réellement douté de l'angoisse de son âme, jusqu'à ce qu'il soit trop tard.

Les signes indicateurs d'une âme perturbée

Comme l'apôtre Paul l'a partagé aux anciens d'Éphèse avant de les quitter, il est essentiel que nous apprenions à « prendre garde » à notre propre cœur ainsi qu'au comportement et aux indices émotionnels de ceux dont nous prenons soin : « Prenez donc garde à vous-mêmes, et à tout le troupeau sur lequel le Saint-Esprit vous a établis évêques, pour paître l'Église de Dieu, qu'il s'est acquise par son propre sang » (Ac 20.28).

Lorsque nous travaillons sur les aspects personnels – la vie intérieure d'un individu qui se trouve souvent à l'abri des regards – il faut rester à l'affût des indices qui montrent qu'une âme est en train de s'éteindre tout doucement. Avec les années, j'ai appris à reconnaître les signes indicateurs d'une âme possiblement troublée par des luttes et des problèmes personnels :

- Peu d'attachement à Jésus ;
- Peu de joie et d'enthousiasme ;
- Peu de dépendance envers Dieu ;
- Beaucoup de préoccupations sur soi ;
- Beaucoup de fardeaux dans le ministère ;
- Beaucoup d'accès de colère (peur dissimulée).

De l'aide pour les âmes perturbées

Comment peut-on coacher quelqu'un qui manifeste un ou plusieurs de ces indicateurs ? Bien que la liste suivante soit loin d'être exhaustive, nous vous offrons huit suggestions pour que vous puissiez les transmettre à ceux dont l'âme est troublée :

1. Renouvelez votre pensée à l'aide d'une lecture prolongée des Écritures. Les dirigeants d'Églises doivent cesser de traiter la Parole de Dieu comme un ouvrage littéraire. L'une des toutes premières et des plus élémentaires étapes à franchir est de réaffirmer que votre lecture de la Bible est un temps passé avec un Dieu d'amour qui vous parle personnellement. David, le psalmiste, a écrit : « J'ai constamment l'Éternel sous mes yeux ; quand il est à ma droite, je ne chancelle pas. Aussi mon cœur est dans la joie, mon esprit dans l'allégresse, et mon corps repose en sécurité » (Ps 16.8,9). L'apôtre Paul a encouragé l'Église de Corinthe : « C'est pourquoi nous ne perdons pas courage. Et même si notre homme extérieur se détruit, notre homme intérieur se renouvelle de jour en jour » (2 Co 4.16). Le renouveau personnel se produit à travers la lecture et l'écoute attentive de la Parole de Dieu.

2. Priez avec un cœur posé, sans précipitation. Priez sans vous dépêcher de passer à travers une liste de requêtes ou une formule. Laissez Dieu parler tranquillement à votre cœur. Donnez-vous le temps de rester assis en silence près des eaux paisibles. Cessez votre mouvement perpétuel ; demeurez simplement dans la présence de Dieu et discutez avec lui. Il se peut qu'il ait des choses à vous dire, si vous vous arrêtez assez longtemps pour écouter. Peut-être découvrirez-vous que vous êtes encore plus enclin à prier *à* Dieu que simplement *au sujet de* Dieu lorsque vous souffrez.

3. Confessez les péchés qui sont cachés dans votre cœur. Dieu veut votre cœur, vos pensées et vos désirs les plus profonds. Pierre a écrit : « Ayez [...] la parure intérieure et cachée dans le cœur, la pureté incorruptible d'un esprit doux et paisible, qui est d'un grand prix devant Dieu » (1 Pi 3.3,4). Peut-être êtes-vous troublé parce que votre cœur est plein de péchés non avoués. Passez du temps dans une réflexion sincère, en demandant au Saint-Esprit de vous convaincre et de révéler tout péché qui n'a pas été confessé. Puis, admettez-le et confirmez votre identité en Christ en proclamant l'Évangile, en vous le prêchant à vous-même.

4. Vivez en véritable communauté avec les autres et permettez-leur de vous connaître réellement. Combien de personnes vous connaissent vraiment ? Je parle de qui vous êtes dans votre vie privée, non de votre personnalité publique. Sont-elles au courant de vos finances, votre couple, votre colère et vos péchés ? Vous avez besoin des autres pour vous aider dans votre lutte contre le mal (Hé 3.12,13). Paul David Tripp a dit que sans communauté, nous sommes enclins à écouter nos propres mensonges et à adhérer à nos propres illusions[6]. Trouvez-vous des amis en qui vous avez confiance et qui peuvent vous écouter parler de vos luttes.

5. Passez en revue l'appel de Dieu sur votre vie. Dans son livre intitulé *The Call* (L'appel), Os Guinness a écrit : « L'appel signifie que Dieu nous réclame pour lui de façon si décisive que tout ce que nous sommes, tout ce que nous faisons et tout ce que nous possédons, est investi avec un dévouement et un dynamisme profonds en réponse à son appel et au mandat de le servir[7]. » Plus loin il affirme : « La notion de l'appel demeure vitale pour chacun de nous parce qu'elle touche à la recherche moderne d'un fondement pour l'identité individuelle et la compréhension de notre humanité[8]. » Guinness poursuit en soulignant la nécessité de répondre aux questions les plus profondes : « Qui suis-je ? Pourquoi est-ce que j'existe ? » Un appel ne procure pas une vie confortable, mais il sert de boussole lorsque nous sommes perdus.

6. Révisez les objectifs et les étapes que vous avez établis pour votre vie. Peut-être que vos buts sont inatteignables ou qu'il vous manque des stratégies réalistes pour les réaliser. Tous deux doivent être régulièrement révisés. Les dirigeants des Églises perdent un temps fou sur des choses qui n'ont rien à voir avec leur appel ou leurs objectifs. Considérez votre existence en termes d'intendance d'une vie entière pour la gloire de Dieu.

7. *Revoyez votre manière de gérer votre vie.* Vous avez l'impression que votre vie dérape ; peut-être est-ce parce que *c'est le cas* ! Il se peut que vous ayez besoin de faire l'inventaire de votre temps, vos relations, vos finances et votre santé pour pouvoir atteindre les buts que vous vous êtes fixés pour votre vie.

8. *Reposez-vous dans la grâce, l'amour et l'acceptation de Dieu envers vous.* Vous n'avez pas à mériter l'amour et l'acceptation de Dieu. À cause de sa grâce et du sacrifice de Jésus, il vous a imputé la justice de Christ et vous êtes un fils bien-aimé en qui il prend plaisir. Vous ne pouvez pas gagner plus de sa faveur que vous en avez actuellement. Puisque vous êtes son enfant, il n'exige rien de plus, pour vous déclarer juste, que la rédemption par la substitution de son Fils Jésus.

Les aspects missionnels

C'est intentionnellement que nous avons souligné les aspects spirituels et personnels de la vie d'un individu avant ceux de la mission, parce que notre tendance naturelle est de juger les autres selon les apparences. Mais, comme nous l'avons mentionné au début de ce chapitre, séparer la mission d'une Église de ses missionnaires est une erreur. Ces aspects extérieurs et missionnels de la vie d'un dirigeant sont en lien avec le fait de connaître et d'adopter l'amour de Dieu pour les pécheurs. Pour réellement saisir la nécessité des aspects missionnels, il est utile de comprendre l'appel de Dieu à être la lumière et le sel dans le monde. Cela inclut non seulement notre appel, mais également le temps, l'énergie et l'argent que nous investissons pour le royaume de Dieu, ainsi que notre leadership dans un ministère local, la formation des dirigeants et notre style de vie missionnaire au sein de notre communauté.

Un coach efficace saura diagnostiquer chez le disciple sa compétence pour le ministère et son engagement envers cette mission. Alors que le disciple progresse dans ces deux choses, il devra prendre une plus grande part des initiatives dans cette responsabilité missionnelle. Le coach restera impliqué dans cet aspect de la vie du disciple-dirigeant en continuant de faire grimper son niveau de compétence et d'engagement par rapport à sa principale responsabilité dans le ministère.

Il y a quatre styles élémentaires de coaching que l'on peut utiliser selon la situation, l'expérience et les besoins du disciple-dirigeant :

1. L'exhortation. Pour le disciple qui démontre un minimum de compétence et d'engagement, le coach devrait employer une approche plus structurée, tout en l'incitant à prendre davantage de responsabilités et d'initiatives. Avec ce style, le coach l'aidera à établir des objectifs, le guidera dans l'élaboration d'un plan pour son ministère et sa vie, lui fournira les instructions pour atteindre son but, évaluera attentivement ses progrès et le tiendra responsable de ses décisions.

2. L'édification. Une fois que le disciple a amélioré sa compétence et son engagement, le coach peut utiliser une approche qui fournit beaucoup de soutien relationnel tout en maintenant un dialogue avec le disciple. Il passera en revue les objectifs de ce dernier, surveillera les progrès de son âme, explorera la mise en œuvre des plans et lui donnera des commentaires et des encouragements.

3. L'appui. Lorsque les habiletés du disciple sont raisonnablement bien développées, mais qu'il a encore besoin d'être motivé, un appui est de mise. Le coach fournira un soutien appréciable, mais peu d'instructions précises. Il surveillera le choix des objectifs, demandera des éclaircissements par rapport au plan d'action, incitera le disciple à prendre des décisions audacieuses, l'aidera à résoudre des problèmes et lui fournira de l'encouragement et du soutien.

4. La responsabilisation. Lorsque le disciple démontre de la maturité dans sa compétence et son engagement, le coach opte pour un style qui aide le dirigeant à devenir plus autonome. Il lui offre son aide dans la révision de ses objectifs et de ses plans en ce qui concerne ses responsabilités dans le ministère. Il confirme les décisions que le disciple prend, lui fournit ses commentaires pour des changements et ajustements, et il continue de soutenir les sages décisions de son protégé[9].

Lorsqu'il interroge le disciple sur les aspects missionnels, le coach doit déterminer quels sujets s'avèrent les plus importants pour l'aider à accomplir ce à quoi Dieu l'appelle. Est-ce une question de compétences ou d'expérience (les mains), de connaissance (la tête), de motivation ou de caractère (le cœur) ? Dans le coaching centré sur le client, l'approche la plus répandue consiste à permettre au disciple-dirigeant de choisir pour lui-même l'orientation de la séance. Mais un coach centré sur l'Évangile devrait plutôt prévoir une formation spécifique au ministère lorsqu'il sondera les aspects missionnels chez le disciple. Il est avantageux pour le dirigeant et pour son Église locale que l'on identifie les objectifs et les étapes que Dieu veut pour lui, puis que l'on s'entende sur un plan d'action pour les mettre en œuvre.

Le coaching biblique dans trois aspects de la vie

Comme il a été mentionné plus tôt, le coaching biblique est un processus relationnel au cours duquel un individu assume un rôle de berger envers un disciple-dirigeant dans sa vie personnelle, spirituelle et missionnelle. En agissant ainsi, on recherche le bien du protégé, les fruits dans la mission et la gloire de Dieu. L'approche du coaching biblique s'avère nécessaire dans les trois aspects de la vie. D'après notre expérience auprès des dirigeants d'Églises, nous avons constaté que cette approche demeure importante parce qu'elle affecte la croissance personnelle du disciple plus que tout. Pour que ce soit efficace, le coach doit lui-même connaître, vivre et incarner l'Évangile de Jésus-Christ. La relation de coaching se flétrira si le coach ne pratique pas lui-même ce qu'il partage et enseigne. En contrepartie, lorsqu'il y a un accord mutuel sur la nécessité de l'Évangile, on constatera le développement d'une belle chimie entre le coach et son protégé.

Deuxièmement, le disciple-dirigeant doit aussi s'attarder à comprendre et à appliquer le message de l'Évangile dans sa vie personnelle comme disciple de Christ et leader dans l'Église. Diriger un ministère constitue un excellent contexte pour apprendre à connaître ses faiblesses, ses luttes contre l'idolâtrie et son égoïsme. C'est aussi une situation idéale pour découvrir la puissance de l'Évangile pour changer et transformer nos cœurs. Nous sommes tous aveuglés par rapport à nos limites. Si un leader souhaite servir fidèlement une assemblée, il doit d'abord être transformé par l'Évangile. Il lui faudra établir un cadre complet et centré sur l'Évangile pour envisager, évaluer et accomplir son ministère personnel.

Troisièmement, le disciple-dirigeant a besoin d'approfondir et d'appliquer l'Évangile pour son propre progrès dans la mission. En formant d'autres leaders dans sa communauté de croyants, il apprendra à s'approprier et à appliquer cette Bonne Nouvelle avec les gens qu'il dirige. L'une de ses tâches les plus importantes est la reproduction de leaders. Il n'y a pas de plus grand privilège que de contribuer à la multiplication de dirigeants qui ont bien compris la riche théologie de l'Évangile et qui appliquent sa puissance à leur vie, à leur ministère et aux communautés environnantes.

Dans leurs efforts missionnaires envers la ville, les perdus et les nécessiteux, les croyants auront besoin d'un mélange d'humilité et de courage. L'humilité permet aux chrétiens d'avouer ouvertement leurs péchés aux incroyants et le courage les rend capables de se repentir et de recevoir la grâce. Il est possible que ces manifestations d'humilité authentique incitent ceux que vous servez à voir la beauté et l'amour de Christ plutôt que de voler la gloire de Christ pour eux-mêmes. Appliquer l'Évangile dans la mission stimulera les croyants à aimer et à servir leur prochain (au lieu de les utiliser à leurs fins), et leur donnera le courage de poser des gestes de bonté et d'évangéliser. Les chrétiens devraient respecter les non-croyants, sans les craindre ni les mépriser.

Pour finir, un disciple-dirigeant a besoin d'un coaching centré sur l'Évangile afin de promouvoir la croissance spirituelle au sein de la communauté de croyants. Chacun des domaines de la vie d'un croyant, incluant ses relations avec les autres, doit être examiné à la lumière de l'Évangile. Celui-ci crée un nouveau genre de communauté, c'est-à-dire une communauté fondée sur la grâce, la compassion, l'humilité, l'amour et la foi. Un disciple-dirigeant enseignera et motivera les croyants, recrutera des bénévoles, lèvera des fonds, conduira et conseillera les gens, tout cela à la lumière de l'Évangile. Martin Luther a écrit ce qui suit :

> Il me faut conséquemment recevoir instruction de l'Évangile. Je dois y prêter attention puisqu'il m'enseigne, non pas ce que je devrais faire (car c'est le rôle qui convient à la loi), mais ce que Jésus-Christ, le Fils de Dieu, a accompli pour moi, à savoir qu'il a souffert et qu'il a donné sa vie pour me délivrer du péché et de la mort. L'Évangile me prescrit de recevoir ce fait et d'y croire. Il s'agit là de la vérité de cette Bonne Nouvelle. Aussi est-ce l'article principal de toute la doctrine chrétienne [...] Il est donc primordial que nous le connaissions bien, nous devons l'enseigner aux autres et le marteler sans cesse à leurs oreilles[10].

Il est essentiel qu'un coach connaisse l'Évangile et qu'il soit conscient que son disciple lutte avec les implications de cette Bonne Nouvelle dans sa vie. En fin de compte, le processus du coaching biblique produira un effet sur la manière dont un leader dirigera sa communauté de croyants. Cela l'encouragera à réfléchir à la portée de l'Évangile dans tous les domaines de la vie, à le mettre en œuvre de l'intérieur vers l'extérieur et à le marteler, si nécessaire, aux oreilles des autres. Puisque la direction d'une Église est une affaire spirituelle, l'amitié centrée sur l'Évangile entre un coach et un disciple s'avère un élément vital dont chaque Église a besoin afin d'accomplir efficacement ce à quoi Dieu l'appelle, pendant qu'elle fera face aux implications de l'Évangile dans leur communauté.

DEUXIÈME PARTIE

COACHER COMME UN BERGER-DIRIGEANT

CHAPITRE 6

LES DIRIGEANTS D'ÉGLISES SONT DES BERGERS

DE NOS JOURS, les dirigeants d'Églises ne manquent certainement pas de modèles de leadership. Pour n'en nommer que quelques-uns, nous avons entendu des descriptions de ce rôle qui s'inspiraient de celles d'un PDG, d'un coach, d'un mentor, d'un chef d'orchestre, d'un guide, d'un serviteur et d'un soldat. Mais dans la Bible, la description la plus courante d'un dirigeant d'Église est celle d'un *berger*. La plupart des gens, lorsqu'ils imaginent un berger, voient un gentil jeune homme vêtu d'une longue robe ample et jouant de la flûte, ou encore la petite bergère de la comptine « Il pleut, il pleut, bergère ». À cause de ces images erronées dans notre culture, un éminent dirigeant chrétien a suggéré que dorénavant on laisse tomber le terme « berger ». Il prétend que, bien que ce mot ait tenu lieu de modèle efficace à l'époque biblique, il ne s'applique tout simplement pas au contexte actuel.

Inutile de vous dire que nous sommes totalement en désaccord. Diriger une Église implique de nourrir, servir et garder un troupeau. Le mot grec employé dans la Bible est *poimainô*, ce qui se traduit par des termes tels « conduire » (comme un berger), « prendre soin », « gouverner » et « s'occuper de ». Paul a exhorté les anciens d'Éphèse à prendre soin (*poimainô*) de l'Église de Dieu (Ac 20.28). En plus du verbe, on trouve aussi le nom *poimên* (prononcé poïmén), dont les traductions les plus communes sont « pasteur » (Ép 4.11) et « berger ». Jésus utilise ce mot en référant à un berger, dans 1 Pierre 2.25 : « Car vous étiez comme des brebis errantes. Mais maintenant vous êtes retournés vers le berger (*poimên*) et le gardien de vos âmes. » Autrement dit, on ne peut pratiquer le métier de pasteur sans exercer un rôle de berger. On ne pourra pas offrir une illustration du « grand Berger (*poimên*) des brebis » (Hé 13.20) si l'on n'est pas un berger pour son troupeau (*poimnê* ; Lu 2.8).

Timothy Laniak mentionne, dans son livre *Shepherds after My Own Heart* (Des bergers selon mon cœur), qu'en tant que dirigeants d'Églises dans notre monde moderne, nous avons tendance à nous voir tout naturellement comme les cadres d'une entreprise plutôt que comme des bergers[1]. Il ne s'agit pourtant pas de déterminer quelle allégorie nous plaît le plus. En définitive, celle du berger doit dominer notre type de leadership d'Église parce qu'elle reflète ce que la Bible enseigne à ce sujet. Si nous délaissons l'image scripturaire du berger, nous perdrons l'unicité de ce que la Parole de Dieu nous enseigne sur ce rôle de direction. De plus, il ne nous restera que les modèles dangereusement anti-bibliques du leadership défini par les valeurs et les objectifs du monde des affaires.

Ainsi, le leadership biblique d'une Église et le coaching centré sur l'Évangile sont tous deux une mise en œuvre du rôle de berger. Dieu a promis : « Je vous donnerai des bergers selon mon cœur, et ils vous paîtront avec intelligence et avec sagesse » (Jé 3.15). À maintes reprises, le Seigneur utilise des métaphores ayant rapport aux bergers pour décrire la manière dont son peuple est gouverné. Selon ce que disent les prophètes Jérémie, Ézéchiel et Ésaïe, les dirigeants d'Israël s'avéraient soit de bons ou de mauvais bergers. Moïse et Aaron (Ps 77.21), Zacharie (Za 10.2) ainsi que David (1 S 17.34,35) étaient bergers. L'Éternel Dieu se révèle comme le véritable berger qui règne sur Israël (Ps 23 et 95.6,7). Les prophéties sur Jésus, le Roi d'Israël à venir, parlent d'un berger qui s'occupe de son troupeau et qui porte les agneaux dans ses bras (És 40.11). L'Évangile selon Matthieu dépeint Jésus comme un berger compatissant à l'image de David (Mt 2.6 ; voir aussi 25.31,32). Marc lui reconnaît cette fonction (Mc 6.34 ; 14.27) et Luc le révèle comme le berger qui cherche et sauve sa brebis (Lu 15.1-7 ; 19.10), alors que Jean présente Jésus comme le berger qui se sacrifie (Jn 10) et l'Agneau de la Pâque (Jn 1.29).

Vers la fin des années 1970 et le début des années 1980, le Shepherding Movement (Mouvement pastoral) a insisté sur la soumission à un pasteur ou berger. Par la suite, cette pratique s'est attiré des accusations d'autoritarisme. Ce n'est pas ce que nous présentons. Plus tard, les dirigeants-clés du mouvement ont exprimé leur souci et leurs regrets que leurs enseignements avaient été « appliqués de façon immature[2] ».

Le coaching centré sur l'Évangile cherche humblement à saisir les principes bibliques du leadership d'un berger, tout en demeurant sous l'autorité et le règne du souverain Berger, Jésus-Christ (1 Pi 5.4). Dans les chapitres qui suivront, nous regarderons de plus près les Écritures et nous examinerons dix qualités d'un coaching biblique. Lorsque nous saisissons la vérité selon laquelle la direction d'une Église consiste à exercer le rôle de berger, en tant que « sous-berger » du Berger suprême, Jésus-Christ, cela aiguise notre leadership et produit un troupeau en meilleure santé.

Le coaching biblique est un processus basé sur le modèle biblique du berger et qui a pour but de prendre soin des autres de manière responsable et passionnée. Un coach centré sur l'Évangile conduit, tel un berger, les gens qui se trouvent sous sa garde, c'est-à-dire ceux que Dieu a confiés à sa supervision pour le bien de leur âme[3]. Bien que la principale instruction de 1 Pierre 5 porte expressément sur le poste d'ancien, on peut aussi l'appliquer, en second plan, à tous ceux qui exercent une supervision spirituelle sous l'autorité des leaders de l'Église locale : les anciens, les diacres, les responsables de petits groupes, les pasteurs associés, les enseignants et les dirigeantes du ministère des femmes.

Voici les exhortations que j'adresse aux anciens qui sont parmi vous, moi, ancien comme eux, témoin des souffrances de Christ, et participant de la gloire qui doit être manifestée : paissez le troupeau de Dieu qui est sous votre garde, non par contrainte, mais volontairement, selon Dieu ; non pour un gain sordide, mais avec dévouement ; non comme dominant sur ceux qui vous sont échus en partage, mais en étant les modèles du troupeau (1 Pi 5.1-3).

Pierre expose quatre caractéristiques-clés qui définissent une amitié centrée sur l'Évangile, la base d'une relation avec un berger.

1. Un coach centré sur l'Évangile constitue un modèle que les disciples pourront reproduire. « Paissez le troupeau […] non comme dominant sur ceux qui vous sont échus en partage, mais en étant les *modèles* du troupeau » (1 Pi 5.2,3 ; italiques pour souligner). Jésus a fourni un exemple pour que ses disciples le suivent. Il n'a pas contrôlé leurs actions, mais il a démontré une obéissance révérencieuse à la mission de Dieu. En tant que dirigeants, nous sommes des sous-bergers ; nous sommes des agents soumis à notre souverain Berger, Jésus-Christ. La mission de l'Église est de faire des disciples. Cela inclut d'établir une relation assez proche avec les voisins, la famille et les amis non croyants pour qu'ils puissent nous observer alors que nous reflétons Dieu. En outre, en faisant cause commune avec d'autres croyants, nous intégrerons la communauté au contexte de notre vie quotidienne. C'est une existence ordinaire vécue avec l'intentionnalité extraordinaire de l'Évangile.

2. Un coach centré sur l'Évangile reconnaît dans sa propre identité celle d'une brebis qui a aussi besoin d'un berger. Les coachs ne dirigent pas ou ne forment pas d'autres leaders parce qu'ils ont quelque chose d'unique ou de spécial à offrir. C'est la gloire de Dieu qui motive cette relation : « moi, *ancien comme eux*, témoin des souffrances de Christ, et participant de la gloire qui doit être manifestée » (1 Pi 5.1 ; italiques pour souligner). Un coach centré sur l'Évangile est avant tout un croyant qui admet qu'il est, lui aussi, un ouvrier du Roi parmi tant d'autres, ayant besoin de la grâce et de la miséricorde de Dieu. Il est à la fois un berger *et* une brebis. Fréquemment, il est un soldat blessé qui doit lutter, conscient de ses propres circonstances pénibles, et continuer de de se tenir debout pour le bien d'autrui et pour terminer la mission qui lui a été confiée.

3. *Un coach centré sur l'Évangile initie des relations avec ceux qui l'entourent.* Dieu a placé chacun de nous dans des relations où nous pouvons prendre soin des autres. Nous n'aurons pas à chercher très loin pour repérer des individus que Dieu nous appelle à diriger et à servir. Ils se trouvent partout autour de nous, dans nos foyers, notre voisinage, nos bureaux, nos salles de classe et nos Églises. « Paissez le troupeau de Dieu qui est *sous votre* garde » (1 Pi 5.2 ; italiques pour souligner). Les gens ont la tendance naturelle de s'éloigner et de s'isoler. Pourtant, un mouton qu'on laisse seul mourra de faim, sera dévoré par des loups, ou s'égarera et se retrouvera en danger mortel. « Nous étions tous errants comme des brebis, chacun suivait sa propre voie » (És 53.6). Un coach centré sur l'Évangile trouve ceux que Dieu l'appelle à servir, ceux qui se trouvent autour de lui, et il les invite à sortir de leur isolement et du danger potentiel pour entrer dans une relation de sûreté.

4. *Un coach centré sur l'Évangile prend l'initiative de faire des gestes de bienfaisance envers les autres :* « non par contrainte, mais volontairement, selon Dieu » (1 Pi 5.2). Dans l'Évangile selon Jean, Jésus parle d'un berger qui abandonne ses moutons dans les difficultés : « Mais le mercenaire, qui n'est pas le berger, et à qui n'appartiennent pas les brebis, voit venir le loup, abandonne les brebis, et prend la fuite ; et le loup les ravit et les disperse. Le mercenaire s'enfuit, parce qu'il est mercenaire, et qu'il ne se met point en peine des brebis » (Jn 10.12,13). À cause de notre égocentrisme, nous mettons souvent de côté des gens qui se trouvent autour de nous sans vraiment y réfléchir. Nous nous disons que si rien ne nous y oblige ou si nous ne recevons aucun salaire

(« non pour un gain sordide » [1 Pi 5.2]), nous n'avons pas à exercer un rôle de berger envers eux dans leurs moments difficiles, puisque c'est simplement trop exigeant et qu'il est probable que nous ne recevrons rien en retour. Notre motif à coacher d'autres personnes n'est ni un gain personnel ni un sentiment de culpabilité ; nous le faisons parce que nous sommes prêts à nous sacrifier et à servir, puisque notre cœur est enraciné dans l'Évangile de l'amour sacrificiel de Dieu.

Dans la Bible, il n'y a probablement pas de berger plus célèbre que David. Dieu l'a choisi, alors qu'il était un jeune berger, il l'a pris dans la bergerie, derrière les brebis qui allaitaient, pour l'élever au poste de berger du peuple d'Israël. Le Psaume 78.70-72 nous dit que David l'a conduit, tel un berger, avec des mains intelligentes. Dans l'Église, le leadership d'un berger démontre l'amour de Jésus envers nous et notre valeur en tant que ses disciples (Jn 13.34,35). Lorsque nous nous aimons les uns les autres avec ce genre d'affection fraternelle, nous nous engageons à prendre soin des autres et à leur permettre de faire de même pour nous, à défendre les autres et à les laisser nous défendre. Il nous faut prendre au sérieux le modèle du dirigeant berger et initier une vraie communauté avec les disciples que Dieu nous confie. Ensuite, nous devons nous tenir à leurs côtés et combattre pour la gloire de Dieu.

En fin de compte, nous sommes tous des brebis de Jésus, et il nous amène à lui. Notre tâche, en tant que sous-bergers, n'est pas d'amener ceux qui se retrouvent sous nos soins à un autre sous-berger, mais de les conduire au roi Jésus. Si nous perdons le Seigneur de vue dans notre travail de berger, nous raterons la cible complètement. Les anciens sont assignés par le Saint-Esprit pour prendre soin de l'âme de ceux qui font partie de leur troupeau, de ceux qui sont à leur charge. Il arrive aussi que des membres de l'Église aident à étendre ces soins à d'autres en supervisant de plus petites communautés, des groupes ou des individus. Quelle que soit votre fonction précise, il est important que ceux qui sont appelés à conduire d'autres personnes prennent au sérieux cette affectation divine et mènent ceux qui leur sont confiés au grand Berger de leur âme, Jésus-Christ.

Nous croyons que ce modèle du rôle de berger est l'une des meilleures façons d'expliquer comment nous, qui suivons Jésus, pouvons perpétuer l'œuvre du Seigneur qui consiste à connaître, nourrir, conduire et protéger. Comme c'est le cas dans tout ce que nous accomplissons, nous devons nous rappeler que notre travail n'est possible que par sa vie et sa mort expiatoire, par lesquelles il a vaincu notre ignorance du péché, notre culpabilité et notre corruption. Jésus nous donne l'illumination, la rédemption et l'espoir alors que nous servons des disciples-dirigeants en les conduisant à travers les joies et les défis de la vie, leur ministère et leur croissance dans le Seigneur. Dans la section qui suit, nous traiterons de ce sujet plus en détail, à l'aide d'étapes plus pratiques pour appliquer ces principes. Nous aborderons avec précision les genres de questions qu'il faut poser et les moyens de planifier et d'organiser de bonnes conversations centrées sur l'Évangile.

Que signifie être un berger ? Il existe plusieurs manières de considérer les rôles-clés d'un berger dans les soins qu'il donne à ses brebis. Nous croyons qu'il y a, au cœur du coaching biblique, quatre principes essentiels à cette fonction. Un berger doit :

1. Connaître les brebis ;
2. Nourrir les brebis ;
3. Conduire les brebis ;
4. Protéger les brebis.

Non seulement ces quatre principes forment le fondement de notre propre coaching biblique envers des disciples-dirigeants, mais ce sont également quatre domaines-clés pour garder les disciples responsables alors que vous passez du temps ensemble. Les chapitres suivants expliquent comment un coach centré sur l'Évangile réalisera cela en tant que reflet du souverain Berger.

CHAPITRE 7

LES QUALITÉS REQUISES CHEZ LE COACH : CONNAÎTRE

TOUS PEUVENT-ILS DEVENIR un coach efficace ? Avec les années, j'ai eu plusieurs entraîneurs. Certains se sont montrés très compétents, et d'autres, non. Ayant moi-même été entraîneur d'athlètes pendant de nombreuses années, j'ai souvent réfléchi à ce qui permet à certains coachs d'amener leurs équipes à atteindre leur plein potentiel. En général, qu'ils soient qualifiés ou pas, les coachs comprennent bien les détails techniques du sport dont il est question. Ce qui les distingue, c'est que les entraîneurs inefficaces ne semblent pas réussir à faire ressortir le meilleur des équipiers.

John Wooden, un entraîneur légendaire au basketball, est décédé en 2010 à l'âge de quatre-vingt-dix-neuf ans. Ses exploits au basketball demeurent inégalés par d'autres entraîneurs au collégial dans ce sport. Il a mené l'équipe du UCLA vers quatre-vingt-huit victoires consécutives et ils ont également remporté un nombre record (dix) de championnats nationaux du NCAA sur une période incroyable de douze ans. Le coach Wooden a dit un jour qu'il gagnait sa vie comme entraîneur, mais qu'il vivait sa vie comme mentor. Il était lui-même constamment mentoré. Il a dit qu'un mentor étant une personne qui sert de modèle en appliquant des principes de vie. Un mentor enseigne sur l'humilité, le contentement et les interactions avec la famille et les amis. Il insiste sur l'importance de maintenir nos priorités dans le bon ordre alors que le monde menace souvent de les inverser. Wooden a dit qu'un mentor encourage les gens et les réprimande s'ils s'éloignent d'un style de vie sain. Il a affirmé qu'il n'est pas suffisant de se trouver un mentor pour soi, mais qu'il est tout aussi important d'en devenir un pour autrui[1]. Plusieurs de ces éléments s'accordent avec notre vision du rôle d'un coach centré sur l'Évangile.

Le coaching est-il une chose que tout le monde peut apprendre ? Le résultat final que l'on recherche est de glorifier Dieu en portant une attention particulière à la vie personnelle, spirituelle et missionnelle d'un disciple-dirigeant. Ce dernier devrait manifester l'amour de Dieu et avoir une passion pour l'adorer. Il devrait s'investir dans une relation avec d'autres disciples, et témoigner du glorieux Sauveur ressuscité à ce monde agonisant.

Toutefois, pour être efficaces, les coachs centrés sur l'Évangile doivent d'abord refléter eux-mêmes cette Bonne Nouvelle. Les humains ont été créés à l'image de Dieu, pour qu'ils puissent le représenter, tout comme un ambassadeur représente son propre pays dans un pays étranger[2]. Lorsque nous trouvons notre identité en Jésus, nous devenons le reflet (les images dans un miroir) de l'Auteur de la vie, le Dieu de la Bible. Arborer son image, c'est saisir l'occasion de refléter Dieu en lui ayant soumis notre volonté. Pour ce faire, nous devons être quotidiennement renouvelés à l'image de Christ (Col 3.10) et renvoyer un reflet de louange au Père, au Fils et au Saint-Esprit. Nous projetons son image en réverbérant sa pensée, quand nous aimons ce qu'il aime, que nous déplorons ce qu'il déplore, que nous incarnons pour les autres la miséricorde et le réconfort qu'il a démontrés à notre égard. Nous sommes appelés à refléter la lumière de Jésus. Les techniques de coaching ne remplaceront pas l'absence de relation personnelle avec Jésus chez le coach. Il ne pourra pas simplement dire aux disciples quoi faire, mais il devra vivre les principes devant eux, en guise d'exemple. Les disciples ont besoin de percevoir la passion dans ses prières, ainsi que la ferveur dans ses actions et dans ses priorités.

Dix qualités d'un coach centré sur l'Évangile

Nous avons exposé les grandes lignes des quatre rôles d'un berger, soit de connaître, nourrir, conduire et protéger les brebis. Dans le présent chapitre, nous définirons les dix qualités d'un coach efficace en rassemblant les quatre dimensions du berger, pour ensuite en examiner la première davantage. Un coach rassemble tous les sujets, les questions, les besoins, les problèmes et les solutions en orbite autour de la dynamique de l'Évangile, qu'il appliquera à chaque situation. En effet, la Bonne Nouvelle est la réponse par excellence à toute difficulté qu'un disciple peut rencontrer. En assumant les quatre rôles du berger, un coach efficace manifestera chacune de ces dix qualités :

LES RÔLES DU BERGER	LES QUALITÉS D'UN COACH CENTRÉ SUR L'ÉVANGILE
Connaître les brebis	1. Se mettre dans la peau de l'autre
Nourrir les brebis	2. Nourrir de vérités 3. Inspirer à s'approcher de Jésus 4. Outiller selon les besoins
Conduire les brebis	5. S'investir de façon sacrificielle 6. Veiller sur tous les aspects de la vie d'une personne 7. Guider avec le discernement de l'Esprit
Protéger les brebis	8. Démontrer de la compassion 9. Réconforter avec l'espérance de l'Évangile 10. Combattre pour leur bien

Tableau 4 : Les qualités d'un coach centré sur l'Évangile

Connaître les brebis

Connaître : développer une relation personnelle

Les brebis connaissent le berger à qui elles appartiennent. Elles ont un nom, elles sont connues et dénombrées chaque jour[3]. Généralement, un nom leur est donné peu après leur naissance, surtout si elles possèdent une caractéristique distinctive. Un nom est une expression forte et tangible du lien qui existe entre le berger et sa brebis dès la naissance et qui croîtra tout au long de la vie de l'animal au sein du troupeau. Voilà pourquoi les paroles de Jésus avaient tant d'importance lorsqu'il a affirmé : « Je suis le bon berger. Je connais mes brebis, et elles me connaissent, comme le Père me connaît et comme je connais le Père ; et je donne ma vie pour mes brebis [...] Mes brebis entendent ma voix ; je les connais, et elles me suivent » (Jn 10.13-15,27). Nous ne pouvons nous attendre à ce qu'une personne nous suive si nous n'avons pas de relation avec elle.

La grâce de Dieu, que l'on découvre dans le récit de l'Évangile, nous invite à devenir vulnérables envers ceux avec qui nous sommes en relation. Sans Christ, nous avons une aversion naturelle pour la vulnérabilité, c'est-à-dire « être un livre ouvert ». Une amitié de coaching fondée sur la confiance et la grâce peut s'avérer une puissante influence pour le disciple-dirigeant. Celui-ci se place volontairement sous l'influence d'un autre, se soumettant aux forces du coach tout en étant exposé à ses faiblesses. Il choisit délibérément de permettre au coach de le connaître et d'avoir accès à sa vie personnelle, spirituelle et missionnelle.

Notre relation intime avec Dieu est la plus fondamentale de toutes nos relations. Dans Exode 6.7 nous lisons : « Je vous prendrai pour mon peuple, je serai votre Dieu, et vous saurez que c'est moi, l'Éternel, votre Dieu, qui vous affranchis des travaux dont vous chargent les Égyptiens. » Dans Psaumes 100.3, nous lisons : « Sachez que l'Éternel est Dieu ! C'est lui qui nous a faits, et nous lui appartenons ; nous sommes son peuple, et le troupeau de son pâturage. »

Jésus a pourvu un moyen pour que nous connaissions Dieu de façon personnelle, par sa vie, sa mort, son ensevelissement et sa résurrection. Jésus a déclaré : « Je suis le chemin, la vérité, et la vie. Nul ne vient au Père que par moi. Si vous me connaissiez, vous connaîtriez aussi mon Père. Et dès maintenant vous le connaissez, et vous l'avez vu » (Jn 14.6,7). Timothy Witmer, professeur de théologie pratique au Westminster Theological Seminary, précise : « C'est notre relation restaurée et aimante avec le Seigneur qui déborde pour transformer nos relations avec les autres, surtout avec ceux qui font également partie de son troupeau[4]. La première étape du coaching biblique consiste à établir une relation avec votre disciple-dirigeant. Connaître la personne que vous coachez est nécessaire pour la diriger et la conseiller efficacement. Le coach se tient aux côtés du protégé, comme ami, consolateur et guide.

Dans 1 Pierre 5.2,3, on nous exhorte à connaître intimement ceux qui sont sous notre garde. Le Saint-Esprit nous a alloué et confié des personnes précises qu'il nous demande de connaître et de conduire. L'expression qui a été traduite « qui est sous votre garde » dans 1 Pierre 5.3 (« qui ont été confiés à vos soins » [*BDS*] ; « que Dieu vous a confiés » [*PDV*]) vient du mot grec *klêros*. Selon les experts, « En grec classique, ce mot désignait une part d'un terrain que les autorités municipales accordaient à un citoyen. Cette distribution s'effectuait fréquemment en lots[5]. » Timothy Laniak applique cela à l'Église, et il suggère que : « l'utilisation du mot *klêros*, que l'on retrouve le plus souvent dans la Septante [...] évoque l'idée que le "capital immobilier" de cette nouvelle communauté serait les gens eux-mêmes, rassemblés sous la supervision des gardiens attentionnés[6]. » Autrement dit, Dieu a alloué et confié à chacun de nous des personnes pour qui il veut que nous exercions le rôle de coach et de berger.

Lorsque nous reconnaissons que c'est le Saint-Esprit qui a fait de nous des surveillants de la vie d'autres individus (Ac 20.28) et que

Dieu nous a confié et attitré ses brebis pour que nous les connaissions et prenions soin de leur âme, nous sommes enclins à agir sobrement et fidèlement. Quand les difficultés surviennent, il nous faut résister à la tentation d'abandonner nos brebis ou de rechercher des pâturages plus verdoyants avec des moutons plus futés, plus agréables ou plus gentils. Nous devons nous reposer sur cette assurance que Dieu est à l'œuvre et que les problèmes qui se dressent devant nous constituent une occasion de dépendre de lui, et de le voir honoré et glorifié dans cette relation.

Puisque le rôle de berger implique une relation personnelle avec des personnes spécifiques que Dieu lui-même a placées sous nos soins, nous devons délibérément chercher à les connaître de manière personnelle, profonde et intime. Le Dr Bob Logan, coach d'implanteurs d'Églises depuis plus de vingt ans et fondateur de CoachNet Global, a dit que le fondement de la confiance, des soins et du respect mutuel repose, en fin de compte, sur trois questions qu'un disciple se pose au sujet de son coach : (1) Puis-je vous faire confiance ? (2) Est-ce important pour vous ? Pouvez-vous m'aider[7] ? La seule façon de répondre à ces interrogations est de se connaître l'un l'autre.

Dans son livre classique, *Le pasteur chrétien*, Richard Baxter (env. 1615-1691) suggère ce qui suit :

> Nous ne devons pas seulement chercher à connaître tous les membres de notre troupeau ; mais nous devons aussi nous informer de leur situation, de leurs inclinations, de leurs habitudes, des tentations auxquelles ils sont le plus exposés, des devoirs qu'ils sont le plus enclins à négliger ; car, pour traiter un malade avec succès, il faut connaître son tempérament et sa maladie[8].

Un coach exercera une plus grande influence sur ceux qu'il connaît le mieux. Dans une relation de coaching biblique, *connaître le disciple* est la première étape pour développer un lien qui le conduira dans une poursuite passionnée de l'appel de Dieu sur sa vie.

Jésus a dit qu'un bon berger connaît ses brebis et que celles-ci entendent sa voix. Dans le domaine du leadership, les relations demeurent essentielles :

> ... les brebis entendent sa voix ; il appelle par leur nom les brebis qui lui appartiennent, et il les conduit dehors. Lorsqu'il a fait sortir toutes ses propres brebis, il marche devant elles ; et les brebis le suivent, parce qu'elles connaissent sa voix. Elles ne suivront point un étranger ; mais elles fuiront loin de lui, parce qu'elles ne connaissent pas la voix des étrangers [...]

> Je suis le bon berger. Je connais mes brebis, et elles me connaissent, comme le Père me connaît et comme je connais le Père ; et je donne ma vie pour mes brebis. J'ai encore d'autres brebis, qui ne sont pas de cette bergerie ; celles-là, il faut que je les amène ; elles entendront ma voix, et il y aura un seul troupeau, un seul berger [...]

> Mes brebis entendent ma voix ; je les connais, et elles me suivent (Jn 10.3-5,13*c*-16,27).

C'est en se connaissant mutuellement que le coach et le disciple développent de la confiance et de la coopération. Pourquoi certains entraîneurs d'athlètes ne parviennent-ils pas à amener les joueurs à atteindre tout leur potentiel ? Un jour, j'ai mentionné à un entraîneur de basketball qui passait à travers une saison de défaites successives qu'à mon avis, ses joueurs n'étaient pas prêts à se sacrifier pour lui sur le terrain, et que par conséquent, ils n'étaient pas motivés à exceller dans leur sport. Les joueurs étaient indifférents et m'avaient confié qu'ils n'avaient pas de relation personnelle avec leur entraîneur. Ce dernier était en désaccord avec mon analyse, et son groupe a continué de perdre, même devant des équipes moins talentueuses ! Il nous faut toujours exercer notre coaching d'une manière relationnelle. Ceux que nous formons doivent voir que nous nous soucions d'eux. Il nous sera impossible de conduire quelqu'un de façon efficace si nous ne savons pas communiquer avec lui sur le plan personnel.

Dans Jean 10, nous lisons que les brebis ne suivront pas un étranger et qu'en fait, elles le fuiront. Si nous tentons d'instruire un disciple avec qui nous n'avons cultivé aucune relation, ne soyons pas étonnés de rencontrer de la résistance et de la peur. Ce qui en surface semble être un disciple au cœur endurci est en fait un disciple qui n'a pas de relation significative avec son coach.

Christ est notre ami (Jn 15.15). Nous devons aborder tout coaching dans le contexte d'une relation d'amitié, plutôt que dans celui d'une relation client-consultant ou client-expert. C'est une conversation, et non une conférence. Un entretien de coaching inclut de l'écoute, de l'observation, des réactions, de l'interaction, de la transmission d'outils, du soutien, de l'encouragement et des conseils. C'est un dialogue évangélique intentionnel entre deux amis qui discutent de la vie personnelle, spirituelle et missionnelle du disciple.

Une relation personnelle est le fondement d'une expérience de coaching efficace, qui implique également que l'on nourrisse le disciple-dirigeant avec la vérité.

CHAPITRE 8

LES QUALITÉS REQUISES CHEZ LE COACH : NOURRIR

Nourrir les brebis

Nourrir : fournir la nourriture spirituelle et la vérité

La provision est le deuxième plus important besoin après la relation. Le spécialiste du Nouveau Testament, Simon Kistemaker a écrit : « Étant sous-bergers pour Jésus, ils [*les anciens*] mènent ses brebis aux verts pâturages de sa Parole et ils les nourrissent de nourriture spirituelle[1]. » Un coach fidèle pourvoira de quoi « nourrir » ceux dont il s'occupe.

En parlant de son expérience dans les soins envers les moutons, Timothy Laniak a noté ce qui suit :

L'une des choses que j'ai apprises en travaillant dans les pâturages, c'est que prendre soin des brebis implique qu'on les nourrisse sans arrêt. J'étais étonné que nous devions nous déplacer trois à quatre fois durant la journée pour faire en sorte que les bêtes avalent la bonne combinaison et variété de nourriture. De toute évidence, on s'assurait qu'elles aient une diète adéquate et équilibrée. À notre retour, au crépuscule, on suppléait une fois de plus à leur apport en pâture, cette fois avec du grain enrichi. L'alimentation est le seul moyen d'assurer une production de qualité. Sans elle, on obtient moins de lait, moins de fibres et moins d'agneaux en santé[2].

Jésus a exhorté Pierre en lui disant « Pais mes brebis ». C'est ainsi qu'il prouverait son amour pour le Maître (Jn 21.17). Un coach centré sur l'Évangile cherchera à fournir au disciple une nourriture spirituelle qui lui permettra de grandir, de s'épanouir et d'engendrer d'autres individus en santé. Tout cela sera l'expression de son amour pour Jésus et aura pour but la gloire de Dieu. Le prophète Ézéchiel souligne cette responsabilité du berger dans sa description de Dieu, le Berger fidèle du peuple d'Israël, son troupeau :

> Je les ferai paître dans un bon pâturage, et leur demeure sera sur les montagnes élevées d'Israël ; là elles reposeront dans un agréable asile, et elles auront de gras pâturages sur les montagnes d'Israël. C'est moi qui ferai paître mes brebis, c'est moi qui les ferai reposer, dit le Seigneur, l'Éternel (Éz 34.14,15).

La Parole de Dieu constitue une nourriture spirituelle (Mt 4.4). Des bouchées pragmatiques ne sont nullement l'équivalent du banquet du Seigneur, notre berger-hôte (Ps 23). Selon Jean Calvin, les brebis « ne peuvent être nourries que par la doctrine pure, qui s'avère en elle-même un aliment spirituel[3]. » Nous en recevons également directement de Jésus. Il a dit de lui-même :

> Je suis le pain vivant qui est descendu du ciel. Si quelqu'un mange de ce pain, il vivra éternellement ; et le pain que je donnerai, c'est ma chair, que je donnerai pour la vie du monde.

> Là-dessus, les Juifs discutaient entre eux, disant : Comment peut-il nous donner sa chair à manger ? Jésus leur dit : En vérité, en vérité, je vous le dis, si vous ne mangez la chair du Fils de l'homme, et si vous ne buvez son sang, vous n'avez point la vie en vous-mêmes (Jn 6.51-53).

Idéalement, le coach créera un régime approprié pour les besoins précis du disciple. Certains devront être nourris d'informations de base (ce que l'apôtre Paul appelle « du lait », par opposition à « de la viande »). D'autres devront peut-être porter une attention particulière à un domaine de leur vie plutôt qu'un autre. Par exemple, un disciple qui a été membre d'une communauté chrétienne presque toute sa vie et qui avait très peu de contacts avec des gens non sauvés, aura besoin d'être nourri et formé pour l'évangélisation et un style de vie missionnel. Un coach centré sur l'Évangile devra appliquer la Parole de Dieu de manière appropriée au besoin précis du disciple, en l'encourageant au moyen de la vérité. Il lui faudra reconnaître les domaines où le protégé a bien aligné sa vie sur l'Évangile et ceux où ce n'est pas le cas. Le coach doit être disposé à aborder humblement les faiblesses du disciple en le réprimandant pour ses péchés et en fortifiant ses « mains languissantes et *[ses]* genoux affaiblis » (Hé 12.12).

Les qualités requises pour nourrir quelqu'un : alimenter, inspirer, outiller

Un coach fournit des conseils, des avertissements et de l'encouragement devant les défis. Il parle avec vérité au disciple. Il explore avec lui les problèmes entourant les idolâtries subtiles que peuvent devenir l'Église, le travail, le succès ou l'approbation des autres. Sans relâche, il proclame la véracité de l'Évangile et l'applique à la vie du protégé, en le réprimandant et en le confrontant de manière appropriée dans le but de l'inciter à aligner son existence sur la vérité de Dieu. En déclarant ce qui est vrai, le coach nourrit le disciple avec la viande et le lait de la Parole, afin d'élaborer une diète qui produira un dirigeant en bonne santé.

Le coach compte sur le Saint-Esprit pour employer les bons mots avec le bon ton de voix au bon moment. Il dépend entièrement de lui pour réussir à édifier et outiller le disciple. Il transmet également une grande assurance, non seulement par rapport aux dons, aux aptitudes, aux plans et à l'obéissance du protégé, mais aussi envers les promesses de Dieu. Il est conscient des réalités et des problèmes actuels, mais il a une vision et communique l'espérance lumineuse de l'appel de Dieu dans la vie du disciple. Il lui rappelle ses objectifs et ses stratégies missionnaires, ainsi que la gestion de toute son existence. Il ramène Dieu, sa gloire et ses promesses au sein de la vision d'ensemble du disciple, lui remémorant continuellement la Bonne Nouvelle qui donne la vie.

Pour « nourrir » quelqu'un, il existe trois qualités essentielles chez un coach centré sur l'Évangile : alimenter, inspirer et outiller.

Nourrissez, tel un berger, au moyen de la vérité

Conduire et nourrir avec la vérité vont de pair. Un berger compétent sait de quoi les brebis ont besoin pour demeurer en bonne santé. Il ne se contente pas de les faire ingurgiter de l'information, mais il leur donne le pain de la transformation, qui leur fournit la santé et la vie. Notre façon de conduire et de nourrir exprime notre amour pour Jésus et son amour pour les brebis.

> Lors donc qu'ils eurent dîné, Jésus dit à Simon Pierre : Simon, fils de Jonas, m'aimes-tu plus que ne font ceux-ci ? Il lui dit : Oui, Seigneur, tu sais que je t'aime. Il lui dit : *Pais mes agneaux.* Il lui dit encore une seconde fois : Simon, fils de Jonas, m'aimes-tu ? Il lui dit : Oui, Seigneur, tu sais que je t'aime. Il lui dit : *Sois berger [poimainô] de mes brebis.* Il lui dit pour la troisième fois : Simon fils de Jonas, m'aimes-tu ? Pierre fut attristé de ce qu'il lui disait pour la troisième fois : M'aimes-tu ? Et il lui dit : Seigneur, tu connais toutes choses, tu sais que je t'aime. Jésus lui dit : *Pais mes brebis* (Jn 21.15-17; italiques pour souligner ; *Darby*).

Les coachs centrés sur l'Évangile transmettent hardiment qui Dieu est aux disciples-dirigeants, par leurs paroles et par le maniement des Écritures (voir Hé 1.1 ; Jn 1). Ils aspirent avec passion à ce que le disciple voie Dieu tel qu'il est vraiment. Un coach pourrait passer à travers l'épître aux Galates avec son protégé, pour lui montrer la beauté du salut que Christ nous a acquis, sans que nous puissions y contribuer quoi que ce soit. Il pourrait attirer son attention sur l'amour que Dieu lui a démontré dans sa vie au milieu de circonstances pénibles. Le ton qu'il emploiera, pour ce faire, sera passionné, énergique et courageux.

Nourrissez, tel un berger, en inspirant les gens à aller à Jésus

Dans le livre d'Ézéchiel, David est décrit comme le prince qui conduit le peuple au Roi. Le rôle du berger dirigeant est de toujours pointer vers le souverain Berger, Jésus. Il demeure la cible de notre coaching et de notre leadership. Chercher à mener des disciples vers un ministère, une philosophie ou un style de vie, fait de nous, non pas des bergers, mais des loups (Ac 20.28). Dieu confie aux bergers le soin de conduire le troupeau au Roi, pas au prince. Notre leadership doit toujours diriger les gens vers Jésus, jamais vers nous-mêmes : « J'établirai sur elles un seul berger, qui les fera paître, mon serviteur David ; il les fera paître, il sera leur berger. Moi, l'Éternel, je serai leur Dieu, et mon serviteur David sera prince au milieu d'elles. Moi, l'Éternel, j'ai parlé » (Éz 34.23,24).

Un coach encourage patiemment le disciple à demeurer dans la vérité, rafraîchissant son âme épuisée à l'aide des promesses de Dieu (És 50.4) et illuminant les zones d'obscurité ou de confusion au moyen de la vision biblique (Jn 1 ; 8.31,32). Par exemple, dans une relation de coaching, le coach pourrait réagir à la frustration et au désespoir de son protégé en lui rappelant que Dieu va terminer l'œuvre qu'il a commencée et que Jésus a déjà tout payé. Il passerait en revue les façons par lesquelles Dieu a démontré au disciple qu'il agit dans sa vie. Le coach fera preuve de force, de fermeté et de passion dans sa remontrance.

Il peut inspirer son protégé à l'aide de son propre parcours avec Dieu et de sa dépendance du Saint-Esprit. Le coach trouve en l'Esprit Saint un enseignant, un guide, un sanctificateur et un garant de son statut d'enfant de Dieu. L'Esprit est notre soutien dans la prière et celui qui nous conduit et nous rend capables de témoigner à un monde perdu. Le coach inspire le disciple en lui exposant la grâce de Dieu qui est à l'œuvre dans son propre cœur et qui le sanctifie sans cesse en vue d'un travail pour lequel il n'est pas qualifié ou en vue de paroles qu'il est incapable de respecter de lui-même. Nous dépendons tous de l'Évangile, en tout temps et dans chaque domaine de notre vie.

Nourrissez, tel un berger, en outillant les gens selon leurs besoins

Lorsque nous détenons le rôle de berger envers quelqu'un, nous le menons vers le repos, le ressourcement, la restauration et la repentance à travers Jésus, le souverain Berger. C'est ce dernier qui pourvoit à tout ce dont nous avons besoin, et « je ne manquerai de rien ».

> L'Éternel est mon berger : je ne manquerai de rien.
> Il me fait reposer dans de verts pâturages, il me dirige près des
>   eaux paisibles.
> Il restaure mon âme, il me conduit dans les sentiers de la justice, à
>   cause de son nom (Ps 23.1-3).

D'un point de vue pratique, le coach biblique aide les autres à trouver les ressources, le personnel, les fonds, l'information et les idées qui leur sont nécessaires pour répondre à l'appel de Dieu. Il leur partage ses connaissances ainsi que ses habiletés (1 Co 4.16 ; Ph 3.17) et il leur montre comment l'Évangile s'applique à leur besoin. Il a expérimenté une sagesse détaillée et précise qu'il peut offrir au disciple lorsque celui-ci en ressent la nécessité (1 Co 11.1 ; Col 1.25 28). Les histoires de Barnabas et Paul, de Paul et Timothée, puis de Paul et Tite sont des exemples d'outils à employer dans une relation de coaching. Dans notre monde occidental, on s'attend à acquérir des compétences en lisant du matériel à ce sujet et en passant un test écrit. Dans le monde oriental (au temps biblique), le savoir-faire était transmis d'une personne à une autre. Il s'agissait de partager les outils de sa vie à une autre vie. En ce qui concerne le coaching, cela pourrait signifier, par exemple, que le coach partage ce qui a fonctionné ou pas dans les premières années d'une implantation d'Église et qu'il aide ensuite le disciple à considérer toutes les ressources dont il aura besoin. Ou encore, ce pourrait être que le coach communique au disciple les qualités nécessaires pour travailler avec des gens impatients. Le disciple demanderait peut-être : « Comment vous y êtes-vous pris dans telle situation ? » et le coach pourrait à l'aide de vérités et de son expérience voir avec lui les compétences et les habiletés dont il a besoin.

Les systèmes de coaching basés sur une approche non directive n'exigent pas que le coach soit chevronné dans les domaines de la mission, puisqu'il suffit essentiellement de poser les bonnes questions pour ensuite permettre à la personne de trouver ses propres solutions. Cependant, à l'intérieur de notre paradigme, un coach s'avérera plus efficace s'il possède de l'expérience dans le principal domaine de responsabilité du disciple. Celui-ci bénéficiera davantage du coaching si le coach a vécu, dans une certaine mesure, ce à quoi il se trouve confronté, plutôt que s'il lui offre seulement un écho de ses paroles.

Dans un cas particulier, un dirigeant subissait des accusations sans fondement de la part d'une famille dans son petit groupe. Il a cherché de l'aide pour savoir comment traiter ce problème auprès de l'un des participants. Ce dernier lui a suggéré de s'adresser plutôt à un autre dirigeant comme lui, pour lui demander conseil par rapport à ce sujet délicat, et c'est exactement ce dont il avait besoin. Cet autre leader avait eu affaire à une situation similaire et il a pu le coacher en l'outillant avec des principes éprouvés qui l'avaient bien servi dans son cas. Lorsque quelqu'un est passé par de l'adversité ou des défis comparables dans le ministère, il obtient plus de crédibilité.

Un coach observe et évalue les forces et les faiblesses de son protégé, puis il l'aide à établir des objectifs et des stratégies pour acquérir les habiletés et les compétences qu'il lui faut. Il enseigne le disciple, par des remarques positives et négatives, pour l'amener à porter plus de fruit. Paul Stanley et Robert Clinton soulignent qu'il est important que les coachs connaissent bien leur matière :

> En général, les coachs connaissent le sujet dont ils traitent de fond en comble. Ils en possèdent une compréhension globale. Ils savent décomposer une performance de qualité pour en spécifier les habiletés de base qui doivent être acquises pour obtenir ce résultat. Ils sont capables d'évaluer la motivation et les compétences du protégé et de s'adapter en conséquence. Et surtout, un bon coach sait comment encourager et affirmer le disciple pour qu'il franchisse les étapes nécessaires au développement de compétences et d'attitudes qui le mèneront à l'excellence[4].

Les décisions que l'on prend dans une relation de coaching doivent être le résultat d'une saturation profonde des vérités de l'Évangile. Il ne faut pas simplement s'appuyer sur des idées provenant du monde des affaires ou des conseils en 140 caractères sur Twitter. D'un point de vue pratique, un coach centré sur l'Évangile suggérera des passages bibliques, des livres, des articles, des blogues, du matériel audiovisuel, des sermons et d'autres ressources au disciple pour qu'il en tire de quoi se nourrir dans sa vie personnelle, spirituelle ou missionnelle. Ce dernier sera ensuite prêt à se laisser guider pour suivre avec passion l'appel qu'il a reçu de Dieu.

CHAPITRE 9

LES QUALITÉS REQUISES CHEZ LE COACH : CONDUIRE

Conduire les brebis

Conduire : fournir une direction et un discernement

Conduire le troupeau est l'une des responsabilités fondamentales d'un berger. David a déclaré, en parlant du Seigneur, son Berger : « Il me *dirige* près des eaux paisibles. Il restaure mon âme, il me *conduit* dans les sentiers de la justice, à cause de son nom » (Ps 23.2*b*,3 ; italiques pour souligner). Habituellement, les bergers conduisent leur troupeau en marchant devant lui, tout en jetant un coup d'œil derrière à l'occasion. Ils utilisent un sifflet ou un cri d'appel particulier pour le maintenir au pas. S'ils sont habiles, ils emploieront des styles de leadership variés pour s'assurer que leurs brebis sont en bonne santé et en sécurité. Ils devront parfois diriger le troupeau avec tendresse et l'amener dans un endroit de repos et de ressourcement. À d'autres moments, ils le guideront d'une manière directe et claire. Il se peut qu'un berger puisse conduire les brebis par son influence, mais il y aura également des périodes où il devra se placer derrière pour pousser, de manière à éviter les distractions et les ennuis. En outre, à certains moments, un berger pourra simplement guider son disciple en marchant à ses côtés.

David a fidèlement dirigé la nation d'Israël, tout comme il l'avait fait auparavant avec son troupeau. « Et David les dirigea avec un cœur intègre, et les conduisit avec des mains intelligentes » (Ps 78.72). Il n'attendait pas que son peuple décide où il voulait aller ; il les conduisait et les guidait, tout en suivant lui-même le bon Berger, en tant que brebis. Il les dirigeait à l'aide des compétences, des habiletés, de la sagesse et du savoir-faire qu'il avait acquis.

Jésus, le bon Berger, conduisait ses disciples alors qu'ils suivaient sa voix et il leur a donné la vie éternelle (Jn 10.27,28). Les bergers fidèles sont en même temps des brebis dépendantes qui dirigent en étant un exemple de ce que suivre Jésus signifie. L'apôtre Pierre a écrit à ce sujet, de marcher aux côtés d'un autre disciple et de devenir un « modèle du troupeau » (1 Pi 5.3). De même, l'apôtre Paul disait à ses lecteurs : « Soyez mes imitateurs, comme je le suis moi-même de Christ » (1 Co 11.1). Il reconnaissait qu'il était à la fois une brebis et un berger qui imitait Jésus-Christ, le bon Berger.

Un coach centré sur l'Évangile est motivé, non pas par un gain personnel, une reconnaissance quelconque ou les honneurs, mais par le bien-être du disciple. Timothy Witmer raconte qu'un groupe de touristes en Israël souhaitaient observer un berger avec son petit bétail pour apprendre des choses sur ce rôle. Leur guide israélite les a informés que le berger conduit *toujours* ses moutons en marchant devant eux, jamais en les pressant de l'arrière. Peu de temps après, le groupe est passé en autobus à côté d'un troupeau de brebis qu'un homme faisait avancer en se tenant derrière. Sans hésiter, les touristes ont attiré l'attention de leur guide sur cette scène. Ce dernier, étonné, a demandé au chauffeur d'arrêter l'autobus pour qu'il puisse aller s'enquérir auprès de l'individu de ce qui se passait. Il est ensuite remonté à bord, un sourire en coin sur le visage, pour annoncer au groupe intrigué : « L'homme que vous avez vu n'est pas un berger, mais un boucher[1] ! »

Conduire à travers les changements

Diriger des gens à travers les changements est une facette importante du coaching biblique. Dans sa publication *The Leadership Opportunity* (L'occasion de diriger), le ministère Peacemakers a esquissé les grandes lignes d'une théologie du changement. Il s'agit d'un guide utile pour comprendre ce qu'est le changement d'un point de vue biblique.

1. Il est clair que Dieu prescrit des changements chez l'individu (Ro 12.1,2). L'idée même du changement vient de Dieu. Les Écritures nous exhortent à être « transformés ». Selon elles, il est certain que les chrétiens doivent s'attendre au changement et le rechercher dans leur vie personnelle. Nous sommes sanctifiés à l'image de Christ, et cela requiert toute une vie de changements. Il est utile de rappeler aux gens ce principe, puisque nous avons tous tendance à nous enliser dans une routine. Non seulement il est important de nous souvenir du fait que la réalité chrétienne ne demeure pas figée quand nous coopérons avec Dieu pour notre sanctification, mais de plus, c'est un bon moyen de fragmenter le sol durci de la résistance aux changements dans l'Église.

2. Manifestement, Dieu prescrit du changement au sein de son peuple (Ps 23 ; Ec 3.1-8). Dieu ne positionne pas les siens dans un seul endroit et un seul contexte. Ceux qui lui appartiennent sont constamment en mouvement. Dans le Psaume 23, le berger conduit son troupeau dans divers paysages. Dans Ecclésiaste 3.1-8, les saisons diffèrent l'une de l'autre. Les gens doivent non seulement s'adapter aux changements, mais également s'y attendre dans la vie de leur communauté chrétienne. En définitive, rien ne demeure inchangé.

3. *Le changement n'est pas toujours nécessaire ou sage* (1 Co 10.31 ; Ja 4.1-3). Ce ne sont pas toutes les occasions qui se présentent à nous qui requièrent des modifications. Les changements ne sont pas tous des progrès. Il nous faut d'abord examiner notre propre cœur. Est-ce que cette idée vient de Dieu ou si, au fond, c'est moi qui cherche à prendre le contrôle (voir Ja 4.1-3) ? Le changement et la nouveauté sont-ils devenus mon idole ? Nous devons également considérer les coûts. Il n'est pas sage d'entamer des changements qui ne rapportent que peu de bienfaits s'ils sont perturbateurs ou nuisibles. Poursuivre des changements difficiles qui donnent très peu de résultats, c'est de la folie. En revanche, il ne faut pas renoncer à changer des choses simplement parce que cette voie semble difficile ou à cause d'une résistance malsaine. Nous devons soupeser la valeur du changement en comparaison avec ce qu'il en coûtera.

4. *Dans plusieurs domaines d'activités de l'Église, il n'existe pas de prescriptions divines.* Dieu ne décrète pas de règles définitives sur le style, la méthode et les meilleures pratiques. Bien que les Écritures soient très claires au sujet des doctrines essentielles et de certains éléments pratiques, de nombreux aspects de la vie d'Église (si ce n'est la plupart d'entre eux) se retrouvent dans la sphère de la sagesse et des préférences. Lorsque nous avons affaire à l'un de ces aspects, chacun doit prendre du recul. Nous avons plusieurs possibilités, et personne n'a nécessairement « raison » ou « tort ». Quand un sujet implique la possibilité de changements doctrinaux, l'équipe de dirigeants prendra sans doute une position plus affirmée. Par contre, dans les cas où il est question de sagesse ou de goûts, les leaders peuvent et devraient se montrer moins rigides. Il ne faut pas être prescriptif dans des domaines où Dieu ne l'est pas. Nous devons éviter d'élever une préférence au rang de vérité absolue.

5. *Dieu a voulu une Église diversifiée, et par conséquent, nos goûts seront variés.* Les Écritures ne célèbrent jamais l'uniformité, mais

plutôt l'unité. Nous formons un seul corps qui comporte plusieurs parties distinctes (1 Co 12). Cette diversité s'avère une force remarquable. La diversité, par définition, implique que nous verrons les choses différemment et qu'il y aura inévitablement des désaccords et des malentendus quand il est question de changements. Ce n'est pas un problème, c'est normal ! Les divergences sont un dérivé naturel et sain de la diversité que Dieu a incorporée dans son Église. Un sage dirigeant préviendra les gens du fait qu'il y aura des disparités quant aux préférences, justement à cause de ce don de diversité. S'ils s'attendent à se heurter à différentes opinions, ils réagiront probablement avec plus de grâce quand cela se produira.

6. Nous devrions reconnaître que résister au changement n'est pas mauvais, parce que Dieu nous a conçus pour valoriser ce qui est familier. C'est ce qui fournit une structure à notre monde. Lorsqu'un changement est de mise, même les personnes les plus spirituelles expérimentent une certaine anxiété devant l'inconnu. De plus, il est difficile d'accepter de perdre les choses que nous chérissons. Il est normal, et ce n'est pas nécessairement un péché, de désirer que les conditions demeurent inchangées. Nous devons aider les gens, avec sagesse et délicatesse, à affronter la douleur et l'incertitude des transitions. Il ne s'agit pas d'un péché ou d'un cas de discipline, à moins que ce soit caractérisé par l'absence totale de confiance en Dieu. Parfois, le rôle du berger consiste à rester au milieu des brebis inquiètes pour leur rappeler que la vie chrétienne comporte des ajustements constants.

7. Bien que résister au changement ne soit pas nécessairement un péché, certains pourraient le faire de manière inappropriée, à cause de notre propension à l'idolâtrie. Notre cœur est un fabricant d'idoles, et il arrive que nos désirs se transforment en exigences corrompues ou en une idole (voir Ja 4.1-3). Nous cessons de nous préoccuper d'obéir, de nous soumettre à Dieu et de l'honorer, et nous cherchons plutôt à gagner, à avoir raison et à obtenir ce que nous voulons. Les coachs centrés sur l'Évangile s'y prendront délicatement pour corriger et aider ceux qui se trouvent sous l'emprise d'une idole. Il est crucial d'amener les disciples à saisir l'enjeu central. « Frères, si un homme vient à être surpris en faute, vous qui êtes spirituels, redressez-le avec un esprit de douceur » (Ga 6.1*a*). Si un individu est motivé par une envie idolâtre, notre responsabilité en tant que leaders est de l'aider à déceler le péché dans son cœur et de l'inciter, délicatement, mais fermement, à se repentir. Lorsqu'il y a de l'idolâtrie des deux côtés (celui du statu quo contre celui du changement proposé), de réelles lignes de bataille se forment. Dans le pire des cas, l'Église peut se diviser. Il s'agit d'un moment critique pour une intervention pastorale sage, mais ferme.

8. Il est clair que Dieu appelle ses leaders à diriger avec douceur, sagesse, amour et, le cas échéant, avec fermeté. Le berger constitue l'image biblique prédominante du leadership, et c'est lors des périodes difficiles de changements que le cœur d'un berger sera le plus apparent. Il faut se montrer sensible durant ces moments. Il est trop facile de devenir agressif, d'imposer des changements et d'exercer une pression inappropriée sur ceux qui résistent – ce sont là les caractéristiques d'un leader contrôlant. D'autres éviteront de procéder à des changements nécessaires en fuyant un conflit et en laissant aller les choses. Il s'agit là du comportement typique d'un dirigeant qui cherche à plaire aux hommes. S'il refuse d'agir, il laisse perdurer la division entre certains ainsi qu'un sentiment de désœuvrement et de frustration chez d'autres. Conduire les gens avec délicatesse et les aimer pendant les périodes difficiles sont des responsabilités essentielles des bergers qui font preuve de sagesse.

9. Il est clair que Dieu appelle les siens à suivre leurs dirigeants avec respect. Les croyants sont appelés à suivre leurs leaders d'une façon particulière. Hébreux 13.17 nous dit : « Obéissez à vos conducteurs ». Dieu nous appelle à honorer et à respecter les dirigeants qu'il a établis sur nous, dans un esprit de joie, et non de gémissements (ne pas devenir un fardeau), même quand leurs décisions ne vont pas dans le sens que nous aurions souhaité. Il est certain qu'elles décevront une partie des gens à l'occasion. Lorsque cela se produit, la réaction de l'assemblée est très importante. De réels soucis ont leur place, et les questionnements devraient être exposés avec respect et de façon convenable. Toutefois, le commérage, la calomnie, les accusations démoralisantes et les critiques qui ont pour but de diviser sont des péchés ; ils sont en contradiction avec les Écritures et constituent un comportement inapproprié. Durant les périodes de changements, rappelez aux gens leur vocation de disciples suivant le Maître. Ils ont besoin de maintenir une perspective biblique adéquate sur l'autorité et la responsabilité des dirigeants de les conduire. Méfiez-vous d'une mentalité « mercantile » selon laquelle les individus commencent à se percevoir comme des clients et à croire que l'Église n'existe que pour leur plaire. Quand cela se produit, l'Église se retrouve propulsée uniquement par les caprices et les préférences de ses membres. Et les Églises qui traitent leur monde comme des clients ont tendance à éviter de parler du péché, de la repentance et du besoin d'un Sauveur.

10. *Il nous faut toujours nous souvenir que c'est l'Évangile qui rend le changement possible.* Lorsque je réfléchis au fait que Dieu a renoncé à son droit de me punir (et qu'il a puni Jésus à ma place), cela me permet d'abandonner mes « droits » d'obtenir ce que je veux. Dans la parabole du serviteur impitoyable de Matthieu 18, Jésus enseigne clairement que celui qui a reçu une grande miséricorde peut et devrait renoncer à son droit d'obtenir ce qu'il désire ou ce qui lui est dû. Il devrait invariablement attirer l'attention du monde sur l'Évangile. Lorsque nous saisissons que Dieu nous pardonne et qui nous sommes en Christ, nous n'hésitons pas à renoncer à nos préférences. Plus nous nous laissons imprégner de l'Évangile, plus les changements deviennent faciles.

Les qualités requises chez le dirigeant : investir, superviser, guider

Le troisième rôle du coach consiste à être un berger qui *conduit la brebis*. Il investit dans le disciple, le supervise et le guide dans ses décisions. Les Écritures déclarent tout simplement : « L'Éternel a établi son trône dans les cieux, et son règne domine sur toutes choses » (Ps 103.19). Il est le Seigneur de sa création et il dirige comme un berger. Un coach évalue les besoins du disciple, il l'observe pendant qu'il est à l'œuvre et lui inculque, au besoin, des habiletés. Il ne sert pas seulement à résoudre des problèmes, mais il travaille à conduire une personne vers la réalisation de ce pour quoi Dieu lui a donné une passion.

Le coach qui conduit les autres est travaillant, discipliné et généreux. Il aide son protégé à considérer les problèmes et à trouver des solutions. Il doit être prêt à s'engouffrer dans le chaos pour aider le disciple à organiser sa vie, que ce soit à grande échelle ou dans les moindres détails, pour le plaisir et le bien de l'individu. En assumant le rôle de berger, peut-être devra-t-il faire certains sacrifices pour servir l'autre.

Le coach pourra souvent s'avérer une ressource, en présentant d'autres personnes au disciple-dirigeant, telles que des collègues leaders d'Églises et des experts en diverses matières qui sauront l'aider avec des besoins précis comme les questions légales, la recherche d'un bâtiment, le choix d'un meilleur secteur ou des ministères spécialisés. En agissant ainsi, il agira davantage comme un réceptionniste que comme un expert ou une personne-ressource.

Un coach centré sur l'Évangile fera preuve de trois qualités-clés dans l'aspect « conduire des gens » : investir, superviser et guider.

Conduire, tel un berger, en s'investissant de manière sacrificielle

Puisque Dieu nous confie des personnes, il est de notre devoir d'incarner humblement son souci pour leur bien-être en faisant des sacrifices pour leur apporter la direction dont ils ont besoin. Un berger supporte l'adversité pour s'occuper des moutons, particulièrement lorsque cela implique de l'inconfort et du danger. Jésus a gardé la bergerie en offrant sa propre vie en sacrifice.

> Jésus leur dit encore : « En vérité, en vérité, je vous le dis, je suis la porte des brebis. Tous ceux qui sont venus avant moi sont des voleurs et des brigands ; mais les brebis ne les ont point écoutés. Je suis la porte. Si quelqu'un entre par moi, il sera sauvé ; il entrera et il sortira, et il trouvera des pâturages. Le voleur ne vient que pour dérober, égorger et détruire ; moi, je suis venu afin que les brebis aient la vie, et qu'elles l'aient en abondance. Je suis le bon berger. Le bon berger donne sa vie pour ses brebis. Mais le mercenaire, qui n'est pas le berger, et à qui n'appartiennent pas les brebis, voit venir le loup, abandonne les brebis, et prend la fuite ; et le loup les ravit et les disperse. Le mercenaire *[s'enfuit, parce qu'il est mercenaire, et qu'il]* ne se met point en peine des brebis » (Jn 10.7-13).

Dans peut-être l'un des plus grands paradoxes, Jésus affirme continuellement que la véritable grandeur et la vraie autorité se distinguent par un comportement altruiste (Mt 20.26-28). Un coach donne volontairement de son temps et de son énergie pour engendrer un disciple en bonne santé et qui se reproduit (1 Pi 5.2,3). Il s'investit en lui, le formant dans les domaines des habiletés, du caractère et du leadership (2 Ti 4.16,17). Il se réjouit de lui partager des ressources et lui donne généreusement les outils pour qu'il puisse accomplir sa passion pour Dieu (Ép 4.11,12). Il pourra lui offrir de bons livres ou lui présenter des gens qui l'aideront. Peut-être lui fournira-t-il même des idées en vue des études qui lui sont nécessaires. Le coach ne cherche pas à retirer quelque chose pour lui-même de cette relation, mais il s'investit dans le disciple avec libéralité.

Conduire, tel un berger, en supervisant chaque aspect de la vie d'une personne

Nous dirigeons quelqu'un efficacement lorsque nous exercerons une supervision volontaire pour son bien personnel, spirituel et mission-nel. Un bon berger n'est pas motivé par le gain personnel.

> Voici les exhortations que j'adresse aux anciens qui sont parmi vous, moi, ancien comme eux, témoin des souffrances de Christ, et participant de la gloire qui doit être manifestée : paissez le trou-peau de Dieu qui est *sous votre garde*, non par contrainte, mais volontairement, selon Dieu ; non pour un gain sordide, mais avec dévouement ; non comme dominant sur ceux qui vous sont échus en partage, mais en étant les modèles du troupeau. Et lorsque le souverain berger paraîtra, vous obtiendrez la couronne incorruptible de la gloire (1 Pi 5.1-4 ; italiques pour souligner).

Sans berger, les brebis se dispersent. Elles s'enfuient lorsqu'elles sentent le danger. Un coach efficace ne se soucie pas uniquement de certains aspects, mais de la vie entière de son protégé. Pour ce faire, un dirigeant doit passer du temps au milieu des brebis et être disposé à prendre de courageuses initiatives sans toutefois en abuser. Un coach pose les questions difficiles pour le bien du disciple et la gloire du Rédempteur attentionné. Un berger doit superviser son troupeau de manière bienveillante et méticuleuse afin de le diriger près des eaux paisibles et dans de verts pâturages. Le coach illustre auprès du disciple la mise en pratique du ministère de la rédemption et du leadership de Jésus (Hé 2.8 ; Ap 21). Il est sobre, maître de lui-même, discipliné et son foyer est bien géré (1 Ti 3.3 ; Tit 1.5-9). Il sait se gérer lui-même et diriger ses proches, mais pour cela il dépend de la grâce et de la puissance de Dieu plutôt que de dominer ceux qui sont sous sa garde (1 Pi 5.2,3). Il poursuit activement une vie rachetée où la justice et la paix règnent sur tous les moindres détails (Jn 14.3 ; Ap 21). En obser-vant le quotidien de son coach, le disciple peut voir « à quoi ressemble réellement » une vie vécue dans la joie et l'obéissance à Jésus.

Conduire, tel un berger, en guidant les autres avec le discernement du Saint-Esprit

Un dirigeant discerne ce qui est vrai et il aide à dissiper les mensonges de Satan que nous sommes tous portés à croire. Cela exige un discernement qui provient de l'Esprit : « Quand le consolateur sera venu, l'Esprit de vérité, il vous conduira dans toute la vérité ; car il ne parlera pas de lui-même, mais il dira tout ce qu'il aura entendu, et il vous annoncera les choses à venir. Il me glorifiera, parce qu'il prendra de ce qui est à moi, et vous l'annoncera » (Jn 16.13,14).

Un coach centré sur l'Évangile aide le disciple-dirigeant à choisir la meilleure voie pour sa vie. Cela requiert un cœur droit et de la compétence (Pr 15.22 ; 24.6). Il encourage le disciple à mettre sa confiance dans la grâce et la rédemption de Jésus pour sa destinée (Hé 4.16 ; 10.19-23). Pour ce faire, il réagit avec grâce lorsque le disciple échoue. Il est un modèle de pardon, et il prie pour lui et avec lui (Hé 5.7). Il le traite comme un juste avec une conscience pure, à la lumière de la vérité (Hé 9.11-14). Par-dessus tout, il sollicite sans cesse le travail, la présence et la puissance du Saint-Esprit dans la vie du protégé, comme soutien continuel et disponible pour tout croyant (Hé 9.8). Il use de discernement et de sagesse pour l'aider à faire différents choix, à prendre des décisions et à établir des stratégies dans chaque aspect de sa vie.

CHAPITRE 10

LES QUALITÉS REQUISES CHEZ LE COACH : PROTÉGER

Protéger les brebis

Protéger : Défendre contre les comportements mauvais
(on est enclin à s'égarer) et les doctrines hérétiques
(les faux prophètes déguisés en mouton).

À Istanbul en Turquie, un berger a aperçu, d'un air stupéfait, un mouton solitaire se jeter en bas d'une falaise, vers une mort certaine. Puis, avant qu'il ait pu prendre conscience de ce qui se passait, il a vu presque 1500 autres brebis lui emboîter le pas pour sauter en bas de la même falaise. Quand il a finalement pu s'interposer pour empêcher le cheptel entier d'imiter la première brebis, près de 450 bêtes mortes formaient un grand amas blanc au pied de l'escarpement. Heureusement, plusieurs des 1500 moutons qui avaient sauté ont été épargnés, puisque leur chute s'est terminée sur un coussin de plus en plus épais d'animaux morts[1].

Les bergers sont des gardiens qui surveillent leur troupeau. Notre bon Berger, qui a offert sa vie pour ses brebis (Jn 10.11), demeure le seul qui procure une réelle sécurité et un abri inébranlable. Le psalmiste nous le certifie : « Quand je marche dans la vallée de l'ombre de la mort, je ne crains aucun mal, car tu es avec moi : ta houlette et ton bâton me rassurent » (Ps 23.4). Le bon Berger nous protège contre le plus grave des dangers : le jugement pour nos péchés.

Un coach porte une attention particulière à ses protégés. Il veille sur leur vie et les met en garde contre certains individus qui pourraient les induire en erreur. Il les défend contre les attaques spirituelles de l'ennemi. Il agit continuellement avec courage et compassion (Ac 20.28). Les moutons s'aventurent souvent dans des situations dangereuses, et un berger égoïste s'éclipsera dans de tels cas. Mais celui qui est fidèle protègera les brebis, et ce, même au péril de sa vie. Il le fera en restant constamment aux aguets (Ac 20.31).

Il existe au moins cinq manières différentes pour un coach centré sur l'Évangile de protéger un disciple-dirigeant :

1. Protéger avec compassion (amour). Jésus était « ému de compassion pour *[la foule]*, parce qu'elle était languissante et abattue, comme des brebis qui n'ont point de berger » (Mt 9.36). L'amour pour Jésus et pour ses brebis demeure essentiel si l'on veut jouer le rôle de berger envers quelqu'un. Sans cette particularité, la relation sera clinique et professionnelle ; il y aura peu ou pas de transformation par l'Évangile. On ne peut protéger quelqu'un de manière efficace si on ne l'aime pas.

2. Protéger avec courage (foi). Un coach talonne le disciple dans sa rébellion, son apathie et son péché, et le rend redevable pour la pureté de sa vie et de sa doctrine. Nous devons avoir le courage de confronter l'autre avec amour, et cela devrait être une habitude dans notre relation. Lorsque c'est nécessaire, nous devons être prêts à discipliner notre protégé en réponse à ses actions (Mt 18.15-17). Il a besoin de nous et veut que nous vérifiions régulièrement les clôtures de sa vie.

3. Protéger par une proximité (la communauté). Un berger est un surveillant qui détecte toute déviance et toute tendance chez le disciple à fuir ou à s'isoler. Jésus a raconté la parabole de l'homme qui possédait cent brebis, dont l'une s'était égarée. Il a dit qu'un bon berger laisserait les quatre-vingt-dix-neuf autres pour chercher celle qui s'est aventurée à l'extérieur de l'enclos (Mt 18.12,13). Si le coach fait partie de la même communauté que le disciple, il constatera facilement son égarement.

4. Protéger avec l'appel (une passion). L'Église locale confirme l'appel de certains disciples à superviser les autres (Ac 13.1-3 ; 20.28). En acceptant cet appel, les coachs devront examiner leur cœur, leurs motifs et évaluer le prix à payer dans leur vie.

5. Protéger par un engagement (la générosité). Assumer le rôle de berger implique un investissement significatif de temps, d'énergie pour maintenir la relation et l'attention. Il n'est pas possible de le faire à moitié. Dieu a réprimandé ceux qui démontraient un manque d'engagement : « Vous n'avez pas fortifié celle qui était faible, guéri celle qui était malade, pansé celle qui était blessée ; vous n'avez pas ramené celle qui s'égarait, cherché celle qui était perdue ; mais vous les avez dominées avec violence et avec dureté. Elles se sont dispersées, parce qu'elles n'avaient point de berger ; elles sont devenues la proie de toutes les bêtes des champs, elles se sont dispersées » (Éz 34.4,5).

Les qualités requises pour protéger : faire preuve de compassion, réconforter et combattre

Protéger un disciple est l'une des fonctions d'un coach centré sur l'Évangile. Son ministère consiste à en prendre soin, à le confronter et à marcher à ses côtés à travers les terrains plus accidentés de la vie. Le coach protecteur donne des conseils judicieux et sait écouter dans le but d'administrer la protection et la présence de Dieu. Il assume un rôle de protection. Il reconnaît que le disciple lutte quotidiennement contre les doutes, la peur, l'orgueil et l'idolâtrie. Il comprend sa propension naturelle, lorsqu'il est en relation avec les autres dans son travail ou dans son foyer, à répondre d'une manière qui sert ses propres intérêts. Il sait qu'il aura tendance à aspirer au pouvoir, à l'approbation des autres, au confort et à la sécurité. Le coach, en tant que protecteur, diagnostique les possibles intrusions subtiles du péché dans le cœur du protégé, qui affectent sa façon d'aborder la vie. Il lui rappelle l'amour de Dieu, la puissance accessible du Saint-Esprit et le règne du Seigneur sur son existence.

Dans leur environnement naturel, les brebis sont totalement sans défense. Elles ne sont pas des gardiennes farouches de leur territoire. Elles paraissent moelleuses et mignonnes, et leurs sens sont limités. S'attrouper avec d'autres brebis est leur seul moyen de défense. Si l'une d'entre elles est isolée, sans la surveillance constante du berger et sans la sécurité du troupeau, elle sera sûrement tuée. Après la fin tragique de la carrière de deux pasteurs-implanteurs d'Églises qui œuvraient sans la supervision d'autres bergers, l'organisme Acts 29 a établi un mandat stipulant qu'il n'accepterait « aucun implanteur solitaire » parmi ses quelque 500 membres. Nous avons repéré cinq implanteurs qui ne se mêlaient pas à leurs collègues dans le réseau et nous leur avons demandé des comptes. Deux d'entre eux se sont repentis et rassemblés de nouveau sous la protection du regroupement. Un troisième a remis sa démission et les deux autres ont été talonnés de plus près, mais sans résultats immédiats. Moins de trente jours après avoir été confrontés, tous deux sont tombés dans l'immoralité sexuelle avec des membres de leur Église. Plus tard, on a découvert qu'ils s'étaient adonnés à ce type de comportement depuis plusieurs années et avec plusieurs partenaires. Bien que l'on ne soit pas tout à fait certain s'ils s'isolaient à cause de leur péché ou s'ils sont tombés dans le péché en raison de leur indépendance, il est fort probable que ce soit cette dernière hypothèse qui soit vraie. Un coach centré sur l'Évangile prend son rôle de protecteur au sérieux.

Il y a donc chez lui trois qualités « protectrices » essentielles : faire preuve de compassion, réconforter et combattre.

Protéger, tel un berger, en faisant preuve de compassion

L'amour compatissant est le fondement du leadership. Le premier amour d'un dirigeant est pour Jésus, pas seulement pour les autres. Sinon, s'il aimait premièrement ceux qu'il conduit, il chercherait à leur plaire et serait, de ce fait, probablement déçu. Un coach centré sur l'Évangile est un sous-berger du Seigneur. Un leader démontre un amour empathique pour ses brebis, parce que Jésus les aime. La compassion de Jésus pour les brebis épuisées et sans défense a donné lieu à une exhortation de prier pour plus de dirigeants : « Voyant la foule, il [*Jésus*] fut ému de compassion pour elle, parce qu'elle était languissante et abattue, comme des brebis qui n'ont point de berger. Alors il dit à ses disciples : La moisson est grande, mais il y a peu d'ouvriers. Priez donc le maître de la moisson d'envoyer des ouvriers dans sa moisson » (Mt 9.36-38).

Les soins d'un dirigeant sont miséricordieux, compatissants (Hé 2.17), et doux, car il demeure conscient de ses propres faiblesses (Hé 5.2). Ce type de soin permet au disciple de s'humilier devant Dieu et devant son coach pour ensuite recevoir ses conseils. Tel qu'illustré dans 1 Pierre 5.6,7, le fait que Christ s'occupe de nous sert de motivation pour que nous nous humiliions devant lui et lui confiions notre vie. Nous pouvons démontrer à notre protégé que nous nous soucions de lui en développant une plus grande capacité d'écoute. Généralement, nous oublions ou nous comprenons mal la plupart des choses que nous entendons, parce que nous n'avons pas appris à écouter. Nous devons le faire avec notre tête, mais aussi avec notre cœur, notre âme, et de toutes nos forces. Il nous faut être motivés par l'Évangile, pas seulement par l'exercice d'un ministère envers quelqu'un.

Quatre principes sur l'écoute se dégagent de l'Évangile :

1. L'Évangile nous remémore que l'écoute est un *acte de grâce* que l'on offre à une autre personne. Tout comme nous ne méritons pas une audience avec Dieu, le disciple-dirigeant n'en mérite pas nécessairement une avec nous.

2. L'Évangile nous rappelle que l'écoute est un *geste d'amour.* Nous démontrons l'amour de Dieu, cet amour que nous ne méritons pas, lorsque nous écoutons les autres dans le but d'en prendre soin.

3. L'Évangile nous aide à nous souvenir du fait que l'écoute est un *acte de compassion.* Quand nous écoutons quelqu'un, nous lui démontrons de l'empathie et de la sympathie par rapport aux problèmes, aux défis et aux joies qu'il traverse. Mon frère s'est enlevé la vie en 2011. Plus tard, je suis allé dîner à New York avec John et Shari Thomas, les leaders de l'Église Redeemer Presbyterian à Manhattan. Shari m'a interrogé sur la mort de mon frère et l'effet que cela a eu sur moi. Je lui ai répondu de manière assez générale pour ne pas les ennuyer avec la peine que je ressentais. Malgré cela, Shari a démontré sa compassion en me demandant plus de détails. Je me suis surpris à parler librement et Shari m'a écouté avec une empathie si évidente qu'au moment même où je parlais, j'avais une toute nouvelle conscience de la compassion de Dieu pour moi dans ma souffrance.

4. L'Évangile nous enseigne que l'écoute est un *acte participatif avec le Saint-Esprit.* Nous devons écouter tout en restant sensibles à la voix de l'Esprit. En effet, le Saint-Esprit voudra peut-être révéler un passage biblique et son application, chose à laquelle nous n'aurions probablement jamais pensé en nous fiant à notre propre sagesse.

Dietrich Bonheoffer a écrit les mots suivants :

La première chose que l'on doit aux autres frères et sœurs, c'est de les écouter. Tout comme notre amour envers Dieu commence par l'écoute de sa Parole, le point de départ pour aimer nos frères et sœurs est d'apprendre à les écouter. Dieu, pour nous démontrer son affection, ne fait pas que nous donner la Bible, mais il prête aussi l'oreille à ce que nous lui disons. C'est donc son œuvre que nous accomplissons pour notre frère, lorsque nous apprenons à l'écouter[2].

Protéger, tel un berger, en réconfortant avec l'espérance de l'Évangile

Apocalypse 7.15-17 nous expose l'accomplissement du Psaume 23 :

C'est pour cela qu'ils sont devant le trône de Dieu, et le servent jour et nuit dans son temple. Celui qui est assis sur le trône dressera sa tente sur eux ; ils n'auront plus faim, ils n'auront plus soif, le soleil ni aucune chaleur ne les frapperont plus.

Car l'Agneau qui est au milieu du trône les paîtra et les conduira aux sources des eaux de la vie, et Dieu essuiera toute larme de leurs yeux.

Nous souffrons aujourd'hui, mais un jour, notre espérance se réalisera à travers l'Agneau de Dieu – notre Berger-Roi, Jésus – lorsque toute forme de douleur disparaîtra. Notre appel ne consiste pas à enseigner aux gens comment gérer leurs peines. Il s'agit plutôt de les mener à la source d'eau vive qu'offre notre Berger souverain. En définitive, notre espérance n'est pas ici-bas. Le coach protège le disciple dans ses périodes de découragement ou de colère, en lui rappelant l'espérance de la vie éternelle. Notre réalité est parfois temporairement douloureuse, mais Jésus demeure éternellement glorieux.

Lorsqu'un coach met le doigt sur une erreur ou se retrouve devant une tâche qui lui semble insurmontable, s'il joue son rôle de protecteur, il avancera avec le disciple, à ses côtés, passant par la conviction de péché, la repentance, la capitulation, les supplications et la reconnaissance de ses besoins. Au lieu d'éviter l'affreux gâchis du péché, un coach marchera courageusement avec son protégé en pointant vers Christ pour sa guérison et sa rédemption (Hé 9.11-14). Il ne le laissera pas se débrouiller seul pour comprendre et se nettoyer, mais il le rassurera par sa présence dans cette situation. Il ne s'agit pas là d'une dépendance malsaine, mais plutôt d'une interdépendance biblique, alors que le coach agit avec la miséricorde de Jésus dans la vie du disciple en l'édifiant dans l'amour (Ép 4.16). Cela pourrait impliquer qu'à la dernière minute, il doive modifier toute une séance de coaching pour aborder la douleur et la souffrance que le protégé traverse à ce moment-là. Cela peut vouloir dire qu'il lui téléphonera plus souvent au cours d'une période sombre, qu'il se joindra à lui pour l'épauler lors d'une conversation difficile ou qu'il l'aidera à achever une tâche précise qu'il est incapable de terminer seul.

Protéger, tel un berger, en combattant pour le bien des autres

Nous ne tolérons pas les loups ravisseurs, nous les combattons. On peut les repérer lorsque l'on voit des leaders qui tentent d'attirer les disciples à eux-mêmes, plutôt qu'au souverain Berger, Jésus. Quand un berger aime son troupeau, il lutte pour le garder en sécurité. Si un dirigeant d'Église a peur des loups, son cheptel sera constamment en danger. L'autorité pour combattre vient de Dieu. Notre ennemi est bien réel et un engagement ininterrompu s'avère donc nécessaire.

> Prenez donc garde à vous-mêmes, et à tout le troupeau sur lequel le Saint-Esprit vous a établis évêques, pour paître l'Église de Dieu, qu'il s'est acquise par son propre sang. Je sais qu'il s'introduira parmi vous, après mon départ, des loups cruels qui n'épargneront pas le troupeau, et qu'il s'élèvera du milieu de vous des hommes qui enseigneront des choses pernicieuses, pour entraîner les disciples après eux. Veillez

donc, vous souvenant que, durant trois années, je n'ai cessé nuit et jour d'exhorter avec larmes chacun de vous (Ac 20.28-31).

En tant que bergers-dirigeants, nous devons être sur nos gardes – pour nous-mêmes et pour les brebis, parce que le Saint-Esprit nous a établis pour surveiller ces âmes acquises par le sang de Jésus et aussi parce qu'elles sont menacées par des loups et des voleurs. Pour ce faire, les bergers travaillent jour et nuit pour les avertir par les Écritures, de manière constante et avec compassion. Notre confiance ne repose pas sur nous, mais sur la Parole de Dieu qui peut apporter la vitalité et la maturité au sein du troupeau.

Le coach confrontera le disciple avec la vérité, soulignant son erreur et les domaines dans lesquels sa vie n'est pas conforme à l'Évangile (Ga 2.11 ; Tit 1.9 ; Hé 2.2,3). Le coach protecteur luttera pour le bien du disciple, pour le protéger du péché et de l'aveuglement. Il pourra s'en acquitter en le reprenant, en le réprimandant et en l'exhortant (2 Ti 4.2). Il ne se détournera pas de son propre engagement à dire la vérité, et il ne craindra pas ce que le disciple ou qui que ce soit d'autre pourrait en penser (És 50.6,7 ; Lu 4.23-30). Il ne sera satisfait que lorsqu'il verra son protégé vivre la liberté et la droiture de l'Évangile. Il combattra pour son bien à l'aide de paroles d'encouragement.

L'encouragement – et non l'encensement – est un exercice évangélique visant à souligner à une personne les domaines de sa vie qui sont conformes à l'Évangile et ceux où elle porte du fruit de l'Esprit. Le passage d'Hébreux 10.24 nous exhorte à veiller « les uns sur les autres, pour nous exciter à l'amour et aux bonnes œuvres ». Sam Crabtree nous offre quatre caractéristiques utiles des paroles d'encouragement. Il soutient que l'encouragement efficace est *dissocié de la correction* (pas en sandwich entre deux critiques). Il doit *couler en continu* plutôt qu'être rarement exprimé. Un encouragement de qualité est fondé sur des *commentaires honnêtes sur des traits louables*, pas sur des exagérations. Et pour finir, il est centré sur *l'œuvre de Dieu dans la vie de la personne* ; il ne s'agit pas simplement de souligner des attributs ou des habiletés extérieurs[3].

Ceux qui dirigent une Église sont des bergers. Dans 2 Timothée, on voit que Paul exerce un coaching envers Timothée dans les quatre sphères du rôle de berger.

1. Paul *connaissait* Timothée. Il l'appelait son « enfant bien-aimé » et il a évoqué la foi de sa mère et de sa grand-mère (1.2,5). Il avait une relation significative avec lui et il était conscient de ses faiblesses.

2. Paul a *nourri* Timothée avec des paroles sensées et il lui a confié l'Évangile (1.13,14).

3. Paul a *conduit* Timothée à confier l'Évangile à des hommes fidèles, qui pourraient eux aussi en former d'autres (2.2).

4. Paul a *protégé* Timothée. Dans la plus grande part de ce qu'il a écrit dans cette lettre, Paul exprime son désir de le défendre. Il priait constamment pour lui (1.3) et lui a communiqué qu'il aurait aimé passer du temps avec lui, même si ce dernier vivait des luttes (1.4). Il l'a encouragé dans sa foi grandissante et lui a conseillé vivement de combattre la peur (1.5-7). Il a protégé Timothée en lui rappelant l'espérance de l'Évangile et la souffrance que nous endurons tous comme disciples de Christ et prédicateurs de cet Évangile (1.8-14).

TROISIÈME PARTIE

LES SÉANCES DE COACHING

CHAPITRE 11

UNE CONVERSATION DE COACHING CENTRÉ SUR L'ÉVANGILE

QU'EST-CE QUE LE COACHING centré sur l'Évangile ? Fondamentalement, c'est une conversation inspirée et guidée par le message de l'Évangile. Bien que de bonnes questions soient de mise, elle inclut aussi un échange de conseils et d'instruction, des demandes de renseignements et diverses considérations. Puisqu'il s'agit d'un dialogue, le coach aura à écouter, à observer, à réagir, à interagir, à offrir des éclaircissements, à soutenir l'autre, à l'encourager et parfois à lui fournir des conseils. Un bon coach est aussi quelqu'un qui aime converser. Lorsque l'on a ce rôle envers un leader, on passe une bonne part des séances à essayer de lui poser les bonnes questions – les questions pointues ou difficiles –, mais on aura également à répondre à plusieurs de leurs interrogations. C'est à cela que ressemble une relation harmonieuse et saine. Le coaching d'un dirigeant exige que nous partagions les récits de nos succès *et* de nos échecs, de façon à lui inculquer la sagesse et les moyens pour mettre la vérité en pratique.

Plusieurs facteurs contribuent à une séance de coaching efficace. En définitive, c'est le travail du Saint-Esprit qui fait qu'une séance est réussie et qui produit les changements et la croissance dans le cœur du disciple. Cependant, le coach peut coopérer avec l'Esprit et, lui étant soumis, servir de façon pratique et pas seulement mystérieuse et théorique.

Posez de bonnes questions

Le secret pour connaître son protégé et pour découvrir dans quels domaines il lui faut grandir (habiletés, compétences, faiblesses, domaines qui nécessitent une repentance) est de poser les bonnes questions. Un coach habile dans cette discipline pourra repérer les sujets à explorer davantage. J'ai mis au point une série de questions qui aideront les coaches dans leur tâche pour connaître, conduire, nourrir et protéger le disciple dans sa vie personnelle, spirituelle et missionnelle. En voici quelques-unes (pour la série complète, voir l'appendice 4) :

LES RÔLES D'UN BERGER	VIE PERSONNELLE	VIE SPIRITUELLE	MISSION
Connaître la brebis	Comment es-tu devenu chrétien ?	Qu'est-ce que Dieu travaille dans ton cœur en ce moment ?	As-tu eu des occasions de partager ta foi ?
Nourrir la brebis	Qu'est-ce que Dieu t'enseigne en ce moment sur ton rôle de mari et de père ou d'épouse et de mère ou en tant que célibataire ?	Quelle information ou quelles ressources te seraient utiles pour ta croissance spirituelle ?	De quelles ressources as-tu besoin pour atteindre les buts que tu t'es fixés dans ton ministère ?

Conduire la brebis	De quelle manière conduis-tu personnellement d'autres membres de ta famille ?	De quelle manière Dieu te conduit-il à lui répondre ?	Quelle est la mission de ton ministère ?
Protéger la brebis	À quelles tentations es-tu exposé dans ta vie personnelle ?	Quelle priorité accordes-tu à la lecture biblique et à la prière ?	Dans quelles circonstances de ton ministère es-tu enclin à perdre du temps ?

Tableau 5 : Questions de coaching pour les rôles du berger

L'écoute est un acte de grâce et de sagesse

En plus de poser des questions, un coach compétent aura une bonne écoute. Il ne s'agit pas là d'une formalité passive du coaching. C'est plutôt un outil puissant qui lui permet de montrer au protégé qu'il se soucie de lui et de voir plus clairement ses besoins. Michael Coggin a écrit ceci sur l'importance de l'écoute d'un point de vue biblique :

Dans les Écritures, nous voyons que Jésus comprenait l'importance de l'écoute. Même à un jeune âge, il était assis avec les docteurs dans le temple, « les écoutant et les interrogeant. Tous ceux qui l'entendaient étaient frappés de son intelligence et de ses réponses » (Lu 2.46,47). L'apôtre Paul avait saisi que l'écoute exigeait un travail assidu. Lorsqu'il s'est présenté devant Agrippa, il lui a dit : « Je te prie donc de m'écouter avec patience » (Ac 26.3). L'épître de Jacques prescrit d'être « prompt à écouter, lent à parler » (Ja 1.19). Et dans les Proverbes, nous lisons : « Celui qui répond avant d'avoir écouté fait un acte de folie et s'attire la confusion » (Pr 18.13). Le mot « *écouter* » se retrouve plus de deux cents fois dans les Écritures[1].

ASTUCES POUR POSER DE BONNES QUESTIONS

1. Écoutez plus longtemps que ce que vous jugez nécessaire.
2. Utilisez les phrases : « Dites-m'en plus » et « Y a-t-il autre chose ? » pour encourager l'interlocuteur à sonder ses options et ses motifs cachés.
3. Posez principalement des questions ouvertes.
4. Posez des questions pointues.
5. Écoutez attentivement et résumez ce que l'on vous a partagé avant de poser une autre question. Dites : « Si je vous ai bien compris, vous dites que… »

Comment pouvez-vous pratiquer l'écoute dans votre séance de coaching ? Combien de temps devriez-vous passer à écouter ? À quel moment est-ce approprié de donner votre avis ou de prodiguer un conseil en vous basant sur ce que l'on vient de vous dire ? Pour ceux d'entre vous qui sont plus à l'aise de partager vos réflexions que d'écouter, cet aspect de votre relation sera sans doute le plus difficile. Pour d'autres, cet exercice s'avérera plus instinctif, mais nous aurons tous, de temps à autre, du mal à diriger notre écoute et à nous concentrer. Je crois qu'il est juste d'affirmer que nous avons tous besoin d'apprendre à écouter de manière intentionnelle.

Il y a cinq éléments-clés dans l'écoute active qui vous aideront à vous assurer d'entendre réellement ce que l'autre personne dit et à faire en sorte qu'elle le sache. À bien des égards, il ne s'agit là que des principes de « l'écoute 101 », mais cela est tout de même un bon rappel :

1. Soyez attentif. Accordez à votre interlocuteur toute votre attention et accueillez son message. Regardez-le en face, en gardant le contact visuel. Mettez de côté ce qui accapare vos pensées. Ne préparez pas mentalement votre contre-argument. Évitez les distractions dans votre environnement, incluant la lecture de vos courriels ou la navigation sur l'internet. « Écoutez » le non verbal de l'individu, le ton employé et la cadence de ses paroles.

2. Démontrez que vous écoutez. Utilisez votre langage corporel, vos gestes et votre ton de voix pour communiquer votre intérêt. Remarquez votre posture ; est-elle ouverte, accueillante ? Encouragez la personne à continuer au moyen de courts commentaires comme « oui » ou « hmm ».

3. Fournissez une rétroaction. En écoutant, votre rôle consiste à comprendre ce qui vous est dit. Il se peut que vous ayez alors à refléter ce qui est exprimé et à poser des questions. Paraphrasez de ce que vous entendez pour montrer que vous comprenez : « Ce que j'entends dans ce que tu dis, c'est… » et « Ce que tu sembles me dire, c'est… ». Posez des questions de clarification sur certains points. « Que veux-tu dire, quand tu affirmes que… » ou « Veux-tu dire que… ? » De temps en temps, résumez les commentaires de votre interlocuteur.

4. Remettez vos jugements à plus tard. Interrompre la personne est une perte de temps. Permettez-lui de terminer. Ne lui coupez pas la parole avec vos contre-arguments. L'ambiance lors du coaching favorise grandement l'exploration de nouvelles idées, même si elles n'y sont pas pleinement développées.

5. Réagissez de manière appropriée. L'écoute active communique le respect et la compréhension. Vous êtes en train d'acquérir des informations et une perspective. Vous n'y gagnerez rien si vous attaquez ou rabaissez votre interlocuteur. Soyez franc, ouvert et sincère dans vos réponses. Affirmez ce que vous pensez de façon respectueuse. Prenez soin de l'âme de l'individu avec des réponses plutôt qu'avec des réactions à ses paroles, son attitude ou ses décisions[2].

Plus vous passerez de temps à écouter et à essayer de bien comprendre la personne que vous coachez, plus vous serez étonné de constater que vos hypothèses de départ passent complètement à côté des problèmes réels du cœur. Il ne faut pas confondre l'écoute des réponses d'un individu avec le coaching centré sur le client, dont nous avons parlé auparavant. Il s'agit plutôt d'une façon de faire preuve de respect envers autrui et d'une étape nécessaire pour acquérir une juste compréhension de sa vie, de son cœur et de ses luttes. Ce n'est qu'en écoutant bien le disciple que vous pourrez le conduire et l'aider convenablement.

Lors de leur première séance, Donna, la coach d'Anna, lui a demandé de lui indiquer les trois principaux défis dans sa vie. Celle-ci a répondu que le fait de trop travailler, sa relation avec sa colocataire et son manque d'activité physique constituaient ce qui la préoccupait le plus. Donna lui a alors demandé lequel des trois serait le plus important à régler. Après avoir réfléchi un moment, Anna a répondu : « ma relation avec ma colocataire ».

Donna était en désaccord avec la conclusion de sa protégée. Elle a donc commencé à essayer de la convaincre que le vrai problème était sa tendance à trop travailler. Elle maintenait qu'il fallait plutôt se concentrer sur cela, puisque sa relation avec sa colocataire et le temps pour l'exercice physique en étaient affectés. Elle questionnait Anna sans arrêt sur l'idée qu'elle trouvait son identité dans son emploi. Finalement, quelque peu irritée, Anna a laissé échapper : « Je n'aime pas mon travail à ce point-là. Je travaille tard parce que je n'ai pas envie de rentrer pour affronter ma colocataire qui est toujours en colère après moi ! » C'est à ce moment-là que le Saint-Esprit leur a révélé à toutes les deux que le vrai problème n'était pas un excès de travail, mais plutôt une amitié mise à l'épreuve par le péché et l'amertume. En tant que coach, Donna a finalement pu saisir cela et aider Anna à se libérer de son ressentiment et des blessures dans sa relation avec sa colocataire. Par la suite, une fois que cette relation a été restaurée, l'horaire de travail d'Anna est devenu plus équilibré, puisqu'elle se réjouissait à l'idée de rentrer chez elle en fin de journée pour voir son amie.

Un autre élément important de l'écoute que l'on oublie souvent consiste à laisser au Saint-Esprit l'espace qu'il lui faut pour travailler directement dans la vie du disciple. Au moment où ce dernier traite verbalement les informations, l'Esprit peut lui révéler directement la sagesse ou l'application biblique dont il a besoin. Si vous vous accrochez trop à ce que vous présumez être le vrai problème, vous risquez de tirer une conclusion et de pousser votre protégé vers quelque chose de contraire à l'intention du Saint-Esprit.

Si le coach ne veille pas à écouter le disciple et le Saint-Esprit, et qu'il se fie plutôt à sa propre sagesse ou à sa perspicacité, il discutera sans doute de difficultés réelles sans toutefois atteindre les causes profondes auxquelles il faut appliquer la vérité de l'Évangile. Dans le réseau Acts 29, nos coachs affirment encore et encore que la chose la plus importante qu'ils ont apprise dans leur formation en coaching, c'est qu'il faut savoir écouter, et le faire beaucoup plus longtemps qu'ils ne l'auraient cru au départ.

Élaborer un plan de vie centré sur l'Évangile

En plus de poser les bonnes questions et de bien écouter, il vous sera utile, pendant vos séances, de passer du temps à élaborer un « plan de vie centré sur l'Évangile ». C'est l'un des outils les plus importants que vous pouvez mettre en œuvre dans un environnement de coaching. La plupart des gens n'ont qu'une idée vague de ce à quoi leur vie devrait servir, du moyen d'y arriver et de la façon de mesurer leurs progrès vers cet objectif. Par conséquent, ils ne vivent pas entièrement selon l'appel que Dieu a pour eux.

Certains dirigeants ressemblent un peu trop à Alice, le personnage fictif de Lewis Carroll dans *Alice au pays des merveilles*. Elle erre sans but pendant que des événements inexplicables n'ayant aucun lien entre eux lui arrivent. Lorsqu'elle rencontre le chat Cheshire, elle lui demande : « Pourriez-vous s'il vous plaît m'indiquer dans quelle direction je devrais aller maintenant ? » Le félin lui répond :

« Cela dépend beaucoup de l'endroit où vous voulez vous rendre. » Alice lui dit : « Cela m'est égal. » Ce à quoi le chat rétorque : « Alors, la direction que vous prendrez importe peu. » Les leaders d'Églises doivent avoir une idée précise de l'endroit où ils veulent aller.

Voici cinq raisons pour lesquelles il faut consigner ses objectifs par écrit.

1. Cela vous aidera à exprimer et clarifier votre appel. Qu'êtes-vous censé faire ?
2. Cela vous obligera à accorder la priorité aux aspects les plus importants de votre vie.
3. Cela vous motivera à l'action. Il est important d'écrire vos objectifs et de les réviser pour pouvoir passer à l'action.
4. C'est une défense redoutable contre la résistance, cet adversaire insidieux qui détourne votre attention de la poursuite passionnée de l'appel que Dieu vous a donné. Les buts conservés par écrit vous rappelleront de ne pas abandonner ou vous laisser distraire par les « bonnes » propositions.
5. Cela vous obligera à réviser, considérer et réécrire vos objectifs actuels, puis à retourner accomplir, avec plus de clarté et de détermination, le travail auquel vous croyez que Dieu vous appelle.

En considérant ces points dans le coaching, nous constatons qu'ils sous-entendent que les dirigeants d'Églises peuvent aider les disciples dans quatre domaines précis :

1. Comprendre *comment* Dieu les a appelés ;
2. Déterminer ce à *quoi* Dieu les appelle ;
3. Décider quelles *étapes précises* ils peuvent entreprendre pour atteindre ces objectifs ;
4. Gérer les *ressources, le temps et l'énergie* qui sont consacrés à la réalisation de ces objectifs.

Le schéma ci-dessous (diagramme 9) illustre comment ce plan de vie centré sur l'Évangile fonctionne uniformément en quatre segments. Dans de nombreuses organisations, un énoncé de mission guidera les décisions que l'on prendra et déterminera les stratégies que l'on choisira. Avec le temps, il se peut toutefois qu'une compagnie perde de vue cet énoncé et qu'elle se mette à se concentrer uniquement sur les tâches qu'elle a devant elle. On se retrouve alors souvent à faire des choses qui n'ont rien à voir avec l'énoncé de mission du départ. Quand cela se produit, une organisation, une Église, une école ou même un foyer commence à perdre de son efficacité.

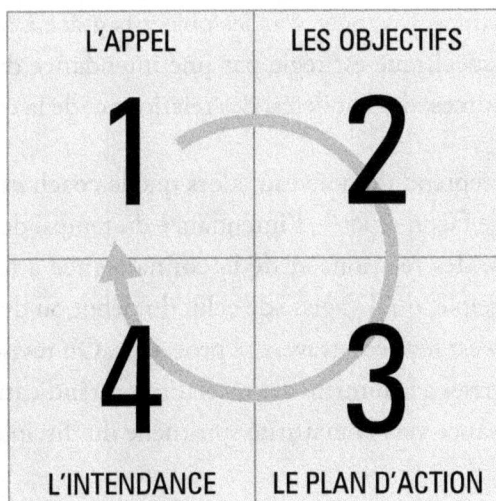

L'APPEL	LES OBJECTIFS
1	2
4	3
L'INTENDANCE	LE PLAN D'ACTION

Diagramme 9 : Plan de vie centré sur l'Évangile

Voilà pourquoi nous gardons intentionnellement les quatre segments ensemble dans un seul plan, pour que l'on voie les objectifs, les actions prévues et les ressources utilisées en lien avec l'appel – la mission à laquelle Dieu a appelé le disciple.

Ce plan tient lieu de boussole pour le disciple-dirigeant pendant son parcours avec son coach. Il progresse d'un segment à l'autre :

1. *L'appel.* Le disciple-dirigeant discerne son appel, le but ou la mission qui définit son service pour Dieu.
2. *Les objectifs.* Il s'agit ici des visées de haut niveau, de la vue d'ensemble, qu'un disciple-dirigeant identifiera et qui lui permettront de répondre à l'appel.
3. *Le plan d'action.* Ce sont des étapes précises que le disciple-dirigeant réalisera pour se rapprocher des objectifs qu'il s'est fixés.
4. *L'intendance.* Pour éviter un déséquilibre et des habitudes malsaines, l'avancée vers les objectifs grâce à un plan d'action spécifique est régie par une intendance du temps, des ressources, des habiletés, des relations et de la connaissance.

Le cycle reprend de nouveau, alors que le coach et son protégé examinent, de façon répétée, l'intendance du temps, des ressources, des habiletés, des relations et de la connaissance à la lumière de l'appel du disciple, qu'il s'agisse de celui du début ou d'une nouvelle vocation qui s'est révélée à travers ce processus. On révisera cet appel à maintes reprises à la lumière des révélations ou indications récentes et de la croissance vers la maturité spirituelle du disciple.

L'appel

Lorsqu'ils entendent parler de « l'appel de Dieu » dans la vie de quelqu'un, la plupart des gens pensent aux pasteurs, aux mission-naires ou peut-être aux enseignants ou aux théologiens. Il est rare que l'on pense au fait que *chaque* croyant est appelé au ministère, surtout si l'appel diffère du travail avec lequel il gagne sa vie. Cette compréhension limitée de l'appel de Dieu pose un problème dans l'Église d'aujourd'hui qui reflète un mensonge qu'elle est coupable de perpétuer. L'apôtre Pierre enseigne clairement que chacun des croyants a reçu du Seigneur un ou des dons ; il leur prescrit de les utiliser pour se servir les uns les autres, en bons intendants de la grâce de Dieu (1 Pi 4.10).

Pendant longtemps, on a perçu « l'appel au ministère » comme une expérience dramatique semblable à ce qu'a vécu l'apôtre Paul sur la route de Damas et Martin Luther alors qu'il voyageait vers Erfurt en 1505 où il étudiait en vue de devenir avocat. Terrifié par un gros orage, Luther s'est lié par un engagement à abandonner ses études en droit pour devenir prêtre. La grande majorité des gens dans nos Églises n'expérimentera jamais ce genre « d'appel » surnaturel.

Au lieu de voir l'appel de Dieu comme un seul événement dramatique, permettez-moi de suggérer qu'il existe deux types d'appels au ministère : un appel général pour tous les croyants et un appel spécifique pour certains. Dans mon cas, mon appel était initialement dans la première catégorie. Je suivais avec passion la mission de Dieu en le servant dans mon Église locale. Il m'arrivait d'œuvrer jusqu'à trente heures par semaine, en partageant ma foi à des adolescents. J'avais aussi un emploi à temps plein qui m'exigeait quarante-huit heures par semaine. J'ai constaté que je manquais de temps pour gagner ma vie *et* vivre ma passion de faire des disciples. Mon pasteur s'en est rendu compte et a fini par m'engager à temps complet à l'Église.

J'ai également expérimenté un appel précis de Dieu. Pendant mon temps avec le Seigneur, j'ai commencé à sentir un fardeau sur mon cœur et j'ai ressenti que le Saint-Esprit m'appelait à être pasteur dans une ville en particulier. Je n'en ai parlé à personne. Puis un jour, quelqu'un qui demeurait là-bas m'a approché pour me demander de considérer un poste d'ouvrier dans une assemblée qui avait grandement besoin d'être réimplantée. Après que j'y ai fait une visite officielle, l'Église en question m'a offert de servir comme pasteur principal et mon assemblée locale a confirmé cet appel. En 2003, avant de redémarrer cette nouvelle Église, j'ai assisté pour la première fois à une formation intensive du réseau Acts 29 à Seattle. Après plusieurs séances plénières, Eric Brown, le directeur général de l'organisme, s'est levé pour s'adresser aux quarante participants. Sur-le-champ, le Saint-Esprit m'a fait comprendre qu'il voulait que je dirige le réseau Acts 29 un jour. Je n'ai partagé cette impression à personne, même pas à ma femme. Trois ans plus tard, j'en ai obtenu la confirmation lorsqu'on m'a demandé d'accepter le poste de directeur général alors qu'on ignorait totalement que je me sentais appelé à jouer ce rôle. En recevant cette invitation officielle, il ne m'a pas été difficile de prendre une décision parce qu'elle allait dans le même sens que l'appel général que j'avais reçu de Dieu de faire des disciples, en plus de concorder avec l'appel précis du Saint-Esprit que j'avais ressenti trois ans auparavant – celui de diriger Acts 29.

Dans les deux cas, il y avait eu un appel général et un appel précis. Dans Actes 13, nous trouvons le même modèle, alors que le Saint-Esprit, présent au milieu des croyants qui adoraient Dieu et qui jeûnaient, leur a dit : « Mettez-moi à part Barnabas et Saul pour l'œuvre à laquelle je les ai appelés » (Ac 13.2). Notez premièrement le caractère *interne* de cet appel, comme s'ils avaient été mobilisés. Barnabas et Saul ne se sont pas tout simplement levés pour aller entreprendre cette vocation. L'Église locale l'a *confirmée*, après avoir prié et jeûné. Puis, elle leur a imposé les mains et les a envoyés. Le deuxième aspect de l'appel est la confirmation des dirigeants de l'assemblée. Aujourd'hui, il est courant qu'un individu annonce tout bonnement qu'il a été appelé par Dieu en privé, de façon subjective. Et il est rare que les autres le contredisent, même s'ils doutent que ce soit un véritable appel. Voilà pourquoi l'attestation de l'Église est essentielle. Bien qu'une personne puisse recevoir l'impression secrète d'un appel de Dieu, cela doit être confirmé et appuyé par l'assemblée locale et ses dirigeants. Nous voyons aussi ce modèle dans le cas de Paul (Ac 9.26-31), de Philippe (Ac 8) et de Barnabas (Ac 11.19-26). Il existe également un troisième aspect : un *contexte ou une situation* qu'il faut aborder. Dans Actes 13.2, nous lisons que Barnabas et Saul sont mis à part « pour l'œuvre à laquelle *[le*

Saint-Esprit] les *[a]* appelés ». Dans le cas de Paul, il allait devenir un missionnaire-implanteur d'Églises pour les non-Juifs.

Je ne peux aucunement nier que les pasteurs, les missionnaires, les enseignants et les théologiens peuvent recevoir un appel précis pour un ministère vocationnel. En revanche, nous ne devons pas oublier que les Églises du monde entier sont remplies de millions de croyants, doués et appelés par Dieu, qui sont ses instruments pour faire de toutes les nations des disciples. Ils sont mécaniciens, dentistes, ingénieurs en informatique, adjoints administratifs et entrepreneurs et ils ont une passion pour les sans-abris, les démunis et les toxicomanes. Bien que nous soyons tous appelés à faire des disciples, à glorifier Dieu et à porter du fruit spirituel, l'appel général de chacun de nous peut paraître différent de celui des autres. À vrai dire, 98 pour cent des gens qui exercent un ministère n'ont jamais été mis à part. Ils œuvrent en tant que commis d'épicerie, dirigeants d'entreprises, artistes et ingénieurs, mais leur appel est tout aussi valable que celui d'un pasteur ou d'un missionnaire.

J'ai entendu parler d'un homme d'affaires prospère qui a encaissé des millions avant que Dieu le sauve. Alors qu'il était un nouveau croyant avec le désir de poursuivre sa passion et implanter de nouvelles Églises, il a envisagé la possibilité de quitter son entreprise pour devenir implanteur. Son pasteur a fait preuve de sagesse lorsqu'il lui a demandé combien d'Églises il pensait pouvoir soutenir financièrement s'il demeurait dans le domaine des affaires et donnait les bénéfices de ses gains financiers pour l'implantation d'Églises. Après y avoir réfléchi, il a décidé qu'il n'était pas appelé à grossir les rangs des implanteurs infortunés – nous en avons déjà beaucoup de ceux-là – mais à subvenir aux besoins financiers de centaines d'ouvriers avec un pourcentage de ses gains. Il était effectivement *appelé* à démarrer des Églises, mais il a pu le faire en tant qu'entrepreneur, et non comme pasteur. C'est tout aussi valable que la vocation d'un pasteur à temps plein qui implante une Église.

Dieu appelle tout croyant à faire les bonnes œuvres pour lesquelles il a préparé chacun de ses enfants de façon unique : « Car nous sommes son ouvrage, ayant été créés en Jésus-Christ pour de bonnes œuvres, que Dieu a préparées d'avance, afin que nous les pratiquions » (Ép 2.10). L'idée que Dieu n'appellerait comme missionnaire que ceux qui le servent dans un ministère à temps complet est un mythe. On enseigne à tort que le rôle des laïcs est relégué à soutenir financièrement ces quelques individus spéciaux qui seraient choisis et appelés à faire le « vrai » boulot. Aujourd'hui, nous jouissons d'une belle occasion de promouvoir une compréhension renouvelée, selon laquelle *chaque* membre du corps de Christ est appelé à glorifier Dieu en œuvrant dans la mission de Dieu : « Car, comme le corps est un et a plusieurs membres, et comme tous les membres du corps, malgré leur nombre, ne forment qu'un seul corps, ainsi en est-il de Christ […] Maintenant Dieu a placé chacun des membres dans le corps comme il a voulu » (1 Co 12.12,18).

Les Écritures nous enseignent que Dieu ne fait acception de personne. Bien que tous ne sont pas égaux à tous les points de vue, chaque enfant de Dieu est d'égale importance aux yeux du Père céleste. Il a créé chaque personne unique en son genre et il appelle chacun des croyants à un ministère particulier. Ceux qui ne servent pas à temps plein ont plus à offrir que de simplement distribuer des feuillets le dimanche ou participer à un comité. La tâche d'un serviteur salarié de l'Église est de reconnaître que chaque enfant de Dieu a reçu une manifestation de l'Esprit pour le bien commun (1 Co 12.7), d'aider les saints à définir leur appel et de les équiper pour l'œuvre du ministère et l'édification du corps de Christ (Ép 4.11-16). Nous devons encourager *chaque* croyant de l'Église à servir selon son appel. La capacité de l'assemblée à avoir un impact sur la culture environnante n'est pas limitée aux habiletés de ses pasteurs ou de ses ouvriers. Plus une assemblée dépend de ceux-ci, plus les leaders bénévoles sentent qu'ils n'ont rien à offrir. Un des aspects importants du processus de coaching consiste à aider le protégé à discerner l'appel de Dieu pour sa vie, puis à l'encourager à y répondre avec passion.

Nos actions ne précèdent pas notre identité ; c'est plutôt notre identité qui précède nos actions. Qui nous sommes en Christ mène à ce que nous ferons. Lorsque nous reconnaissons que nous sommes l'œuvre de Dieu, créés en Christ, et que nous sommes les ambassadeurs élus du roi, nos actions en découlent. Cependant, en général, nous inversons cette vérité et nous comptons sur nos actions – ce que nous faisons –, pour définir qui nous sommes. Nous disons aux gens : « Je suis médecin », « Je suis avocat », « Je suis alcoolique ». Au lieu de déterminer qui nous sommes selon nos actions, Dieu nous définit comme quelqu'un qui lui appartient. C. S. Lewis a dit : « Plus nous nous débarrassons de ce que nous appelons « nous-mêmes » et laissons le Christ s'emparer de nous, plus nous devenons vraiment nous-mêmes[3]. » Lewis veut dire que comme chrétien, notre identité est intimement liée à l'appel que nous avons reçu de Dieu d'être son enfant. Elle n'est pas ancrée dans notre identité naturelle.

La majorité des gens ne savent pas *qui* Dieu les appelle à être, alors ils cherchent à découvrir *quoi* faire pour lui plaire. Par conséquent, ils vouent leur existence à ne faire que ce qui se trouve juste devant eux. Ils se préoccupent de ce qui est plus urgent ou de ce que d'autres leur disent de faire, et ainsi, ils n'accomplissent pas ce à quoi Dieu les a appelés. Tim Keller suggère que discerner notre appel comporte trois parties[4]. Les questions à se poser se rapportent à notre passion, aux personnes qui sont dans notre vie et aux endroits où nous pourrions vivre ce à quoi nous sommes appelés :

1. *La passion.* Quelle est la passion que Dieu a placée sur mon cœur ?
2. *Les gens.* Quels sont les amis fiables qui m'exhortent à répondre à cet appel ?
3. *L'endroit.* Quelles sont les occasions qui se présentent à moi pour cultiver cette passion ou pour poursuivre mon appel ?

Pendant vos séances de coaching, prenez le temps de bien réfléchir à ces questions avec le disciple-dirigeant. Faites le tour des diverses passions que Dieu a placées dans son cœur. Demandez-lui de vous partager ce que lui ont dit des amis, des membres de sa famille et des conseillers en qui il a confiance. Discutez aussi des occasions que le Seigneur a pourvues pour qu'il poursuive cette passion. Une fois que nous avons saisi ce à quoi Dieu nous a appelés, nous pouvons établir nos objectifs et le plan d'action pour accomplir ce que Dieu veut que nous réalisions pour sa gloire.

Les objectifs

Les objectifs sont ces « gros » morceaux qu'un dirigeant doit accomplir pour remplir la mission que Dieu lui a donnée avec la communauté de croyants qu'il a placés à ses côtés. C'est souvent là qu'un coach pourra aider un disciple à acquérir un peu de clarté en priorisant les objectifs nécessaires pour répondre à l'appel de Dieu.

Un jour, une dame a dit à l'un de nos coachs associés qu'elle sentait qu'un de ses objectifs était d'organiser le bureau de l'Église pour plus d'efficacité et de productivité. Le problème, c'est qu'on lui avait assigné la responsabilité de la gestion des petits groupes. S'il est important que les bureaux de l'Église soient fonctionnels, son appel premier n'avait rien à voir avec cet objectif. Jésus-Christ a mandaté chacun d'entre nous à faire « de toutes les nations des disciples, les baptisant au nom du Père, du Fils et du Saint-Esprit, et *[à leur enseigner]* à observer tout ce *[qu'il nous a]* prescrit » (Mt 28.18-20). À la lumière de cet appel que Dieu a adressé à tout croyant, il nous faut déterminer précisément de quelle manière il veut que nous fassions des disciples. Est-ce à travers la musique, les activités sportives, l'implantation d'Églises ou en servant les itinérants ? Savoir quel est notre appel nous aidera à fixer nos objectifs, que ce soit des objectifs à long terme ou de petites étapes à court terme qui cumulés, nous permettront d'atteindre des buts plus étendus.

Par exemple, un homme se sentira peut-être appelé à implanter une Église à San Francisco. Son appel, attesté par sa passion pour les perdus dans cette ville, appuyé par ses proches et confirmé par sa position actuelle – les occasions qui se présentent à lui en ce moment – détermineront son objectif. Il pourra tout de même avoir à compléter une série d'objectifs à brève échéance avant d'atteindre celui qu'il s'est fixé à long terme. Peut-être sentira-t-il le besoin de se marier, d'amasser des fonds, de terminer ses études ou de déménager dans cette région. Il lui faudra déterminer les buts à réaliser sous peu, ce que l'on désigne aussi comme « objectifs opérationnels », afin d'atteindre ceux qui s'étendent sur une plus longue période. Ce qui importe le plus, c'est qu'il le fasse en se basant sur l'appel qui vient de Dieu.

Je décris souvent les objectifs comme de « gros seaux » que Dieu a confiés à chacun de nous pour que nous les portions pendant notre pèlerinage sur terre. Pour compléter notre parcours, nous devons intentionnellement consacrer la plus grande part de notre temps et de notre énergie au transport de ces quelques récipients. Lorsque nous commençons à manier des seaux qui ne servent pas à réaliser l'appel de Dieu, nous négligeons ceux qui font avancer nos gros objectifs. Ainsi, plutôt que de bien accomplir une ou deux tâches, nous essayons d'en exécuter plusieurs. Cela ne produit que des résultats médiocres, avec peu de fruits pour le royaume de Dieu. Éviter ce à quoi Dieu l'appelle est la pire chose qu'un individu peut faire. Voilà pourquoi il est tout aussi important de repérer les seaux dont on *ne doit pas tenir compte* que de trouver ceux sur lesquels il faut se concentrer. Une fois que vous avez établi sur quels seaux Dieu vous appelle à vous focaliser, vous commencez à les remplir grâce à votre plan d'action. Ce faisant, il faut garder en tête Proverbes 16.9 : « Le cœur de l'homme médite sa voie, mais c'est l'Éternel qui dirige ses pas. » L'Esprit avait contrecarré les plans que Paul s'était faits à l'origine, quand il a reçu l'appel de la Macédoine (Ac 16.6-10). Les objectifs sont nécessaires, mais il vaut mieux être appelé. Les objectifs sont souvent entravés et il faut les soumettre à l'appel.

Un coach peut maintenir l'attention du disciple-dirigeant sur les objectifs essentiels qui sont nécessaires pour répondre à l'appel de Dieu. Certains leaders ne manqueront pas de vision et de rêves, ils se fixeront des buts grandioses, mais échoueront dans la mise en œuvre stratégique ou le plan d'action. L'ambition sans exécution mène à la frustration et à l'apathie. Voilà pourquoi le prochain segment est nécessaire. Le disciple doit élaborer un plan d'action précis pour atteindre les objectifs qu'il s'est fixés en réponse à l'appel de Dieu.

Le plan d'action

L'appel détermine l'objectif, mais un plan d'action est nécessaire pour atteindre ce dernier. Trop souvent, on se concentre sur les choses à faire qui se trouvent droit devant soi et l'on perd la connexion avec les buts et l'appel de Dieu sur sa vie. Les grandes entreprises engagent des équipes de gestion stratégique pour évaluer leur commerce en ce qui concerne leur mandat, leur vision et leurs objectifs. Le coaching applique ce même principe en consolidant le plan d'action qui est directement relié à la réalisation des objectifs de la mission. Nos disciples-dirigeants bénéficient d'une supervision régulière qui détermine s'ils atteignent de manière efficace les objectifs que Dieu les a appelés à remplir.

Une mère au foyer avec trois jeunes enfants aura peut-être pour objectif d'y maintenir un semblant d'équilibre mental. Elle les nourrit consciencieusement et leur fournit un stimulus éducatif ainsi que des occasions de se divertir. Elle veille à leur santé au moyen d'une hygiène adéquate et de médicaments s'il y a lieu. Elle passe seize à dix-huit heures par jour au service de ses enfants, de sa maison et de son mari. Mais au fond de son cœur, elle est misérable, déprimée et presque toujours fatiguée. Il se peut qu'elle soit tout simplement désorganisée, ou encore qu'il lui manque un plan d'action pour prendre soin de ses enfants à la maison, c'est-à-dire des étapes claires basées sur son objectif et déterminées par son appel. L'objectif qu'elle poursuit par défaut, lorsqu'elle manque d'intentionnalité, est peut-être simplement de survivre, alors qu'elle devrait plutôt chercher à atteindre l'objectif qui coïncide avec son appel d'élever des enfants consacrés qui aiment Dieu, qui le servent et qui le glorifient. Elle sera sans cesse frustrée si elle ne réussit pas à relier les tâches ingrates de son plan d'action à son appel. Voilà pourquoi il nous faut réviser régulièrement notre plan d'action, afin de demeurer fidèles dans ce que Dieu veut pour nous. Un coach centré sur l'Évangile aidera un disciple-dirigeant en le guidant pas à pas dans ce processus.

L'intendance

Un leader s'enlise lorsqu'il manque de temps, de ressources, d'énergie, d'idées, de connaissances, de compétence ou de motivation. En général, quand cela se produit, il commencera à se concentrer sur ce qui lui fait défaut. Pour accomplir ce à quoi Dieu l'a appelé, il doit recourir, sa vie durant, à une intendance qui sert son appel. Certains individus font preuve d'une discipline personnelle remarquable, mais ils s'en servent uniquement pour servir leurs préférences, les idoles de la sécurité et du confort qu'ils se sont fabriquées. L'Évangile nous rappelle que nous sommes des intendants et que tout ce que nous possédons est un cadeau de la grâce imméritée de Dieu. Ainsi, nous sommes gérants des biens de quelqu'un d'autre. Les Écritures nous enseignent à maintes reprises que « nos » dons, « nos » compétences, « notre » passion, « notre » connaissance, « nos » habiletés et « notre » appel nous ont été confiés par Dieu dans le but de le glorifier dans tout ce que nous faisons.

- « toute grâce excellente et tout don parfait descendent d'en haut, du Père des lumières, chez lequel il n'y a ni changement ni ombre de variation » (Ja 1.17).
- « Du reste, ce qu'on demande des dispensateurs, c'est que chacun soit trouvé fidèle » (1 Co 4.2).

- « Soit donc que vous mangiez, soit que vous buviez, soit que vous fassiez quelque autre chose, faites tout pour la gloire de Dieu » (1 Co 10.31).
- « Et quoi que vous fassiez, en parole ou en œuvre, faites tout au nom du Seigneur Jésus, en rendant par lui des actions de grâces à Dieu le Père » (Col 3.17).

Peut-être avez-vous remarqué que j'emploie le concept de l'intendance d'une manière quelque peu différente de ce que font plusieurs. Comme nous l'avons vu, l'appel que nous recevons de Dieu nous pousse à établir des objectifs par lesquels nous cherchons à mener à bien la mission qu'il nous a confiée, et ce, avec son peuple. Ces objectifs donnent alors lieu à un plan d'action, et nous voulons maintenant nous entretenir sur *la façon de le mettre en œuvre en ayant la mentalité d'un intendant.* L'intendance n'est pas seulement une question d'argent dépensé. Elle implique que l'on prenne des décisions réfléchies dans toutes les sphères de notre existence : notre temps, nos ressources, notre énergie, notre cheminement avec Dieu, notre santé, notre vie conjugale, notre famille, nos finances, notre carrière ainsi que nos dons et nos capacités. L'appel que nous avons reçu de Dieu nous incite à avoir une approche d'intendance pour la vie entière. En fait, une administration fidèle de notre vie est l'un des fruits les plus évidents d'un plan de vie centré sur l'Évangile, pour la gloire de Dieu.

L'intendance s'avère plus qu'une simple gestion. Il s'agit d'investir tous les domaines de notre vie en réponse à la Bonne Nouvelle. L'apôtre Pierre affirme ce qui suit :

Comme de bons dispensateurs des diverses grâces de Dieu, que chacun de vous mette au service des autres le don qu'il a reçu. Si quelqu'un parle, que ce soit comme annonçant les oracles de Dieu ; si quelqu'un remplit un ministère, qu'il le remplisse selon la force que Dieu communique, afin qu'en toutes choses Dieu soit glorifié par Jésus-Christ, à qui appartiennent la gloire et la puissance, aux siècles des siècles. Amen ! (1 Pi 4.10,11.)

L'intendance de toute une vie implique que nous prenions de sages décisions en vue d'utiliser le plus efficacement possible les occasions qui se présentent à nous pour la gloire de Dieu.

Une telle gestion signifie que nous éliminerons de notre quotidien les distractions qui nous empêchent de réaliser les objectifs divins. Dans mon bureau, j'ai affiché bien en vue une échelle d'acuité visuelle. Elle attire presque immédiatement l'attention des gens, parce qu'ils supposent, avec raison, que je ne suis *pas* optométriste. Quand ils m'interrogent à ce propos, et c'est habituellement le cas, je leur parle du fait qu'il faut voir le « gros E » avant de poursuivre en descendant d'une ligne à l'autre pour lire les lettres qui sont de plus en plus petites. Je leur partage comment cette affiche me rappelle que mon « gros E », c'est d'amener les Églises à en implanter d'autres. Je ne dois donc pas m'efforcer de déchiffrer autre chose avant que cette priorité soit bien faite. S'ils démontrent encore de l'intérêt (ou plutôt, puisqu'ils me fixent d'un regard inexpressif), je leur demande quel est leur « gros E ». À vrai dire, il faut du cran pour cesser de faire certaines choses dans le but de mieux faire autre chose. L'intendance implique d'ignorer volontairement certains éléments, de manière à garder en vue l'objet principal sur lequel Dieu nous appelle à nous concentrer. Il faut repérer ce qui dérobe nos ressources, nuisant ainsi à la réalisation de l'appel divin. Jésus veut que nous soyons une lumière qui brille pour lui afin que tous puissent le voir et rendre gloire à Dieu (Mt 5.16). On peut étaler mille lampes distinctes sur une route longue d'un kilomètre, ou bien on peut réunir la même quantité d'énergie dans un seul rayon laser pour accomplir quelque chose de significatif. Dieu nous a remis des dons pour que nous en disposions pour sa gloire et le bien d'autrui (Mt 25.14-30). Nous aurons à rendre des comptes pour la manière dont nous aurons géré ce qui nous a été confié ; il nous faut donc éviter de gaspiller ces dons par notre manque d'attention.

Les coachs peuvent aider les disciples-dirigeants à devenir de bons intendants dans les domaines suivants de leur quotidien. Ils pourront ainsi atteindre de façon stratégique les objectifs auxquels Dieu les a appelés :

1. Les habiletés. Dieu a confié à chacun de nous des habiletés spécifiques, que ce soit sur le plan physique, intellectuel, émotionnel ou relationnel. Paul a rappelé à Timothée de ne pas négliger le don qui lui avait été donné et d'en ranimer la flamme (1 Ti 4.14 ; 2 Ti 1.6). Nous devons coacher les disciples-dirigeants de façon à ce qu'ils reconnaissent leurs capacités distinctes et qu'ils apprennent à bien les gérer.

2. Les connaissances. En général, les gens ne savent pas quoi faire des connaissances que Dieu leur a données. Par conséquent, ils ne les gèrent pas en fonction de l'appel particulier qu'ils ont reçu. Nous ne sommes pas appelés à accumuler du savoir et de l'expérience, mais plutôt à les investir dans les autres pour la gloire de Dieu.

3. L'argent. Dieu a confié des ressources financières à chacun d'entre nous. Dans les Évangiles (Mt 25.14-30 ; Lu 19.12-27), Jésus relate la parabole des talents où le maître ne juge pas ses trois serviteurs en se basant sur le montant d'argent qu'il leur avait laissé, mais plutôt sur la façon dont ils ont utilisé cette somme pour l'avancement de son royaume. J'ai bien peur que la plupart d'entre nous agissent comme celui qui n'avait reçu qu'un talent et qui n'a pas fait fructifier ce qui lui avait été confié. Les deux premiers serviteurs ont tôt fait d'investir l'argent de leur maître. Ils ont donc été récompensés, comme « bons et fidèles serviteurs », par une responsabilité accrue et en entrant dans la joie de leur maître. Je remarque que de trop nombreux dirigeants d'Églises dépensent leur argent, mais ne la gèrent pas en tenant compte de l'appel sur leur vie entière.

4. Les relations. Selon Jésus, le deuxième plus grand commandement est d'aimer son prochain comme soi-même (Mt 22.37-39). Bien sûr, aimer Dieu est le premier. Une des façons d'aimer les gens consiste à aller faire de chaque nation des disciples ; les servir en est une autre.

Jésus a incarné cela durant sa vie sur terre. Il a proclamé la Bonne Nouvelle en démontrant de la compassion et de l'amour. Il a également servi les gens, démontrant ainsi la grâce de Dieu. Un coach centré sur l'Évangile aidera le disciple-dirigeant à être un bon intendant de ses relations (cela inclut les relations d'autorité) et à les utiliser pour la gloire de Dieu. Il l'encouragera aussi à rétablir celles qui sont brisées.

5. *Le temps.* Toutes les personnes que j'ai coachées ont connu des difficultés dans la gestion de leur temps. Contrairement à chacune des autres ressources, tous disposent du *même* nombre d'heures : 168 par semaine. Le problème, c'est que nous tentons de gérer notre horaire plutôt que d'exercer l'intendance de notre temps en considérant notre appel. Le problème n'est jamais un manque de temps, mais plutôt l'intendance et les priorités. On ne peut pas gérer le temps, on ne peut que *l'investir*. Par exemple, si je sais que Dieu m'appelle à la vocation de pasteur d'une Église, je dois consacrer quarante à cinquante heures par semaine au service de cette assemblée. Il me faut également soupeser les autres domaines auxquels Dieu m'a appelé. S'il m'a aussi appelé à être un époux, un écrivain, un parent ou toute autre fonction (coach de football, dirigeant d'un petit groupe, et ainsi de suite), je dois en tenir compte dans l'intendance de mon temps, pour la gloire de Dieu. Je ne peux pas tout faire. Je dois donc m'investir premièrement là où Dieu m'a appelé. Dans mon coaching auprès des hommes, le problème a généralement trois facettes : ils pensent pouvoir accomplir plus de choses qu'ils n'en sont réellement capables, ils ne sont pas stratégiques pour investir le temps qu'ils ont dans la poursuite de leurs objectifs et ils ne comprennent pas bien l'appel que Dieu a pour leur vie.

L'intendance du temps

Il semble que l'intendance du temps dans la vie d'une personne constitue l'un des domaines les plus difficiles à développer avec sagesse. Le temps doit être au service de l'appel qu'elle a reçu. L'appel ne peut être au service du temps. Selon la théorie traditionnelle de la gestion du temps, en agissant de manière plus efficace, on en vient à prendre le contrôle de sa vie, ce qui conduirait à l'épanouissement personnel. Mais une plus grande efficacité n'aidera pas nécessairement à atteindre les objectifs que l'on s'est fixés pour accomplir l'appel divin. En revanche, il peut être utile de se poser les questions suivantes :

1. Quels sont les objectifs que j'ai établis ?
2. Qu'est-ce que je fais réellement de mon temps ?
3. Quelle est la chose la plus importante que j'ai à faire dans ma vie ?
4. Quels éléments puis-je éliminer de ma vie parce qu'ils sapent le temps que je devrais consacrer aux choses les plus importantes ?

La plupart des leaders chrétiens n'ont jamais été outillés dans les rudiments d'une bonne intendance du temps. Pourtant, dans le monde des affaires, il est rare que l'on ne possède pas une habileté de base dans ce domaine. Les sociétés telles que Hewlett-Packard, Ford, Coca-Cola et IBM dépensent des centaines de milliers de dollars chaque année pour que leurs employés soient formés dans les fondements de la gestion du temps. Certains dirigeants d'Églises s'entêtent à s'opposer à cela et considèrent que ce sont des outils non bibliques. Mais examinez ce qu'il en coûte lorsque l'on ne gère pas bien son temps et sa vie. La liste pourrait inclure les choses suivantes :

1. La perte d'une croissance personnelle (spirituelle, émotionnelle, physique, académique) ;
2. La perte de créativité ;
3. La perte de perspective (empressement, précipitation, adrénaline, rage) ;
4. La perte de productivité ;
5. La perte de moments en famille ;

6.   La perte du temps qui sert à honorer Dieu ;

7.   La perte de la réalisation de notre appel.

Certains experts nous disent que notre planète passe par une grave crise énergétique, alors que d'autres nous affirment qu'il existe de nombreuses sources d'énergie que l'on n'a pas même commencé à exploiter. Tout cela semble se réduire à la façon dont nous utilisons ou non nos vastes ressources d'énergie. Il en va de même pour bien des gens dans l'Église. Ils passent par une grave crise d'énergie dans leur vie. Certains d'entre eux continuent d'en faire plus, de travailler plus fort, mais ils accomplissent moins de choses et ils se sentent à bout de forces. D'autres oscillent entre des périodes de très grande forme et des moments où ils n'ont plus du tout d'énergie. Certains leaders sont constamment épuisés et déprimés. L'expert en affaires Peter Drucker a dit qu'il n'a jamais vu un cadre, quel que soit son poste, qui ne soit pas capable de se débarrasser de 25 pour cent des demandes qui grugent son temps, sans que personne ne s'en rende compte. Autrement dit, la plupart d'entre nous devraient pouvoir éliminer le quart de ce que nous faisons sans que cela produise un effet néfaste sur notre travail.

Afin d'explorer différentes façons d'exercer une bonne intendance de notre horaire, examinons sept éléments externes et six éléments internes qui nous font perdre du temps.

L'INTENDANCE DE L'ÉNERGIE PERSONNELLE

Il pourrait être utile de vérifier « l'intendance de votre énergie personnelle ». Évaluez-vous honnêtement en vous accordant la cote de 1 à 5 pour chaque question (1 = jamais ; 2 = rarement ; 3 = parfois ; 4 = souvent ; 5 = toujours). Un résultat de plus que 35 points signifie qu'il y a de quoi s'inquiéter à propos de l'intendance de votre énergie.

1. Est-ce que mes émotions sont dictées par mon énergie personnelle ?
2. Ma vie carbure-t-elle à l'énergie que je soutire d'autres personnes vivifiantes ?
3. Ma vie carbure-t-elle à l'énergie de crise (manque de sommeil, heures supplémentaires) ?
4. Mon énergie au quotidien provient-elle de dépendances (caféine, sucre) ?
5. Y a-t-il des gens ou des projets dans ma vie qui drainent mon énergie ?
6. Mon réservoir d'énergie est-il constamment vide ?
7. Lorsque j'entreprends un projet, ai-je de la difficulté à me concentrer ?
8. Est-ce que je manque de motivation pour me lever le matin ?
9. Est-ce que je redoute les relations qui exigent des efforts supplémentaires ?
10. Est-ce que je perds du temps dans des activités insignifiantes ?

Sept éléments externes qui nous font perdre du temps

1. Les interruptions personnelles. C'est l'un des premiers éléments qui nous font perdre du temps et que l'on rencontre souvent. Comment pouvons-nous exercer une intendance efficace qui nous fera éviter ces interruptions ? Premièrement, soyez ferme. Lorsque quelqu'un vous demande si vous avez « deux minutes », informez-vous du sujet dont ils veulent s'entretenir et voyez si quelqu'un d'autre pourrait leur répondre. Réservez de longues périodes pour vous concentrer sur les choses les plus importantes de votre vie. Si vous travaillez dans un bureau avec d'autres personnes, entendez-vous sur des « heures silencieuses » pendant lesquelles vous ne vous interromprez pas l'un l'autre.

2. Les appels téléphoniques et les messages textes. Apprenez à établir une heure pour les retours d'appels et utilisez, si possible, une boîte vocale. Si vous avez un téléphone cellulaire, cela représente un défi encore plus grand. Autrefois, une réceptionniste pouvait filtrer les appels et prendre les messages. Aujourd'hui, avec la messagerie texte, Skype et les innombrables personnes qui ont notre numéro de téléphone cellulaire, on est tenté de prendre chaque appel et de lire immédiatement chaque message texte. Prenez conscience que vous devrez surmonter un sentiment de culpabilité lorsque vous laisserez sonner votre appareil.

3. Le filtrage du courrier électronique. En plus des appels téléphoniques et des messages textes, la plupart d'entre nous avons chaque jour à affronter une multitude de messages électroniques. Utilisez les outils de votre service de messagerie pour dépister les messages indésirables. Désabonnez-vous des messages que vous ne voulez plus et planifiez deux ou trois périodes par jour pour lire votre courrier électronique et y répondre. Puis, restez fidèle à ce plan. Le travail constant qu'exige le flot de messages détourne votre attention et vous empêche d'être productif. Lorsque vous vous attelez à cette tâche, apprenez à utiliser la règle des deux minutes : s'il vous est possible de vous acquitter d'un courriel en deux minutes ou moins, faites-le ; sinon, classez-le et prévoyez un autre moment pour vous en occuper. Vous n'aurez besoin que de deux dossiers pour gérer votre courrier : un dossier « Répondre », pour ceux dont le retour vous exigera plus de deux minutes, et l'autre « Courrier », pour tous ceux que vous devez absolument conserver, qu'ils soient entrants ou envoyés. Ne soyez pas un collectionneur compulsif de messages ; il vous sera ainsi plus facile de retrouver ceux dont vous avez besoin. Supprimez tout autre message et efforcez-vous d'avoir une boîte de réception vide à la fin de chaque journée.

4. Les alertes de messages et la sonnerie du téléphone. Permettez-moi de vous suggérer de désactiver la fonction d'alertes de votre messagerie, pour éviter de vous déconcentrer. Lorsque vous vous affairez sur un projet important, éteignez la sonnerie de votre téléphone, fermez la porte de votre bureau et mettez-y une affiche où l'on peut lire : « Je travaille avec un échéancier serré. Je serai libre à partir de 15 h 15. »

5. *La capacité de concentration.* Nous devons apprendre à nous concentrer. Certains utilisent de la musique instrumentale ou du bruit blanc pour tranquilliser leurs pensées pendant qu'ils travaillent. Portez des écouteurs pour neutraliser les bruits dans un endroit animé. Disposez votre espace de travail de manière à tourner le dos aux passants, si vous êtes facilement déconcentré.

6. *Les médias sociaux.* Voilà un élément de distraction de plus en plus commun de nos jours. Twitter et Facebook ont ajouté un nouvel accès à la vie des leaders qui peut provoquer des interruptions constantes. Ces outils sont un portail important dans la communication et le leadership, mais ils viennent avec une pression supplémentaire de réagir aux publications et aux mises à jour des autres. Apprenez à être proactif dans votre utilisation de ces médias, au lieu de réagir à tous les commentaires sur votre page. Employez-les comme outils, plutôt que comme une porte ouverte aux interruptions. Personnellement, je réserve un total de cinq minutes par jour pour Facebook et deux minutes pour Twitter.

7. *Vos cycles d'énergie quotidienne.* Soyez conscients de la façon dont votre charge de travail affecte votre niveau d'énergie et choisissez le meilleur moment de la journée pour vous attaquer à un projet important. Dans mon cas, chaque matin jusqu'à midi est destiné à la réflexion et au remue-méninge, parce que ce sont les heures durant lesquelles je suis au sommet de ma forme mentale. Je garde les après-midis pour les activités plus relationnelles, telles que répondre aux courriels et aux occasions de coaching, ainsi que participer à des réunions. Il vous faudra bien connaître votre cycle d'énergie.

Six éléments internes qui nous font perdre du temps

En plus des sept éléments externes, il y a six facteurs internes qui nous affectent dans l'intendance de notre temps :

1. La réticence à déléguer. Cet élément est particulièrement courant chez les jeunes leaders qui peuvent être piégés facilement dans l'impression qu'ils doivent tout faire eux-mêmes. À vrai dire, Dieu vous a outillé pour exceller dans certaines choses, et dans les domaines où vous êtes moins habile, il pourvoit généralement à d'autres individus pour faire ces tâches. Vous pouvez facilement gaspiller du temps lorsque vous évitez de déléguer ou quand vous déléguez une responsabilité sans accorder l'autorité nécessaire pour effectuer le travail sans que vous ayez à y contribuer ou à l'approuver.

2. La « tyrannie de l'urgence ». Certains jeunes leaders ont l'impatience inscrite dans leurs gènes. Lorsqu'ils ont une idée, ils croient qu'elle doit être mise en œuvre immédiatement. Il n'est pas nécessaire de répondre tout de suite, ni même, dans certains cas, de répondre tout court, à tous les courriels. Toutes les demandes qui se présentent ne doivent pas obligatoirement être traitées. Un bon leadership implique d'apprendre à filtrer correctement tous les bruits autour de vous : les plaintes, les courriels, les interruptions, les exigences et même les occasions de s'amuser. Charles Hummel fournit de sages instructions dans son livre sur le sujet :

> Bien des tâches importantes n'ont pas à être faites aujourd'hui, ni même cette semaine [...] Mais souvent, certaines choses urgentes, mais moins importantes, exigent une réponse immédiate. Des demandes sans fin ajoutent une pression à toute heure du jour [...] L'attrait de ces requêtes semble irrésistible, et elles engloutissent notre énergie. Toutefois, à la lumière de l'éternité, leur importance momentanée s'estompe. Avec un sentiment de défaite, nous nous souvenons des tâches prioritaires qui ont été mises de côté. Nous constatons alors que nous sommes devenus esclaves de la tyrannie de l'urgence[5].

3. La procrastination. On ne devrait pas être surpris que la procrastination se classe aux premiers rangs dans la liste des éléments qui nous font perdre du temps. On évitera souvent volontairement les tâches moins plaisantes. Les gens qui ont l'habitude de remettre les choses à plus tard deviennent fréquemment sujets aux interruptions et trouvent même le moyen de les provoquer.

4. Le perfectionnisme. D'un autre côté, une tendance au perfectionnisme peut également devenir problématique. Au lieu de remettre un projet à plus tard, on finit par investir beaucoup trop de temps dans certaines tâches. Bien que nous devions tous nous engager à rechercher l'excellence, il arrive que nous allions trop loin et que nous y perdions un temps précieux en négligeant des domaines plus critiques. Certains individus ont une obsession pour la perfection, et ils ont donc beaucoup de mal à considérer qu'un projet est « terminé ».

5. Le manque de planification. C'est là une autre raison fréquente pour laquelle on perd du temps. Les bons dirigeants doivent apprendre à planifier. Je suggère toujours à ceux que je coache de réserver les périodes suivantes pour la planification :

- Chaque jour (30 minutes)
- Chaque semaine (1 heure)
- Chaque mois (1/2 journée)
- Tous les trois mois (1 journée)
- Chaque année (2 à 3 jours)

La planification des objectifs et du plan d'action élaborée en blocs distincts dans l'horaire aide à fixer un échéancier et peut constituer un excellent moyen de se responsabiliser dans l'atteinte de ses buts.

1. L'APPEL	2. LES OBJECTIFS
Quelle passion particulière Dieu a-t-il placée dans votre cœur ?	Sur quels objectifs devez-vous vous concentrer pour répondre à l'appel de Dieu ?
Selon vous, à quoi Dieu vous appelle-t-il ? Comment le savez-vous ?	• Des objectifs personnels • Des objectifs spirituels • Des objectifs missionnels
Qui a confirmé cet appel ?	
4. L'INTENDANCE	**3. LE PLAN D'ACTION**
De quelle façon exercerez-vous l'intendance de toute votre vie pour entreprendre les actions nécessaires ?	Quelles actions sont nécessaires pour atteindre les objectifs ci-dessus ?
• Le temps • Les finances • Les relations • Les habiletés (cérébrales, physiques, etc.)	

Diagramme 10 : Plan de vie centré sur l'Évangile (revu)

6. L'absence d'un plan de vie centré sur l'Évangile. Le manque de planification est étroitement lié au problème dont il a été question tout au long de ce chapitre : l'absence d'un appel clair, d'objectifs inspirés et associés à l'appel, ainsi que d'un plan d'action précis dont l'intendance est bien exécutée. Il se peut que cela soit là l'élément qui fait perdre le plus de temps, mais il est aussi le plus facile à ignorer. Voilà pourquoi je mets au défi tous les coachs et tous les disciples-dirigeants à passer du temps à élaborer un plan de vie centré sur l'Évangile.

CHAPITRE 12

CINQ PHASES PRATIQUES DE LA SÉANCE DE COACHING

MAINTENANT QUE le fondement du coaching biblique est en grande partie posé, il nous reste à examiner la séance de coaching en elle-même. Les moments que vous passez ensemble devraient représenter le prolongement de votre théologie, qui s'exprime de manière pratique dans le but de générer des disciples en santé ainsi que des Églises saines qui se reproduisent. Nous suggérons l'utilisation de l'acronyme CROIS pour vous aider à vous remémorer le déroulement de la conversation de coaching. Il possède également un atout : rappeler au coach de rester connecté à l'Évangile, le verbe croire étant un élément-clé de cette Bonne Nouvelle.

En suivant ce modèle, la séance comportera cinq phases :

- **C** – Connexion
- **R** – Révision
- **O** – Objectifs
- **I** – Initiatives stratégiques
- **S** – Supplications et Saint-Esprit

Si l'on compare une séance de coaching d'une durée de quarante-cinq à soixante minutes, qui se déroule toutes les deux semaines ou une fois par mois, à une randonnée pédestre, les deux doivent commencer au début d'un sentier. Le point de départ représente le moment où le coach et le disciple engagent la conversation et décident de la destination de cette rencontre. Ils doivent la choisir tôt pour que leur temps ensemble soit profitable. Il n'est pas obligatoire d'arriver à chaque séance à un but final dans les délais fixés. Toutefois, si l'on n'établit pas où l'on veut se rendre, la séance de coaching ira dans tous les sens et manquera de direction.

Ces points d'arrivée peuvent être simples ou complexes, aussi simples que de monter un programme d'entraînement pour les six prochains mois et aussi complexes que l'implantation d'une nouvelle Église à mille kilomètres de chez soi dans les douze mois suivants. La « destination » de la rencontre pourrait être l'un des objectifs du disciple-dirigeant pour sa vie personnelle, spirituelle ou missionnelle. Le trajet que l'on suivra pendant cet entretien comportera sans doute plusieurs virages, alors que l'on examinera des idées et des concepts et que l'on affrontera des défis. Tout au long de la route, l'Évangile constituera la ligne directrice, alors que le coach abordera les idées et les questions qui feront surface au cours de la conversation à travers les lentilles du message de l'Évangile. Il ne cherchera pas simplement à mener le protégé le plus rapidement possible vers la réussite de son objectif, mais il assumera envers lui le rôle de berger. Tous deux auront toujours besoin d'identifier un ou deux objectifs clairs pour leur séance de coaching. Comme vous pouvez le voir (diagramme 11), le panneau près des montagnes indique l'objectif de la rencontre, c'est-à-dire la destination vers laquelle nous nous dirigeons ensemble.

Dès le stationnement (le point de départ de la randonnée), le coach cherchera à connaître son protégé. Puis, selon la conversation qu'ils auront eue, il tentera de le conduire vers les buts sur lesquels ils se sont mis d'accord, tout en lui disant la vérité avec amour (Ép 4.15). En parcourant le sentier, ils abordent les questions, les problèmes et les défis du disciple, puis le coach lui offre des principes bibliques pour nourrir son aspiration à faire la volonté de Dieu. Pour finir, il le protège en l'empêchant de choisir des pistes qui pourraient nuire à sa poursuite de l'appel que Dieu lui a donné. Il pourvoit, en quelque sorte, à un garde-fou. C'est ici qu'il le réprimande, l'appuie, le reprend et l'encourage dans sa poursuite de l'appel de Dieu. Dans les séances de coaching qui suivront, il protègera le disciple en le tenant redevable de ses choix en accord avec l'appel de Dieu sur sa vie.

Diagramme 11 : Le trajet du coaching illustré

Comme dans toute randonnée, on découvre de nouveaux sentiers et l'on en discute. Il peut être sage, à certains moments, de s'arrêter pour se reposer le long de la route. En ces occasions, peut-être faudra-t-il explorer et examiner d'autres aspects de la vie du protégé. Il est possible que l'entretien ait exposé un péché qui sommeillait en lui avant la rencontre. Dans de telles circonstances, il est préférable de cesser de poursuivre les objectifs pour en créer un nouveau qui consiste à aborder la question de ce péché avant de continuer. Sur ces entrefaites, il peut être approprié de s'arrêter pour se nourrir de vérités spirituelles, pour étudier un passage des Écritures ou pour encourager le disciple sur ce parcours.

La boussole ou le GPS de l'individu est son plan de vie centré sur l'Évangile. Il contrôle son appel, ses objectifs, son plan d'action et son intendance. Il se peut qu'il faille y avoir recours à divers moments durant la randonnée. Autrement dit, gardez toujours cette boussole à portée de main pour vous guider et éviter de dévier du sentier qui mène à votre objectif.

C – Connexion

Comme nous l'avons souligné à maintes reprises, d'entrée de jeu, toute séance de coaching biblique implique une connexion. Le coach et le disciple doivent établir un lien de trois manières essentielles : l'un avec l'autre, avec l'Évangile et avec le Saint-Esprit.

Connecter l'un avec l'autre

Un berger doit apprendre à connaître ses brebis. Le coach et son protégé doivent développer une bonne relation pour obtenir de véritables résultats. Permettez-moi d'insister : il se peut qu'une bonne relation soit le critère numéro un pour un coaching réussi. Au début, le coach devra mettre bien des efforts pour établir ce contact. Il se soucie du disciple en tant que personne, pas uniquement en tant que professionnel. Pour y arriver, il doit poser de bonnes questions et bien écouter les réponses, puisque l'individu devant lui est cohéritier de la grâce de Dieu. Un coach centré sur l'Évangile interrogera son protégé sur les trois principaux aspects de la vie d'un disciple de manière relationnelle. Utilisez les questions dans ce livre et passez au moins les cinq premières minutes à connecter l'un avec l'autre afin d'apprendre à connaître le leader en formation sur le plan personnel, spirituel et missionnel.

Connecter avec l'Évangile

En plus de connecter l'un avec l'autre, il faut que le coach et le disciple soient en étroite relation avec l'Évangile. Il est essentiel que le coach communique au moyen de l'Évangile, à travers l'Évangile et avec une pleine compréhension de l'Évangile. Autrement, le coaching pourrait se résumer à la transmission d'idées ingénieuses, de conseils mondains et d'intuitions. Depuis que l'humanité a dévié de l'intention première de Dieu à l'égard de notre vie sur terre, nous subissons les conséquences de notre péché et de notre déchéance, tant en nous-mêmes que dans nos relations avec les autres. Nous pouvons en voir les effets dans le nombre croissant de personnes qui luttent avec la dépression, l'épuisement, l'anxiété, la peur et des problèmes de comportements égocentriques. Nous voyons le péché affecter nos rapports avec les gens et avec la société en général, à travers l'exploitation et la violence sexuelles grandissantes, les guerres et l'oppression des moins fortunés. L'Évangile s'avère le seul antidote aux séquelles personnelles et collectives de nos péchés. Dans leur livre *Counsel from the Cross* (Conseils provenant de la croix), Elyse Fitzpatrick et Dennis Johnson nous rappellent cette vérité :

> La croix de Christ et l'Évangile qui la proclame demeurent véritablement « la puissance de Dieu pour le salut [*le sauvetage complet*] de quiconque croit » (Ro 1.16). Sur cette croix, celle sur laquelle on a exécuté le Fils de Dieu, sont cachées la « puissance [...] et *[la]* sagesse de Dieu » (1 Co 1.18-24). Et dans la croix réside le pouvoir de libérer les cœurs captifs de cycles destructeurs apparemment impossibles à rompre et de susciter l'espoir *qu'un changement peut vraiment se produire* en nous et en ceux que nous aimons passionnément, tout en éprouvant du ressentiment envers eux[1].

Nous méritons entièrement la punition pour nos fautes, la colère de Dieu que Jésus a subie à notre place sur la croix. Cette dernière confronte et détruit notre orgueil pernicieux et notre autosuffisance.

Elle nous conduit à l'humilité et nous libère de nos péchés et de notre idolâtrie. Nous n'osons plus compter sur une présomption complaisante, en regardant les autres de haut avec condescendance. Du même coup, alors que nous fléchissons le genou, humblement conscients de nos manquements devant un Dieu saint, la croix nous rappelle l'amour infini qu'il a pour nous. Cet amour dépasse notre entendement ; il ne nous est pas accordé parce que nous le méritons, mais parce que Dieu *est* amour. En Christ, il condamne nos péchés à juste titre, tout en nous appelant ses bien-aimés. Notre péché est exposé dans toute sa laideur, bien pire que nous ne pouvions l'imaginer, et en même temps, nous constatons que nous sommes aimés plus que nous aurions pu penser. Voilà l'Évangile dont nous avons désespérément besoin.

L'Évangile est l'élément centralisant de tout ce que l'on proclame et le filtre à travers lequel tout le reste passe. Un coaching sans l'Évangile ne produira que l'amour de soi, l'indulgence envers soi-même, la confiance en soi, l'autosatisfaction et la rédemption par soi-même.

Connecter avec le Saint-Esprit

En plus de connecter dans nos relations et avec l'Évangile, il doit y avoir une connexion avec l'Esprit de Dieu. Nous devons l'inviter et être totalement dépendants de lui pour qu'il éveille notre esprit aux besoins du disciple avec qui nous faisons du coaching. Nous pouvons développer nos habiletés de coach, grâce à l'Esprit régénérateur de Dieu. L'apôtre Paul nous exhorte à prier en tout temps, par l'Esprit, pour nous-mêmes et pour les autres afin que nous puissions communiquer l'Évangile avec hardiesse (Ép 6.18-20). Si vous voulez coacher les autres avec l'Évangile, il faut que l'Esprit de Dieu envahisse votre vie. Il doit avoir la liberté d'interrompre votre vie alors que vous cheminez avec d'autres dans l'obéissance à l'appel de Dieu sur leur vie, pour sa gloire. La ressemblance à Christ est produite par l'œuvre du Saint-Esprit, non pas par vos compétences (2 Co 3.18 ; Ga 5.16 ; 1 Pi 1.2).

Le coach rappelle au dirigeant d'Église que par l'Esprit, l'Évangile lui a donné une nouvelle puissance, non seulement pour saisir quelle est la volonté de Dieu, mais également pour l'accomplir (Ph 2.13). Et c'est par cet Esprit qui applique l'Évangile en lui qu'il pourra croître dans la grâce (Ro 5.5 ; Ga 5.22,23) pour exercer son ministère avec confiance malgré ses faiblesses (2 Co 3.5,6) et témoigner avec assurance (Ac 4.31 ; 7.54-60). Après avoir connecté d'un point de vue relationnel avec le disciple, demandez-lui de commencer la séance par la prière en invitant l'Esprit et l'Évangile à consumer votre temps ensemble.

R – Révision

Dans la phase de révision, le coach et le disciple pourront découvrir l'objectif précis que l'Esprit de Dieu les incite à viser durant la séance de coaching. Un coach aide les autres à atteindre leur destination, à trouver leur chemin et à prendre un certain recul. Bob Logan affirme avec raison que : « Dans le cadre d'une relation de coaching, une personne peut faire le point sur sa situation présente, comprendre où Dieu veut qu'elle aille et décider des étapes à franchir pour y arriver[2]. » Je (Scott) vous invite à réviser les questions sur lesquelles vous désirez discuter ou même à obtenir des réponses à ces questions avant la séance. Il est aussi utile de conserver un dossier avec les notes de vos rencontres pour vous aider tous les deux à vous rappeler les sujets qui n'ont pas pu être entièrement couverts. Vous pourrez ainsi reprendre la discussion, et choisir un ou deux objectifs à traiter lors de votre prochaine séance.

La phase de révision est une réflexion sur les séances précédentes et sur les ententes que l'on a établies. L'une des fonctions d'un coach est de fournir des commentaires constructifs sur ce qui a été fait. Paul Stanley et Robert Clinton soulignent l'importance de cette révision pour faire une évaluation :

> Une des clés d'un bon coaching est l'observation, la rétroaction et l'évaluation. Un entraîneur expérimenté n'essaiera pas de contrôler un joueur. Il cherchera plutôt à l'inspirer et à l'outiller avec la motivation dont il a besoin, le recul et des habiletés pour qu'il soit

capable d'exceller dans sa performance et d'être efficace. Le coach comprend que l'expérience est un moyen d'apprendre, mais s'il est sage, il reconnaît aussi le pouvoir d'une expérience évaluée[3].

La phase de révision devrait toujours inclure une célébration de la grâce de Dieu dans la vie du disciple. Nous préconisons vivement la poursuite intentionnelle d'une culture qui reconnaît les évidences de la grâce de Dieu dans nos vies. Si nous ne le faisons pas, nous demeurons centrés sur nous-mêmes, et donc, nullement centrés sur la croix. La plupart d'entre nous sont plus conscients de l'absence de Dieu que de sa présence. Nous sommes enclins à tenir la grâce de Dieu pour acquise. Par conséquent, nous ratons une occasion de lui rendre gloire.

J'ai constaté que la plupart des dirigeants d'assemblées ne voient pas les indices de la grâce de Dieu. Ainsi, ils ne célèbrent pas les gestes de miséricorde et d'affection de Dieu envers eux malgré leur cœur et leur attitude rebelles. J'étais le coach d'un implanteur d'Églises et nous discutions de l'assemblée avec laquelle il travaillait depuis quatre mois. Environ soixante-dix personnes se présentaient aux réunions chaque semaine, l'Église procédait à la formation de leaders et passait par une transformation. Cependant, au cours de notre séance de coaching, je l'entendais constamment se plaindre du peu de réalisations, de l'état lamentable de certains des leaders et de la frustration qu'il vivait. Chaque question que je lui posais stimulait cet esprit plaintif. Donc, dans une tentative de repérer les indices de la grâce de Dieu, même quand les choses vont mal (*surtout* quand elles vont mal), je lui ai demandé de me dresser une liste de dix choses à célébrer, que ce soit dans sa vie personnelle, spirituelle ou missionnelle. Il ne voulait pas le faire, alors je lui ai répondu que s'il n'obtempérait pas, je ne pourrais pas exercer efficacement mon rôle de coach. Un mois plus tard, sa femme m'a contacté et m'a remercié à plusieurs reprises de l'avoir obligé de voir à quel point il était béni. Elle a mentionné que la vie avec lui était misérable jusqu'à ce que ce « coup de pied au derrière » l'aide à constater le grand nombre de choses qui valaient la peine d'être célébrées.

Pour voir les indices de la grâce de Dieu, on pourrait commencer par méditer sur le fruit de l'Esprit (Ga 5.22,23). Comment Dieu s'est-il manifesté par le fruit produit dans votre vie ? Comment d'autres personnes ont-elles illuminé l'Évangile par le fruit de l'Esprit démontré dans leur vie ? Peut-être trouverez-vous des indices de la grâce de Dieu dans des endroits où vous n'avez jamais regardé.

1. L'amour (1 Co 13.4-8 ; 1 Jn 4.16)
2. La joie (Né 8.10 ; Hé 12.2)
3. La paix (Ro 5.1 ; 15.13)
4. La patience ou l'endurance (Ép 4.2 ; Co 1.11)
5. La bonté (2 Co 6.6,7)
6. La bienveillance (Ép 5.9 ; 2 Th 1.11)
7. La fidélité (És 25.1 ; Ép 3.16,17)
8. La douceur ou l'humilité (Ga 6.1 ; Ép 4.2)
9. La maîtrise de soi ou la tempérance (2 Pi 1.5-7)

Nous devons nous rappeler qu'il est important de célébrer la grâce de Dieu. Célébrer les œuvres de Dieu et sa façon gracieuse de permettre au disciple d'y participer nous préserve du piège de la réalisation de soi et du sentiment que tout nous est dû. En plus de la célébration, cette phase passe en revue les problèmes que le protégé doit affronter dans sa vie personnelle, spirituelle et missionnelle. Si vous lui avez assigné des tâches, examinez les progrès. Considérez également tout engagement non tenu pour lequel il demeure redevable.

Si un disciple a été incapable de faire suite à ce que l'Esprit l'appelle à réaliser, son coach devra déterminer quelles sont les démarches qui s'imposent. Certaines ressources lui faisaient-elles défaut ? Le coach peut-il lui indiquer des personnes ou du matériel qui lui seraient utiles ? Le disciple a-t-il besoin d'une réprimande ou de paroles d'encouragement ? Comprend-il bien le processus des objectifs et de l'intendance ? Lui manque-t-il une habileté ou est-ce une question de motivation ? Y avait-il autre chose dont le coach devait discuter avec lui ? Ken Blanchard croit que fournir une rétroaction et des commentaires constructifs est la stratégie la plus rentable pour améliorer la performance et instiller la satisfaction[4]. Bien des gens critiquent l'autre dans son dos, ce qui n'aide aucunement. On s'attend à ce que le coach présente *honnêtement* ses commentaires.

Un coach fidèle aide le disciple à combler le manque au niveau de son apprentissage afin de le faire passer de sa réalité actuelle à son potentiel. Il pourra aider un implanteur à revoir l'image qu'il se fait du ministère dans les années à venir. Le protégé a besoin de savoir s'il a atteint ou non les principaux objectifs établis durant la séance précédente et si son coach est sûr qu'il peut réussir. La phase de révision sert à évaluer où le disciple se trouve dans son cheminement vers les objectifs majeurs auxquels il croit que Dieu l'appelle et à définir au besoin les prochaines étapes à franchir pour y arriver.

O - Objectifs

L'élément suivant du parcours de coaching CROIS requiert que le disciple détermine quel est le *principal objectif* de la séance en cours. Dans ce contexte-ci, un objectif constitue « un résultat final nettement défini et escompté que le coach et le protégé auront choisi pour une rencontre donnée, en vue de la réalisation de l'appel de Dieu pour le disciple. » Si l'on ne détermine pas d'objectif, la séance s'avérera peut-être agréable, mais on accomplira très peu de choses. En outre, il est déconseillé d'en établir plus de deux par rencontre de coaching.

Comme je l'ai mentionné plus haut, lorsque je coache les autres, j'imagine une haute montagne et un chemin sinueux qui mène à celle-ci. Souvent, je dessine cela sur un morceau de papier. Sur le panneau qui se trouve à côté de la route, près du sommet (voir le diagramme 11), j'écris l'objectif choisi pour la séance. Cela pourrait être, par exemple, « établir des petits groupes dans l'Église », « perdre cinq kilos », ou encore « planifier une étude biblique pour les femmes ». Puis, pendant cette portion de la séance, nous nous

concentrons sur cet objectif unique. Nous avons en tête une destination et nous gravissons le sentier dans cette direction.

Les questions suivantes pourront favoriser cette partie de la
conversation de coaching :

- Quels sont les objectifs les plus importants sur lesquels vous
  devez travailler ce mois-ci ? Pourquoi le sont-ils, selon vous ?
- Avez-vous examiné votre mission récemment ? Quel aspect
  de celle-ci exige que l'on y accorde la plus haute priorité en
  ce moment ? Pourquoi ? Si l'on s'occupe de cet aspect, en
  quoi cela vous aidera-t-il à mettre en œuvre la mission à
  laquelle Dieu vous a appelé ?
- Quelle part votre communauté joue-t-elle dans vos objectifs ?
- Quels obstacles potentiels se trouvent sur le chemin qui
  mène à la réalisation d'un ou de plusieurs des objectifs ?

Lorsque l'on érige un édifice, il est important de suivre le bon
ordre dans les travaux : plan d'architecte, ingénierie, fondations,
tuyauterie, planchers, murs, toiture, électricité, portes. De la même
manière, aider un leader à établir les bons objectifs dans le bon ordre
s'avérera sans doute la contribution la plus bénéfique qu'un coach
puisse offrir. Il est primordial que le disciple-dirigeant voie l'importance de chaque objectif et qu'il soit complètement en accord sur
les actions à entreprendre. Tous les leaders se retrouvent coincés à
certains moments, en raison de l'énormité de la mission et de leurs
ambitions. Parfois, ils perdent de vue l'appel original. À d'autres
moments, la mission est engloutie par ce qui est urgent, mais peu
important. L'avantage d'avoir un coach réside dans sa capacité d'observer de manière objective et d'offrir ses recommandations.

I – Initiatives stratégiques

Les initiatives stratégiques portent sur les plans et les moyens pratiques
que l'on emploiera pour atteindre les objectifs. À chaque objectif, on

associera des stratégies spécifiques. Les stratégies comprennent les étapes individuelles précises et les tâches mesurables orientées vers l'action à accomplir pour en arriver ses fins. Dans la métaphore de la randonnée pédestre, la phase initiale consiste à repérer l'endroit où se trouve le disciple. Il s'agit de s'orienter avec le « Vous êtes ici ». Il faut savoir où la personne est située avant de pouvoir la conduire à l'objectif.

Récemment, lors d'une séance de coaching, un des disciples-dirigeants m'a mentionné qu'il voulait instaurer des petits groupes dans son Église. Après lui avoir posé quelques questions, j'ai découvert qu'aucune cellule n'avait commencé à ce moment-là, qu'il ne disposait que d'un seul leader et d'aucun matériel de formation. Je l'ai donc interrogé sur ses plans pour y arriver. Il a énuméré trois choses précises. Je les ai ajoutées sur la « page du parcours » dessinée à la main, comme initiatives stratégiques pertinentes. Ensuite, je lui ai demandé quels obstacles il s'attendait à affronter tout au long de ce parcours. Il en a évoqué quatre en particulier que j'ai illustrés sous la forme de gros rochers bloquant la route qui conduisait à son objectif. Avant de pouvoir instaurer des petits groupes, il devait d'abord s'occuper de ces entraves. Nous avons donc profité du reste de la séance pour discuter des moyens de sauter par-dessus, de contourner ou de traverser ces rochers. Il est important de préciser que nous n'avons pas atteint l'objectif en une seule séance, mais nous gardions en tête notre destination. Lors de la rencontre suivante, nous avons passé en revue les progrès et avons poursuivi à partir de là où nous nous étions arrêtés. Il avait travaillé sur certains obstacles entretemps.

Le coach pourrait poser les questions suivantes pour stimuler la planification d'initiatives stratégiques :

- Quel genre de choses ferez-vous pour réaliser votre objectif ?
- Avec quoi débuterez-vous ? Quand commencerez-vous ? Quand aurez-vous terminé ?
- De qui avez-vous besoin pour vous aider à accomplir cette tâche ?

- Que puis-je faire pour vous aider à rester concentré sur cette tâche ?
- Comment cette stratégie fait-elle avancer l'orientation évangélique de votre mission ? Vos stratégies sont-elles suffisamment claires ?
- Avez-vous repéré tous les obstacles qui se dressent devant votre objectif ?

Des stratégies « SMART »

Les objectifs seront efficaces s'ils possèdent les attributs que l'on retrouve dans l'acrostiche SMART (intelligent en français). Il a été adapté du modèle traditionnel, devenu populaire dans les années 1980, pour fixer des objectifs :

- ***Spécifique.*** Soyez clair sur le quoi, où, quand et comment. Les objectifs devraient pouvoir s'écrire en une seule phrase et être suffisamment clairs et précis pour que tous ceux qui les lisent les comprennent.
- ***Mesurable.*** Vos objectifs devraient être énoncés de façon à ce que le lecteur sache que les résultats seront mesurables, selon la quantité (au moyen de nombres, de chiffres ou de coûts) ou la qualité (satisfaction des participants, améliorations ou expansion des services ou des programmes, développement de nouvelles compétences parmi le personnel et les bénévoles, et ainsi de suite).
- ***Ambitieux.*** Est-ce « fondé sur la foi », ou est-ce quelque chose que vous pouvez accomplir seul ? Est-ce ce que Christ veut que vous fassiez, ou est-ce simplement une chose qui vous semble réaliste ou raisonnable ? Pouvez-vous l'accomplir par vos propres forces ?
- ***Résultats (orienté sur les résultats).*** Quel résultat espérez-vous obtenir par ce moyen ? En quoi est-ce relié à votre appel ?

- *Temporellement défini.* Établissez une date de début précise et une date limite à laquelle vous prévoyez avoir complété l'objectif. Assurez-vous de vous accorder suffisamment de temps pour tout terminer.

Le remue-méninge

Pour faciliter le processus de planification stratégique, essayez un remue-méninge. Lorsqu'on l'utilise au sein d'une séance de coaching, cette formule peut aider le disciple-dirigeant à imaginer des solutions ou des stratégies qui contribueront à réaliser l'objectif auquel Dieu l'a appelé. Le but d'une telle pratique consiste à émettre des idées et des réflexions (et elles sembleront peut-être plutôt folles). Une part d'entre elles deviendront toutefois des réponses aux problèmes que vous tentez de résoudre ou pour atteindre un objectif.

Pendant le remue-méninge, il n'est pas bon de critiquer une idée. Vous essayez d'ouvrir le champ des possibilités et de faire tomber des suppositions erronées ou nuisibles sur les limites du problème. À ce stade, les jugements et les analyses en profondeur inhibent l'éclosion des idées. Pour réussir un remue-méninge pendant une séance de coaching, essayez les choses suivantes :

1. Assignez au coach la tâche de noter par écrit toutes les idées qui y seront exprimées.
2. Définissez le problème que vous voulez régler avec précision et énumérez tous les critères qui doivent être remplis. Soyez clair sur le fait que le but de l'exercice est de produire le plus grand nombre possible d'idées.
3. Encouragez le développement des idées d'autrui. Cherchez des moyens d'utiliser une idée pour en créer de nouvelles.
4. Au cours de l'exercice, encouragez une attitude enthousiaste et qui ne critique pas. À ce stade, la critique réprime la créativité et paralyse la fluidité d'une bonne séance de remue-méninge.

5. Amusez-vous ! Avancez autant d'idées que vous le pouvez, des plus solides et réalistes aux plus follement impraticables. Accueillez la créativité !

6. Assurez-vous que l'on ne suive pas trop longtemps le fil d'une pensée, mais générez plutôt un nombre suffisant d'idées différentes et explorez les idées individuelles en détail.

7. Lorsque vous exprimez une idée, gardez en tête l'objectif principal (le gros seau).

Les idées ne devraient être évaluées qu'*à la fin* de la séance de remue-méninge. C'est à ce moment qu'il faut envisager les solutions en utilisant des approches conventionnelles et des principes d'évaluation.

S – Supplication et Saint-Esprit

La dernière lettre de la méthode de coaching CROIS représente la supplication et le Saint-Esprit. La séance commence avec une convergence relationnelle de l'Esprit et de l'Évangile, et elle se termine de la même manière. La supplication – ou la prière – n'est pas simplement un ajout pour conclure la rencontre, comme une prière faite pour la forme après un repas. Elle sert plutôt à indiquer les situations dans la vie du disciple qui le préoccupent le plus ainsi qu'à fournir une occasion de prier ensemble pour réaligner notre esprit, notre attention et notre dépendance sur un Dieu souverain et un Esprit qui nous rend capables d'agir. Suffisamment de temps devrait être alloué pour prier ensemble. Lors de ces moments, le coach pourrait simplement demander : « Comment puis-je prier pour vous ? » En outre, il pourrait le questionner sur des besoins plus précis sur sa vie personnelle, spirituelle et missionnelle.

Cette phase offre une autre façon d'en apprendre plus sur les soucis les plus pressants dans la vie d'une personne. Il se peut que, durant la séance, le coach n'ait pas interrogé le disciple au sujet de la chose qui le préoccupe le plus. Assurez-vous de prendre le temps de bien considérer la requête. Peut-être que toute la rencontre tournera autour d'un seul sujet : celui qui a été exposé dans la requête.

Priez avec passion et par la puissance de l'Esprit. L'éminent théologien J. I. Packer affirme que prier par l'Esprit inclut quatre choses :

1. Avoir accès à Dieu par Christ dans un même Esprit (Ép 2.18) ;
2. Adorer Dieu et le remercier de nous avoir acceptés à cause de Christ, et pour l'assurance que nos prières sont entendues grâce à lui ;
3. Demander l'aide de l'Esprit pour être à même de voir et d'accomplir ce qui glorifie Christ (Ro 8.26,27,34) ;
4. Demander à l'Esprit de nous amener à nous concentrer sur Dieu et sur sa gloire en Christ. Le prier en toute simplicité avec une attention soutenue et résolue, et une intensité dans notre désir[5].

L'étape de la prière avec notre protégé est une invocation passionnée de Dieu, par l'Esprit et par le Fils pour rendre gloire à son nom.

La phase de la supplication et du Saint-Esprit inclut également une conviction venant de celui-ci, à laquelle nous répondons avec foi. Le disciple repense à la conversation qu'il a eue pendant la séance de coaching et il décèle les domaines où le Saint-Esprit le pousse à se repentir et à se conformer à l'Évangile. Cela peut être aussi simple que : « Je dois commencer à démontrer de la reconnaissance envers mon conjoint. » Ce peut aussi être plus sérieux, comme : « Je me suis laissé aller à des rêveries impures ; je dois les confesser à mon conjoint et ramener mes pensées captives à l'obéissance de Christ. »

Les ententes de redevabilité

Les ententes de redevabilité[6] sont le dernier aspect de la séance de coaching. Il s'agit là d'un moyen de conserver des notes des décisions précises en rapport avec la repentance à laquelle le disciple a consenti, ou des tâches que son coach lui a assignées. Les ententes incluent une date d'échéance ainsi qu'une description de la chose exacte qui doit être accomplie, la personne à qui la tâche est assignée et des détails sur la façon de mesurer les progrès. Vous pouvez facilement inscrire toutes ces informations dans un cahier de notes.

L'obéissance découle de la liberté de l'Évangile, puisque nous obéissons par amour et par reconnaissance, plutôt que par crainte. Steve Brown a dit que l'obéissance ne mène pas à la liberté ; au contraire, c'est la liberté qui mène à l'obéissance. Si nous inversons ces choses, nous perdrons notre liberté et nous finirons par perdre aussi notre désir d'obéir[7]. Ce n'est que par la liberté que nous offre l'Évangile que notre vie sera transformée.

Dans 1 Samuel, nous lisons : « L'Éternel trouve-t-il du plaisir dans les holocaustes et les sacrifices, comme dans l'obéissance à la voix de l'Éternel ? Voici, l'obéissance vaut mieux que les sacrifices, et l'observation de sa parole vaut mieux que la graisse des béliers » (1 Sa 15.22). La première fois que j'ai lu ce verset, j'étais stupéfait de voir que c'était dans la Bible. J'avais grandi dans une Église à tendance légaliste qui présentait trois autels bien visibles pour le sacrifice : la contribution à la dîme, l'assistance au culte et l'évangélisation. Il en existait un quatrième, presque aussi important : la longueur de cheveux des hommes et le port quotidien d'une robe (ou d'une jupe-culotte) pour les femmes. Du moment que l'on se présentait, que l'on payait, que l'on distribuait (des traités d'évangélisation) et que l'on se conformait (la tenue et les cheveux), on était considéré comme un chrétien consacré. Voilà ce que j'appelle le christianisme « coche la liste ». À l'époque, j'étais un jeune homme de vingt ans, et j'avais constaté que plusieurs des individus qui obéissaient à ces règles étaient également les personnes les plus méchantes que je connaisse ! Comment était-ce possible ? Le légalisme se contente de porter attention aux éléments extérieurs. Il oblige les gens à se conformer à ce qui est visible en les manipulant, en les intimidant et en leur promettant des récompenses. Ou alors, il les soumet au règne de la peur et les contraint à se conformer extérieurement à certains comportements.

Mais le légalisme ne transforme pas le cœur. Et sans la grâce de Dieu, le cœur humain est un « perpétuel fabricant d'idoles » (comme nous le rappelle Jean Calvin), plutôt que d'un fruit qui rend gloire à Dieu.

Les ententes de redevabilité facilitent l'obéissance, mais celle-ci doit être fondée sur l'Évangile. Quelqu'un a décrit cette Bonne Nouvelle comme une valse à trois temps : 1-2-3, 1-2-3, croyez, repentez-vous, obéissez[8]. Le premier temps de cette danse de l'Évangile, c'est de *croire* en la gloire, la grâce, la bonté et la grandeur de Dieu à travers Christ seul.

Une fois que nous avons cru, la justice de Christ nous fournit un plein pardon de nos péchés et nous sommes déclarés justes en Christ. C'est alors que nous nous repentons. Le changement a lieu après que nous ayons cru et que nous nous soyons repentis. Avant cela, nous subissons les effets ou les conséquences du péché et nous cherchons simplement à nous en échapper. Nous sommes rendus justes par la mort de Jésus qui a payé la rançon de notre dette, puisque nous étions incapables d'en verser la moindre pièce de monnaie. « Celui qui n'a point connu le péché [*Jésus*], il [*Dieu*] l'a fait devenir péché pour nous, afin que nous devenions en lui justice de Dieu » (2 Co 5.21). Lorsque nous saisissons quel geste gracieux Dieu a commis en nous retirant nos péchés pour les placer sur le corps de Jésus, nous sommes prêts à nous repentir. Dans son commentaire sur l'épître aux Galates, Martin Luther a écrit :

> Ne faisons-nous donc rien pour obtenir cette justice ? Non, rien du tout. La justice parfaite consiste à ne rien faire, ne rien entendre, ne rien connaître de la loi ou des œuvres, mais à savoir et croire uniquement que Christ est monté vers le Père [...] non comme juge, mais devenu par Dieu notre sagesse, notre justice, notre sainteté, notre rédemption ; en résumé, il est notre souverain sacrificateur qui intercède en notre faveur et il règne sur nous et en nous par grâce [...]

> Couvert par *[la]* justice et la vie *[de Christ]*, je n'ai aucun péché [...] En effet, je suis un pécheur en ce qui concerne cette vie et à l'égard

de la justice [...] Mais je possède une autre justice et une autre vie au-dessus de celle-ci : Christ, le Fils de Dieu[9].

À travers l'œuvre de Christ, nous sommes pardonnés, acceptés, libérés du pouvoir du péché. Nous avons été adoptés comme fils et filles chéris dans sa famille et nous avons reçu la présence et la puissance du Saint-Esprit. Ce dernier produit en nous un caractère sanctifié et le fruit de l'Esprit qui inclut, entre autres, l'amour, la joie, la paix et la maîtrise de soi (Ga 5.22,23). À travers lui, nous pouvons dire oui à un Dieu qui pardonne, qui aime, qui rachète et qui est plein de grâce. Il nous transforme et ce n'est qu'alors que nous pouvons dire non à la chair.

Le deuxième temps de la danse de l'Évangile est la *repentance*. Tout en comprenant que nous sommes des êtres brisés, nous admettons humblement que : « Sans Jésus, je n'y arriverai pas ». La vie chrétienne est composée du 1-2-3, 1-2-3, croire-se repentir-obéir. Le premier et le deuxième pas d'une valse seront répétés maintes et maintes fois. Il en va de même pour la danse de l'Évangile. Votre premier pas est de croire, et le deuxième, de vous repentir. Vous aurez à les exécuter à répétition toute votre vie.

Voici quelques questions pour aider le disciple à se repentir :

1. À la suite de notre discussion durant cette séance, sur quel sujet le Saint-Esprit vous convainc-t-il de péché ?
2. Comment le Saint-Esprit ou la Parole de Dieu vous appellent-ils à vous repentir ?
3. De quelle façon précise manifesterez-vous cette repentance ?

Établir une relation de redevabilité n'est pas un moyen infaillible de protéger un disciple-dirigeant, mais c'est un excellent outil à employer dans l'exercice de votre rôle de berger. À quoi cela ressemble-t-il ? Dans ma propre vie, j'ai choisi quatre hommes et je leur ai demandé de m'aider en surveillant des domaines spécifiques que j'avais sélectionnés. À mon grand étonnement, ces hommes ont assumé un rôle de berger à mon égard comme je ne l'avais jamais connu auparavant. Leur investissement en moi m'a béni abondamment.

Ils me rendent un énorme service par leurs garde-fous préventifs et protecteurs. Par exemple, l'un d'eux m'a demandé un jour ce que je faisais pour me préparer au départ de nos enfants, lorsqu'ils seront adultes. Je n'y avais même pas songé. Il m'a donc tenu responsable de lui partager mes idées à notre prochaine rencontre. Cela nous a obligés, ma femme et moi, à discuter d'un sujet douloureux. Nous avons parlé du grand amour que nous avons pour nos fils et comment nous rejetons inconsciemment l'idée qu'ils quitteront notre foyer (même s'ils nous le rappellent chaque fois qu'ils en ont l'occasion). Bien que cela ne soit qu'un simple exemple, les questions et les défis que ces hommes me donnent me protègent et m'aident à éviter l'aveuglement sur les angles morts de mon caractère. Ainsi, je suis plutôt contraint de les aborder.

Mon ami et mon coach de leadership, Bruce Wesley, a dressé une série de quarante questions sur le leadership, qui ont pour but d'aider un coach à protéger un dirigeant. Je lui suis reconnaissant d'avoir partagé cette excellente liste (vous la trouverez dans l'appendice 3). Il inclut des questions sur :

- Le leadership envers soi-même : comment exercez-vous l'intendance de vos dons en vue des meilleurs résultats possibles ?
- Le leadership interpersonnel : dites-vous oui et non avec clarté, de manière à bâtir la confiance ?
- Le leadership organisationnel : à quelles opportunités avez-vous dû renoncer pour pouvoir réaliser vos objectifs ?
- Le leadership collégial : comment démontrez-vous votre amour pour chacun des membres de votre équipe ?
- Le leadership pastoral : comment faites-vous des disciples ?

Le nombre de dirigeants qui tombent (ou, devrais-je dire, qui se lancent) dans l'immoralité sexuelle est l'un de mes principaux soucis. Il ne s'agit pas là d'un nouveau problème. Internet semble avoir exposé au grand jour certaines de ces indiscrétions qui autrefois restaient cachées à l'intérieur de l'Église. Récemment, j'ai discuté avec deux femmes qui avaient été abandonnées par leur mari pasteur. Dans les deux cas, leur conjoint les avait quittées pour une femme plus jeune, membre du personnel de l'Église. Ces épouses étaient dévastées par cette tragédie et remplies d'anxiété devant la responsabilité de diriger et de pouvoir aux besoins de leurs jeunes enfants à la maison. Dans les deux cas, les hommes avaient caché leur comportement immoral pendant une période prolongée, ce qui soulève un questionnement sur leur discipline spirituelle personnelle.

L'un d'eux se réunissait régulièrement avec les autres pasteurs de son Église dans le but de se garder moralement redevable envers eux. Ces jeunes pasteurs associés posaient toutes les questions pertinentes, mais il leur a menti pendant sept mois. Une part du problème avec le principe de redevabilité, c'est qu'on ne le gère pas toujours bien au sein de l'assemblée. Il arrive fréquemment qu'un homme se joigne à un groupe, où chacun doit rendre des comptes aux autres, simplement en guise de façade pour dissimuler sa vie spirituelle anémique. Certains s'y joignent uniquement pour ne plus être harcelés par leur femme. Ces groupes se concentrent sur le principe de redevabilité lui-même en oubliant que celui-ci doit s'ancrer dans une *réponse à l'Évangile*. La motivation à être redevable doit s'avérer plus grande que le simple fait de pouvoir cocher un certain nombre de questions. Celles-ci sont malheureusement posées par des hommes qui espèrent peut-être ne pas avoir à y répondre eux-mêmes.

Voici les cinq fondements pour établir une relation de redevabilité saine :

1. Concentrez-vous sur l'Évangile et sur votre réponse à la grâce de Dieu. C'est l'amour de Christ, qu'il a démontré à travers sa mort et sa résurrection, qui nous contrôle (2 Co 5.14,15).

2. Trouvez des gens du même sexe que vous, que vous voyez régulièrement et qui peuvent observer de près votre quotidien.

3. Trouvez des gens autres que vos employés ou ceux sous votre autorité, sans quoi ils pourraient garder le silence de peur de perdre leur emploi. Il est possible d'être redevable à des individus qui sont sous votre supervision, mais ils ne doivent pas être les seuls à vous demander des comptes.

4. Dites-leur qu'il se peut que vous fassiez exprès de leur mentir à l'occasion pour tester leur volonté d'exiger des réponses franches à leurs questions. Quelqu'un m'a demandé comment il pouvait vérifier que le groupe envers lequel il est redevable travaille vraiment à son bien. Je lui ai suggéré de leur inventer des faussetés pour voir s'ils insisteraient pour obtenir la vérité. Si une personne peut s'en tirer en mentant à ceux envers qui il est redevable, ils ne lui sont d'aucune valeur et n'offrent aucune protection. Je ne dis pas que l'on doive cultiver l'habitude de mentir ; il s'agit plutôt d'entraîner vos partenaires à poser les questions pointues et à se montrer inflexibles pour recevoir des réponses honnêtes. En définitive, vous le faites parce que vous accordez une grande valeur à la sincérité et que vous êtes profondément conscient de votre propre capacité à dissimuler vos péchés par la tromperie.

5. Variez vos questions d'une semaine à l'autre et trouvez-en qui soulèvent des péchés qui se commettent dans les pensées et dans le cœur, pas uniquement par des actions. Je crois que le péché débute dans le cœur, puis dans nos pensées alors que nous concevons des plans pour le mettre à exécution. Jésus condamnait avec la même énergie, non seulement l'acte adultère, mais également la convoitise (Mt 5.28). Jacques a écrit : « Mais chacun est tenté quand il est attiré et amorcé par sa propre convoitise. Puis la convoitise, lorsqu'elle a conçu, enfante le péché ; et le péché, étant consommé, produit la mort » (Ja 1.14,15).

Je compare le principe de redevabilité à un pont qui enjambe une étendue d'eau. La raison d'être du pont est de permettre à des gens et des véhicules de traverser d'une rive à l'autre. Il constitue le moyen pour y arriver et les piliers qui le soutiennent s'avèrent une partie importante pour la stabilité de sa structure. La redevabilité est comme les piliers du pont. Lorsque quelqu'un s'y engage, il ne dit pas : « Je me suis rendu au pont pour parler de l'impressionnante technologie d'ingénierie et pour photographier ses énormes piliers de béton et d'acier. » Il dira plutôt : « J'ai emprunté le pont pour traverser ce courant d'eau et me rendre de l'autre côté. » Il se concentre principalement sur sa *destination* ; le moyen d'y arriver (le pont) et sa structure (les piliers) sont secondaires. La raison d'être des relations de redevabilité consiste à assurer l'intégrité spirituelle qui permettra à l'Évangile de transformer chaque aspect de l'existence d'un individu. De l'autre côté du pont se trouve la conformité à Christ. Lorsque l'on focalise uniquement sur la redevabilité, c'est comme si le pont ne menait nulle part ; il possède des piliers imposants, mais aucune destination.

Pour ma vie personnelle, spirituelle et missionnelle, je me sers d'une structure formelle et détaillée pour demeurer redevable. Quatre hommes me rendent un fier service et me posent des questions indiscrètes et pointues. Ils ont la permission de m'interroger sur mon quotidien avec ma femme et mes deux fils. S'engager dans une relation de redevabilité n'est pas une solution miracle, mais elle *est* une solution. C'est un moyen de défense à mettre en œuvre avec précision. Il est efficace lorsqu'il est centré sur la transformation que produit l'Évangile et non uniquement sur une modification du comportement. Les dirigeants d'Église, particulièrement, devraient être impliqués avec d'autres dans une relation de redevabilité saine et axée sur l'Évangile : « Considère le chemin par où tu passes *[et permets aux autres d'observer attentivement tes pensées et les passions de ton cœur]*, et que toutes tes voies soient bien réglées » (Pr 4.26).

Un coach centré sur l'Évangile protège le disciple en exerçant une confrontation biblique. La plupart des gens cherchent à tout prix à éviter de le faire, parce qu'en général, cela se termine mal. Je crois que nous ne saisissons pas que le pardon qui s'ensuit présente un reflet du pardon que nous recevons en Christ. Nous admirons les parents qui instruisent leurs enfants de manière conséquente et qui les disciplinent pour qu'ils se comportent convenablement. Nous estimons les enseignants qui savent tirer le meilleur de leurs élèves en corrigeant leurs erreurs et en fournissant des solutions. Nous applaudissons les entraîneurs d'athlètes qui poussent de jeunes gens vers l'excellence et qui rectifient leur technique afin d'améliorer leurs habiletés. Nous admirons la discipline et la confrontation dans plusieurs domaines de la vie. Il est donc contradictoire que les gens dans l'Église s'opposent au concept de la confrontation biblique. C'est avec cet outil que le coaching centré sur l'Évangile cherche à protéger le disciple, aussi souvent que cela s'avère nécessaire, pour promouvoir des dirigeants et des Églises en santé.

Les ententes de redevabilité peuvent s'appliquer à tous les aspects de la vie d'un individu, que ce soit sur le plan personnel, spirituel ou missionnel. Par exemple, perdre cinq kilos peut être un acte d'obéissance, parce qu'un disciple commence à voir que son poids lui cause des problèmes de santé. Ce pourrait aussi être le règlement de la dette d'une carte de crédit après avoir examiné l'état des finances personnelles. Par ailleurs, un acte d'obéissance pourrait correspondre à l'élaboration d'un plan pour instituer des petits groupes dans l'Église en réponse à l'appel divin à proclamer l'Évangile dans différents quartiers. Le coach devra revoir les ententes de redevabilité pour s'assurer que le disciple continue de progresser en portant du fruit digne de la repentance.

L'utilisation de l'expression « entente de redevabilité » vous semblera peut-être superflue, puisque ce processus où l'on se rend redevable ressemble beaucoup au « plan d'action » dont nous avons parlé précédemment. Mais c'est volontairement que nous les distinguons. Puisque nous visons à garder l'Évangile au centre de chaque décision que l'on prend, donner la même appellation aux décisions prises ou

aux tâches assignées suite à une relation de redevabilité accentue-
rait notre tendance légaliste à en faire un autre devoir, une case à
cocher. On y perdrait la motivation qui vient de l'Évangile. Lorsque
ce processus est réalisé correctement, le disciple en obtient un rappel
constant que *chaque* décision qu'il prend est en réponse à l'Évangile.
Cela lui remémore de produire du fruit digne de la repentance et
de vivre la rédemption par l'œuvre accomplie de Christ, et non en
modifiant son comportement. Nous demeurons enclins à essayer
d'être notre propre sauveur, en faisant nos quatre volontés par nos
propres forces, avec notre sagesse et pour notre propre gloire. Nous
croyons, peut-être à tort, qu'en étant suffisamment disciplinés pour
mener à terme un plan d'action vers un objectif, nous réussirons.
Toutefois, l'Évangile nous appelle à déposer notre force, notre sagesse
et notre volonté au pied de la croix (en nous courbant devant l'œuvre
complète de Jésus). Nous ne détenons pas la capacité d'accomplir
quoi que ce soit, à moins de le faire par l'Esprit de Dieu qui nous
appelle à la repentance. Le fruit de cette repentance s'exprimera au
moyen de l'obéissance, par Christ qui nous fortifie (Ph 4.13).

Dans le prochain chapitre, nous rassemblerons toutes ces choses
et nous verrons un exemple de séance de coaching.

CHAPITRE 13

RASSEMBLONS LE TOUT

RÉCEMMENT, J'AI INTERVIEWÉ le Dr Chris Scott, un dermatologue de Charlottesville en Virginie, et conférencier à l'Université de Virginia. Je lui ai demandé de me décrire, en tant que médecin, la visite d'un patient à son bureau. Il m'a dit qu'une telle rencontre débutait lorsque la patient frappe à la porte et que je l'invite à entrer dans la salle d'examen. Il a poursuivi en mentionnant qu'il amorce la conversation pour que la personne se sente à l'aise et pour bâtir la confiance dans son rôle de professionnel de la santé. Il établit ainsi un lien avec son patient sur le plan relationnel. Puis, il l'interroge sur le traitement prescrit lors des dernières visites et sur son efficacité, revoyant ainsi son historique. Le Dr Scott a toutefois affirmé que l'aspect le plus important de l'entretien consiste à *saisir quel est le souci prédominant* du patient. C'est là le sujet le plus urgent, c'est-à-dire celui qui cause la plus grande douleur ou qui s'est élevé au premier rang des besoins essentiels. Autrement dit, il cherche à découvrir le *but* de la rencontre.

On doit déterminer la préoccupation première ou l'objectif tôt dans la consultation. Sinon le temps passé ensemble sera peut-être merveilleux au point de vue relationnel, mais il n'offrira que peu de soulagement à l'individu en ce qui concerne sa santé. Le Dr Scott examine attentivement son patient pour discerner le principal souci. Il rapporte que dans quarante pour cent des cas, il découvre une lésion ou une tache suspecte dont la personne ne connaissait même pas l'existence. Ses patients lui permettent également de les ausculter pour dépister d'autres anomalies qui pourraient menacer leur santé. Dès que la préoccupation primordiale du patient est confirmée, le Dr Scott commence à explorer les options médicales dans le but de traiter le problème. En dernier lieu, il choisit soit de maintenir le traitement qu'il lui avait auparavant conseillé ou d'en prescrire un nouveau pour rétablir la santé de l'individu.

Tout comme un médecin, un coach centré sur l'Évangile *connecte* de façon relationnelle avec le disciple (*C* – Connexion). Il prend le temps de *revoir* les séances précédentes et tout régime sur lequel ils se sont préalablement mis d'accord pour lui demander des comptes (*R* – Révision). Ils passent une bonne part de la rencontre de coaching à se concentrer sur des *objectifs* en particulier et des buts qu'ils se sont fixés pour cette rencontre, en se basant sur les principales préoccupations (*O* – Objectifs). Le coach examine, sonde et interroge son protégé pour découvrir les domaines de sa vie qui ne seraient pas alignés sur l'Évangile. Comme c'est le cas pour une intervention chirurgicale, cette exploration est l'expression d'un amour et d'un souci pour la personne, en vue de traiter des zones à problème et de les ramener à la santé (*I* – Initiatives stratégiques). Pour finir, un coach centré sur l'Évangile doit reconnaître que tout ce qui est fait pendant leur rencontre dépend de la puissance et de l'intervention de l'Esprit, pour lesquelles ils ont prié (*S* – Supplications et Saint-Esprit).

La forme la plus efficace de coaching biblique a lieu lorsque les gens entretiennent intentionnellement des conversations qui honorent les rôles clairement définis et distincts du coach et du disciple. Il m'arrive souvent de bavarder dans le bureau pastoral avec mon coach lors d'événements et de réunions, mais nos séances de coaching demeurent nos rencontres les plus fructueuses. Durant ces moments, nous prenons des notes et nous nous tenons redevables sur des choses précises. Nous abordons les soins pastoraux, la confession, la repentance et nous nous outillons mutuellement pour répondre à l'appel de Dieu de faire des disciples, d'implanter des Églises et de former des gens.

Avant la séance

Il existe plusieurs éléments-clés qui contribuent à une séance de coaching fructueuse et que l'on peut faire avant la rencontre. Le temps que vous investissez au préalable, en tant que coach, s'avère essentiel pour tirer le maximum de ces rendez-vous dont la durée est limitée.

Prenez le temps de vous préparer

Réservez au moins quinze minutes avant la séance pour y réfléchir et pour prier pour chaque élément. Gardez votre Bible à portée de main pour que vous puissiez partager au disciple des vérités qui toucheront sa vie. Accorder une attention particulière (en tant que coach) à votre propre marche avec le Seigneur est une autre façon de vous préparer. Prenez le temps de rafraîchir votre compréhension de l'Évangile dans votre quotidien ; saturez vos pensées de passages bibliques et laissez l'Esprit vous remplir à nouveau. Autrement, vous pourriez être tenté de vous appuyer sur votre propre sagesse. Heureusement, la puissance du Saint-Esprit ne dépend pas de la relation que l'on entretient avec Dieu ; le Consolateur saura œuvrer en dépit du péché et de la fragilité du coach. Toutefois, celui-ci devrait tout de même chercher à incarner ce qu'il attend du disciple, et cela lui exigera de demeurer constamment en Christ. Celui qui le fera constatera que fréquemment, ce que Jésus lui montre se traduit directement dans la situation que connaît le protégé durant cette période. Le disciple expérimente alors une percée et une croissance incroyables, dirigées par le Saint-Esprit. Lorsqu'un coach partage ce qui a été fraîchement déposé dans son cœur concernant l'Évangile, il s'en dégage une puissance étonnante.

Dressez mentalement un schéma de votre conversation

Vous ne pourrez pas couvrir chacun des besoins du disciple en une seule séance ni développer son appel, ses objectifs, son plan d'action et son intendance en une heure. Néanmoins, il vous est possible de déterminer jusqu'où vous voulez vous rendre lors d'une rencontre, et d'établir une suite logique. En utilisant la méthode CROIS, il vous faudra sans doute vous concentrer sur deux ou trois domaines. Il se peut que vous deviez vous limiter à la *connexion* et la *révision*, surtout au début de votre relation de coaching. À d'autres moments, peut-être passerez-vous cinq minutes à *connecter*, pour ensuite consacrer le reste de votre séance aux *objectifs* et aux *initiatives stratégiques*. Essayez de maintenir vos questions et la discussion autour du schéma mental que vous aurez dressé en prévision de la rencontre (tout en demeurant libre, bien sûr, de changer de direction si un point chaud fait surface).

Un coach reconnu pour sa sagesse m'a mentionné que lorsqu'une séance paraît morne, monotone ou sans vie, il peut être utile de revenir à l'étape précédente du parcours de coaching. Par exemple, si vous travaillez sur les *initiatives stratégiques* et que la phase du remue-méninge s'avère infructueuse, ou si le disciple ne semble pas avoir la moindre idée de comment accomplir ses tâches et qu'il ne remplit jamais ses ententes de redevabilité, vous pourriez à ce moment-là revenir sur les *objectifs*. De plus, lorsque le protégé vous apparaît réticent à s'ouvrir ou à se préoccuper de quoi que ce soit (selon lui, tout va toujours bien), c'est un signe que le lien n'a pas été bien établi et que la relation de confiance laisse à désirer. Le coach doit alors faire un pas en arrière et cesser de *revoir* pour *reconnecter* avec lui. Il lui faut peut-être apprendre à mieux connaître le disciple et adapter l'entretien de manière à l'écouter davantage plutôt que de le pousser vers l'avant avec un plan de vie.

En tenant compte de cela, examinons ce à quoi une séance de coaching devrait ressembler.

Une séance typique

La préparation

Nous sommes lundi, et à l'agenda, j'ai une séance de coaching téléphonique qui est prévue ce jeudi avec Jean Leader. Je révise les notes de notre dernier rendez-vous d'il y a deux semaines. Je remarque que j'avais interrogé Jean sur les défis qu'il rencontre dans son ministère comme pasteur jeunesse bénévole de son Église. Il m'avait partagé son insatisfaction et son désir de quitter son emploi séculier pour servir dans l'assemblée à temps plein. Durant la séance précédente, nous avions discuté du besoin qu'il éprouvait dans ce rôle et du fait qu'il avait l'impression d'accomplir les tâches machinalement, parce qu'il manquait de temps pour s'y investir réellement. Nous avions décelé que le nœud du problème touchait à son *identité* en lien avec ce poste de l'Église. Il désirait s'assurer un rôle plus stable pour lui-même, plutôt que de servir Jésus simplement, avec joie. Bien qu'il ait reconnu en lui cette recherche de sécurité, nous avions manqué de temps pour amener la conversation à un stade où il pourrait ressentir son besoin de s'en repentir.

J'ai remarqué que lors de notre dernière rencontre, j'avais commencé en lui demandant comment se passait son culte personnel avec le Seigneur. Il m'avait répondu qu'il n'avait pas lu sa Bible ni prié seul depuis plusieurs semaines. Nous avions alors examiné son horaire bien rempli et je l'avais encouragé à réserver des moments précis et à trouver un endroit libre de distractions. Nous avions inscrit cela dans son entente de redevabilité pour cette séance.

J'ouvre donc une nouvelle séance en ligne et je commence à noter des questions. La première est simple : « Comment cela s'est-il passé de mettre du temps à part pour lire la Bible et prier ? » Je veux savoir s'il a réellement suivi son plan et je suis curieux de voir ce que le Saint-Esprit a accompli durant ces moments. J'écris quelques questions additionnelles en rapport avec ses frustrations dans le ministère pour obtenir les dernières nouvelles. Puis, j'en pose quelques-unes de plus pour jauger les autres irritants qui pourraient l'avoir affecté dans sa dynamique familiale, son sommeil, ses relations et son ministère envers les étudiants. Une fois que j'ai terminé, j'envoie un message à Jean pour l'aviser que sa prochaine séance est prête. Je lui demande de répondre à chaque question d'ici mercredi, ce qui me laisse une journée pour revoir ses réponses avant notre rencontre.

La journée de la séance

Peu de temps avant la séance, je révise les réponses de Jean aux questions que je lui ai envoyées en début de semaine. Je commence à prier Dieu pour qu'il me révèle le cœur de ce disciple et me montre comment bien exercer mon rôle de berger. Sa réponse à ma question sur son sommeil me frappe. Il travaille soixante-dix heures par semaine dans ses deux emplois et il ne dort en moyenne que cinq heures par nuit. Il semble presque fier de cela et il a fait un commentaire amusant en disant que la caféine et le sucre sont devenus ses meilleurs amis. Ce que je perçois de tout cela, c'est qu'il trouve son identité dans son succès et qu'il est incapable de se reposer en Dieu. Voilà donc le sujet que je décide d'aborder durant notre entretien de coaching.

Lorsque je l'appelle, j'ai sa séance en ligne devant les yeux. Après quelques minutes de connexion relationnelle, je lui demande de prier pour le temps que nous passerons ensemble, puis je commence à explorer les sujets qui nous intéressent. Au début, je pose des questions de clarification, et j'écoute ses réponses tout en priant intérieurement que le Saint-Esprit m'éclaire et m'accorde la sagesse. Comme références ultérieures, je prends des notes privées en ligne (à l'aide d'une fonction prévue à cet effet) que Jean ne pourra pas voir. Lorsque je sens que l'Esprit me pousse à parler, je me mets à lui raconter la Bonne Nouvelle. Je lui rappelle que c'est l'œuvre de Jésus qui compte, que Jean n'a rien à offrir ou à y ajouter, que Dieu ne lui demande rien de plus, que le repos en Christ signifie recevoir la grâce de Dieu et reconnaître que l'Éternel travaille et qu'il sauve.

Une percée mineure se produit lorsque Jean prend conscience qu'il doit modifier son emploi du temps pour pouvoir accomplir l'appel de Dieu à aimer sa famille et à servir son Église. En définitive, il doit premièrement répondre à l'appel de vivre comme un enfant de Dieu. Je lui pose des questions au sujet des responsabilités qu'il pourrait éliminer ou déléguer, dans la limite du possible. Je lui demande ce qui consume le plus son temps et comment il pourrait intégrer de l'activité physique et un sommeil adéquat à son horaire. Je lui demande à quoi cela ressemble de s'investir auprès de sa femme et de ses enfants avec amour. Je lui lance le défi de réévaluer son emploi du temps, comme le ferait un bon intendant, et de le réaligner sur son appel et son besoin d'adorer Dieu et de se reposer en lui. Nous consignons cette tâche dans la section des ententes de redevabilité, comme élément à revoir lors de notre prochaine séance.

Pour finir, nous prions ensemble à propos de notre désir de glorifier Dieu à travers notre existence fragile et de répondre au Saint-Esprit qui nous convainc et nous équipe. Nous prions tous deux, puis nous nous remercions l'un l'autre pour ces moments passés ensemble. Après que nous ayons confirmé la date et l'heure de notre prochain entretien, je termine toujours de la même manière, c'est-à-dire en affirmant l'œuvre transformatrice de Dieu dans sa vie. Je veux rappeler au disciple, à la suite d'une séance exténuante, que « celui [*Dieu*] qui a commencé en vous cette bonne œuvre la rendra parfaite pour le jour de Jésus-Christ » (Ph 1.6).

La préparation de la prochaine séance

Normalement, tout de suite après, je passe dix à quinze minutes à réexaminer la séance, puisqu'elle est encore fraîche dans ma mémoire. Puis, je commence déjà à en créer une nouvelle. J'y inscris des questions qui continuent sur la même lancée ainsi qu'une question plus générale qui permettra à Jean d'aborder tout autre défi urgent qui se présente. Je note également tout ce que je lui ai promis de lui fournir, que ce soit de l'information ou des commentaires. Je peux mettre en ligne n'importe quel document pertinent sur cet outil de coaching ou simplement le lui envoyer par courriel. Je termine en priant pour Jean et pour les défis devant lui.

Conclusion

Comme vous pouvez le constater, une séance de coaching n'est pas compliquée, et aucune d'entre elles n'est identique à une autre. Le coaching biblique s'appuie sur l'Évangile, et c'est ce qui importe le plus. Comme mentionné dans les chapitres précédents, la plupart des coachs travaillant auprès des dirigeants d'Églises se concentrent principalement sur une méthodologie. Nous croyons que les méthodes sont importantes, tout comme les cartes géographiques le sont quand nous voyageons, mais elles ne sont pas neutres au point de vue des valeurs. Elles vous mènent quelque part et elles engendrent des conséquences. À certains égards, l'approche typique du coaching centré sur la performance manque de vision à long terme. Elle se concentre sur des objectifs temporaires pour la vie ici-bas, qui ne produiront peut-être aucun effet éternel. Si l'on désire diriger une Église centrée sur l'Évangile de Jésus-Christ, l'approche pour le coaching des leaders utilisée pour son développement devrait, elle aussi, avoir pour point de mire l'Évangile, ce qui aura un impact pour l'éternité.

Un coaching efficace est fait d'amitié, mais il s'agit d'un genre particulier d'amitié qui repose sur un engagement mutuel envers l'Évangile. Une méthode de coaching qui se passe de ce type de relation risque, avec le temps, de faillir à la tâche d'aider les dirigeants à progresser dans leur style de vie personnel et dans le maintien de la santé de l'Église qu'ils servent. Dick Kaufmann a noté que le besoin le plus criant des croyants est « d'entendre et de s'approprier l'Évangile dans leur vie », car celui-ci nous rend capables de servir. Il « nous procure une toute nouvelle structure motivationnelle » et « nous libère pour que nous puissions aimer et servir inconditionnellement, en réponse à la grâce de Dieu en Christ[1] ». La grâce de Dieu, que l'on découvre dans le récit de l'Évangile, nous invite à devenir vulnérables devant ceux avec qui nous sommes en relation. Sans Christ, nous avons une aversion naturelle envers la vulnérabilité, à l'idée de nous « dévoiler ». Pourtant, une amitié de coaching, lorsqu'elle est fondée sur la confiance et la grâce, peut s'avérer un instrument puissant pour outiller chaque dirigeant de ministère au sein de l'Église.

Tous les leaders d'assemblée ont besoin de coaching avec une approche centrée sur l'Évangile, pour produire des assemblées de croyants en bonne santé et qui se reproduisent. Tous les dirigeants d'Églises ont besoin de devenir un coach pour d'autres leaders afin de faire des disciples qui s'identifient à Christ, qui adorent Dieu avec passion, qui se réunissent dans une communauté et qui s'impliquent dans la mission auprès de toutes les nations. Les Églises qui désirent porter du fruit qui bénit leur ville, leurs relations les uns avec les autres, leur communication, leur adoration et leur service retireront des avantages d'un coaching centré sur l'Évangile envers leurs leaders.

Le coaching est une conversation évangélique intentionnelle entre amis, qui inclut des discussions ciblées sur la vie personnelle, spirituelle et missionnelle d'un disciple. Ayez du bon temps, tout en étant transformés pour la gloire de Dieu.

Nous tous dont le visage découvert reflète la gloire du Seigneur, nous sommes transformés en la même image, de gloire en gloire, par l'Esprit du Seigneur (2 Co 3.18).

L'ALLIANCE ENTRE LE COACH ET LE DISCIPLE

L'échéance de l'alliance

- Précisez les dates du début et de la fin – durée d'au moins six mois.
- Consignez par écrit s'il y aura possibilité de poursuivre la relation et de clarifier les attentes des deux côtés. Établissez le moment où vous prendrez la décision sur un possible renouvellement d'une alliance et sur des rencontres additionnelles.

Plans et objectifs

- Outiller le protégé à l'aide des directives, du soutien, de la formation de disciples et du mentorat nécessaires en vue de le préparer à exercer un leadership efficace, ancré dans une connaissance et une expérience profondes de l'Évangile.
- Prendre six mois pour se concentrer particulièrement sur le développement de la vie personnelle, spirituelle et missionnelle du disciple.
- Voir le coach montrer l'exemple au disciple en l'invitant à se repentir et à recevoir l'Évangile dans sa vie personnelle, son parcours spirituel et son appel missionnel.

- Ajoutez ici toute priorité spécifique...

Les rencontres

- Le coach amorcera la programmation de deux rencontres de quarante-cinq minutes par mois.
- Le coach enverra des questions et des notes en vue de la séance au moins deux jours à l'avance.
- Le disciple écrira ses réponses aux questions et les soumettra au coach au moins un jour avant la séance.
- Le coach et le protégé acceptent tous deux de faire de ces rencontres une priorité et de se montrer ponctuels pour chacune d'elles.

Entretiens supplémentaires et prolongement de la relation

- S'il y a une demande ou la possibilité de poursuivre les rencontres, donnez ici un aperçu de la nature et des limites de la relation...

Les engagements et les attentes

- *Le coaching biblique et centré sur l'Évangile.* Tout notre enseignement, nos conseils, notre aide, nos rectifications et nos réprimandes seront fondés sur les Écritures et conformes à l'Évangile. Nous ne dévierons pas vers des méthodes séculières qui ne tiennent pas compte de la véritable sagesse ou qui la rejettent. Nous nous soumettrons à l'autorité de Jésus et de sa Parole dans tout ce qui concerne le coaching.
- *L'attitude de serviteur.* Nous nous engageons à être au service de Dieu, des uns des autres, de nos protégés et de l'Église.
- *La franchise et la vulnérabilité.* Nous dirons la vérité avec amour. Nous partagerons ouvertement ce que l'Esprit Saint nous pousse à dire. Nous ferons part librement de ce que nous expérimentons dans notre vie et notre ministère à ceux que nous coachons. Nous refusons de pratiquer la fourberie ou la tromperie l'un envers l'autre.

- *Un engagement total.* Nous nous engageons à être des gens de parole ; nous agirons comme nous l'avons dit. Nous prendrons cette relation au sérieux, écoutant et ayant à cœur chaque conversation. Lorsqu'une chose est claire ou que nous nous sommes entendus là-dessus, nous nous engageons à y travailler jusqu'à ce que nous en venions à un accord complet et une pleine compréhension, plutôt que d'en effleurer uniquement la surface avec une amabilité superficielle.
- *La confidentialité.* Nous verrons au maintien de la confiance et d'une bonne relation en ne partageant rien aux autres de ce que les assemblées ou les disciples que nous coachons nous confient.
- *La ponctualité et une bonne préparation.* Nous serons ponctuels pour tous nos rendez-vous et nos appels téléphoniques par respect l'un pour l'autre.
- *L'éthique.* Nous incarnerons un haut standard de caractère chrétien.
- *La prière.* Nous nous soutiendrons les uns les autres dans la prière tout au long de cette relation.

Les engagements de l'alliance

Nous nous engageons à accomplir les éléments de cette alliance. Nous nous engageons à un partenariat et un soutien actifs avec tous les coachs certifiés selon les directives ci-dessus. En tant que frères en Christ, nous nous efforçons de remplir ces engagements et nous sollicitons l'aide parfaite de Jésus, sa puissance et sa direction à travers les Écritures et le Saint-Esprit.

SIGNATURE DU DISCIPLE : _____

DATE : _____

SIGNATURE DU COACH : _____

DATE : _____

FORMULAIRE D'INFORMATIONS PERSONNELLES

Ce formulaire est utile pour l'établissement d'une relation entre le coach centré sur l'Évangile et le disciple. Il aide le coach à apprendre à connaître son protégé et il fournit un point de départ pour ce parcours vers Jésus et son appel dans la vie du disciple.

N'hésitez pas à réviser ce formulaire pour ne garder que les questions qui vous seront utiles dans votre relation de coaching en particulier. Ce questionnaire est plutôt exhaustif et il a été conçu pour une utilisation sélective.

La vie personnelle

Connaître

1. Parle-moi de ta famille (épouse, noms et âges de vos enfants, etc.)
2. Quelle est ta date de naissance ? Quelle est la date de votre anniversaire de mariage ?
3. Qu'est-ce qui te rend excité ou te fait sentir réellement vivant ?
4. Nomme-moi quelques-uns des habiletés et des talents que Dieu t'a donnés.

5. Quels sont les désirs et les rêves que tu as eus tout au long de ta vie ? Que se passe-t-il à ce sujet en ce moment ?

6. Qu'espères-tu voir au cours des six prochains mois ?

7. Comment Dieu t'a-t-il sauvé personnellement ? Comment te sauve-t-il quotidiennement ?

8. Quelle est ta définition d'une « journée parfaite » ?

9. Quelle est ta définition d'une « journée épouvantable » ?

10. Quel impact le ministère a-t-il sur ta famille ?

11. Quel impact ta famille a-t-elle sur ton ministère ?

12. Quel impact ton ministère a-t-il sur ta foi ?

13. Quel impact ta foi a-t-elle sur ton ministère ?

14. De quelle manière ta personnalité affecte-t-elle les gens ?

15. De quelle manière les gens affectent-ils ta personnalité ?

16. Quel impact ton intégrité a-t-elle sur les autres ? Quelles sont les personnes qui influencent ton intégrité de manière positive ou négative ?

17. Quelle influence ton caractère moral exerce-t-il sur la culture environnante ?

18. Quelle influence ton caractère moral exerce-t-il sur ton assemblée ?

19. Comment développes-tu le caractère moral de tes leaders ?

20. Comment est ta santé physique ?
    - À quoi ressemble ton activité physique hebdomadaire ?
    - Que fais-tu pour te divertir ?
    - À quoi ressemblent tes habitudes alimentaires au quotidien ?
    - Donne-moi un aperçu de tes habitudes de sommeil et de repos.
    - As-tu des problèmes de santé qui affectent ton quotidien et ton ministère ? De quelle manière t'en occupes-tu ?

21. Comment va ta santé émotionnelle ?
    - Comment ton ministère affecte-t-il tes émotions ?
    - Comment tes émotions affectent-elles ton ministère ?
    - Quelle ambiance produis-tu dans ton foyer à travers tes émotions ?

- Quelle ambiance produis-tu dans ton ministère à travers tes émotions ?

Nourrir

1. Quel domaine de ta vie est le plus sollicité par le Saint-Esprit ?
   - Comment t'imagines-tu ce domaine, une fois qu'il aura évolué ?
   - Comment décrirais-tu ce domaine à l'heure actuelle ?
   - Que pourrais-tu faire pour évoluer ou grandir dans ce domaine ?
   - Quel engagement as-tu pris pour grandir dans ce domaine ?
   - Qu'est-ce qui a rendu ta croissance difficile dans ce domaine ?
2. Quelle partie de l'Évangile rend ton cœur perplexe en ce moment ?
3. Quels livres lis-tu ces jours-ci ? Qu'apprends-tu ?
4. Comment puis-je t'encourager, t'aider et te soutenir ?
5. Quelle disposition prends-tu pour être rafraîchi dans le salut de Dieu d'une façon personnelle et pratique ?

Conduire

1. Qu'est-ce qui nuit à ta croissance personnelle en Jésus ?
2. Quelle est la chose à laquelle tu t'accroches et qui t'empêche de ressembler davantage à Christ ?
3. Quels sont les échecs personnels actuels qui te frustrent le plus ?
4. Au cours de la dernière année, qu'est-ce que Dieu a accompli au niveau de ton caractère ?
5. Comment Dieu t'a-t-il démontré sa fidélité au cours de la dernière année ?
6. Comment se porte ta relation avec Dieu ?
7. Où crois-tu que Dieu veuille mener ta croissance personnelle au cours des six prochains mois ? Pourquoi ?
8. Selon toi, à quoi ressemblent une écoute et une direction du Saint-Esprit au quotidien ?

Protéger

1. De qui as-tu besoin pour t'aider ?
2. À qui seras-tu redevable ?
3. Comment puis-je t'être utile ?
4. Dans quel domaine avons-nous réellement besoin de l'intervention de Dieu ?
5. Dans quel domaine ton cœur est-il endurci ?
6. Quels mensonges crois-tu ?
7. Quels sont les doutes qui se sont infiltrés ?
8. De quelles manières as-tu laissé entrer l'incrédulité et la tromperie dans ta vie personnelle ? Comment puis-je t'aider à fermer ces portes ?
9. Dans quel sens devrons-nous prier ?

L'appel au ministère

Connaître

1. Comment décrirais-tu ton appel personnel ?
2. Quels individus et quelles circonstances sont associés à ton appel au ministère ?
3. Quand et comment ton appel au ministère a-t-il été confirmé dans ta vie ?
4. Comment les gens ont-ils affirmé que tu es appelé au ministère ?
5. Quelles sont les opportunités qui te permettent de répondre à cet appel ?

Nourrir

1. Quels dons ou compétences dois-tu développer en tant que leader pour pouvoir accomplir ton appel ou la tâche qui t'a été assignée ?
2. Comment décrirais-tu tes compétences actuelles dans ce domaine ?
3. Quelles options s'offrent à toi pour développer ton leadership ?
4. Que feras-tu pour améliorer ton leadership ?

Conduire

1. Quand ton appel à diriger a-t-il été remis en question ?
2. Dans quelles circonstances as-tu douté de ton appel ?
3. Y a-t-il quelque chose, dans ce que tu vis actuellement, qui te pousse à remettre en question ton appel ?
4. Quels sont les activités ou les événements qui te servent à ancrer, raffermir ou renforcer ton appel ?
5. Comment ton appel devrait-il être précisé ou clarifié ?
6. À quoi ressemblerait le succès en ce qui concerne ton appel ?

Protéger

1. Quels ont été tes mentors au cours de ta vie ?
2. De quels mentors et coachs as-tu besoin présentement pour répondre à ton appel ?
3. De qui d'autre as-tu besoin pour t'aider ?
4. De quoi as-tu le plus besoin de la part de Dieu en ce moment ?

La vie spirituelle

Connaître

1. Énumère quelques-uns des principaux événements marquants de ton parcours théologique.
2. Que lis-tu dans les Écritures ces jours-ci ? Qu'apprends-tu au sujet de Dieu ?
3. De quelle manière demeures-tu en Jésus ?
4. Qu'est-ce qui fait croître ton affection pour Dieu et pour les autres ?
5. Qu'est-ce qui étouffe ton affection pour Dieu et pour les autres ?
6. Qu'est-ce qui provoque en toi de l'anxiété ou de la peur ces temps-ci ?

Nourrir

1. Énumère quelques-uns des domaines où tu luttes théologiquement.
2. Quelles sont les informations qui te manquent ?
3. Quelle est l'intensité de ta faim de connaître Dieu ?
4. Selon toi, à quel point dépends-tu de Jésus dans ta vie ?

Conduire

1. Quel décalage pourrait être en train d'émerger entre ce que ta tête sait et ce que ton cœur croit dans les Écritures ?
2. Comment le Saint-Esprit t'amène-t-il à grandir dans ta compréhension de qui est Jésus ?
3. Décris-moi ta vie de prière.
4. Qui sont les gens dans ta vie pour qui tu pries ?
5. Quelles sont les choses pour lesquelles tu pries ?
6. Que révèlent tes prières au sujet de ta foi ?
7. Qui te fournit efficacement de la clarté sur la personne de Jésus et sur les vérités des Écritures ? De quelle manière accordes-tu la priorité à ces personnes dans ta vie ?

Protéger

1. De quoi te nourris-tu pour te sentir satisfait en dehors de Christ ?
2. Quels obstacles nuisent actuellement à ta croissance spirituelle ?
3. Qui t'éloigne de ta relation avec Dieu ? De quelle manière ?
4. Qui sème le doute et le découragement dans ton cœur au sujet de Jésus ?
5. À quel enseignement spirituel anti-chrétien es-tu tenté d'adhérer ? Pourquoi ?
6. À quoi accordes-tu la priorité au-dessus de ta relation avec Jésus ? Pourquoi ?
7. Parmi les choses sur lesquelles Jésus t'a appelé à lui obéir, quelle est celle que tu choisis d'ignorer ou d'éviter ?

La vie missionnelle

Connaître

1. Quelles opportunités se présentent actuellement dans ta vie concernant la mission ?
2. Qui sont les gens perdus que Dieu a placés dans ta vie ? À quoi ressemble ta relation avec ces personnes ?
3. Quel pourcentage de ton temps passes-tu avec des gens qui ne connaissent pas Jésus ?
4. Quels sont tes dons spirituels ?
5. Décris ton ministère actuel et tes responsabilités dans la mission.
   - Correspondent-ils à ton appel ?
   - Y a-t-il certaines de ces activités que tu fais parce que tu y es contraint ?
6. À quel point comprenez-vous, ton Église et toi, la culture prédominante de votre ville ?
7. Comment toi et ton Église engagez-vous le dialogue avec la culture environnante ?
8. Comment toi et ton Église servez-vous votre entourage ?
9. Où et comment toi et ton Église attirez-vous la culture environnante ?
10. Où et comment toi et ton Église initiez-vous des relations dans votre entourage ?
11. Comment ton Église est-elle perçue par la culture environnante ?
12. Comment toi et ton Église accueillez-vous les gens de la culture environnante ?
13. Quel impact vos leaders ont-ils sur la culture ?

Nourrir

1. Dans quels domaines de ta mission ou ton ministère, l'ignorance est-elle en train de t'affecter sérieusement ?
2. Vis-tu un épuisement physique ou émotionnel ?

- À quel point est-ce facile pour toi de te décourager dans ta mission ?
- À quel point es-tu passionné par ta mission ?
- Jusqu'où va ta patience ? Te mets-tu facilement en colère dans ton ministère ?
- Te déconnectes-tu complètement de ta mission lors des journées de repos hebdomadaires ? Comment le fais-tu ?

3. Quels missiologues chrétiens ont influencé et façonné ta mission par leurs écrits ou leurs prédications ?
4. Comment voudrais-tu que ton Église entre en contact avec la culture environnante ?
5. Que peux-tu faire, personnellement, pour entrer en contact avec la culture environnante ?
6. Qu'est-ce qui fonctionne actuellement pour connecter avec la culture ?
7. Quelles autres possibilités vois-tu pour que toi ou ta communauté chrétienne connectiez avec la culture ?

Conduire

1. Comment imagines-tu le succès dans ta mission ?
2. Lorsque tu seras en train d'accomplir ce à quoi Dieu t'appelle, comment le sauras-tu ?
3. En ce moment, à quel point es-tu près de ce but ?
4. Quels obstacles se dressent-ils actuellement sur ta route vers l'accomplissement de ta mission ?
5. La direction vers laquelle tu avances correspond-elle à l'appel que tu as reçu ?
6. Où et comment avez-vous, toi et ton Église, été efficaces pour atteindre la culture environnante ?
7. Lequel de tes leaders a le plus grand impact sur la culture ?
8. Qui sont les personnes de paix avec qui tu es en contact ?
9. Où y a-t-il eu un réseau significatif de relations axé sur l'évangélisation ?

10. Qu'est-ce qui vous empêche, toi ou ton Église, d'engager le dialogue avec la culture environnante ou d'y avoir un impact ?

11. Nomme une ou deux choses que toi ou ton Église pourriez faire pour mieux comprendre, interpeller ou accueillir votre entourage.

Protéger

1. Qu'est-ce qui draine ton énergie et qui mine ta vie dans ta mission ?

2. Qui attaque ta mission, que ce soit intentionnel ou pas ?

3. À quelles voix décourageantes prêtes-tu l'oreille ?

4. Quels péchés dans ta vie sont en train de nuire à ta mission et à ton appel ?

5. Dans quels domaines permets-tu à la lâcheté de nuire à ta mission et à ton leadership ?

6. Dans quels domaines devances-tu le Saint-Esprit et agis-tu par tes propres forces ?

7. Qui a péché contre toi et comment cela affecte-t-il la mission ?

8. Contre qui as-tu péché et qu'est-ce que tu as fait pour régler cela ?

9. Qu'est-ce qui refait constamment surface pour vous distraire, toi et ton entourage, de la mission ?

10. Quels risques es-tu prêt à prendre pour démontrer ta dépendance envers Dieu ?

11. Qui peut t'aider à comprendre ta culture ?

12. Dans quel domaine as-tu le plus besoin de l'aide de Dieu ?

13. De quelle manière pries-tu pour des besoins dans la culture environnante ?

QUARANTE QUESTIONS POUR GARDER LES LEADERS REDEVABLES

Les questions suivantes peuvent être utilisées pour protéger un disciple dans ses compétences et son développement en tant que dirigeant. Pour chaque section, la discussion entre un coach et le disciple peut durer jusqu'à une heure.

Le leadership envers soi-même

1. Qu'est-ce qui te rend unique ? (appel, dons, passions, personnalité, expérience, tendances pécheresses)
2. Que fais-tu pour demeurer inspiré ? À quelle fréquence pratiques-tu cela ?
3. Comment appliques-tu l'Évangile à toi-même ? Quel message remplit tes pensées ?
4. Quels sont les rythmes de la grâce dans ta vie ? (les Écritures, l'adoration, la prière, la communauté, la famille, les congés)
5. Quelles idoles se disputent ton adoration ? Comment parviens-tu à délaisser chaque idole ?
6. Quelles images mentales mauvaises apparaissent à répétition dans ton esprit ? Comment parviens-tu à amener ces pensées captives ?

7. De quelle manière pratiques-tu l'intendance de tes dons pour les mettre à profit ? (le temps, les ressources, les compétences)

Le leadership interpersonnel

1. Qui est la personne qui te comprend le mieux ? À part les membres de ta famille, qui sont les personnes avec qui tu partages ta vie ? (2 Ti 2.2.)
2. Pour qui pries-tu ? Quelles sont tes requêtes à leur égard ?
3. Qui aimerais-tu choisir pour qu'il devienne l'un de tes amis influenceurs ? Quel est ton plan pour que cela se produise ?
4. Comment dis-tu « la vérité avec amour » à ceux que tu diriges ? À quels moments as-tu tendance à tourner autour du pot ?
5. À quel point es-tu fidèle pour arriver à l'heure et accomplir ce que tu as promis ?
6. Ton « oui » et ton « non » sont-ils clairs, de manière à bâtir la confiance ?
7. Qui sont les gens auxquels tu as tendance à essayer de plaire ? Pourquoi ?
8. Comment t'y prends-tu pour former chacun de tes enfants et ta conjointe comme disciples ? (le cas échéant)
9. Qui te connaît réellement ?
10. Dans ta vie, quelles relations sont brisées ? Que fais-tu pour chercher la réconciliation ?

Le leadership organisationnel

1. De quelle façon Dieu t'a-t-il appelé à le servir ? Comment es-tu en train de répondre à cet appel ?
2. Quelles sont les choses qui t'éloignent petit à petit de la réalisation de ton appel ?
3. Quel est le problème de leadership le plus urgent que tu dois affronter actuellement ?

4. Les gens que tu supervises savent-ils exactement ce que tu attends d'eux ?

5. Quelles sont les choses que tu réussis bien dans ton rôle de leader ? Quelles sont celles auxquelles tu dois porter une attention supplémentaire ?

6. Comment encourages-tu ceux que tu diriges à poursuivre les objectifs de votre organisation ?

7. De quelles manières incarnes-tu ton appel ?

8. Quelles opportunités as-tu refusées pour pouvoir accomplir tes objectifs ?

9. Quelles sont les histoires qui définissent la culture dans le domaine où tu exerces un leadership ? Comment t'empares-tu de ces histoires ? De quelle manière les raconte-t-on ?

Le leadership en équipe

1. Qui compose ton équipe ? (les rôles et les styles)

2. Qui te remplacera ?

3. Comment démontres-tu ton amour à chacun des membres de ton équipe ?

4. Quels sont les dysfonctionnements dans ton équipe que tu dois régler ?

5. Avec qui perçois-tu le plus de synergie ? Comment pourrais-tu exploiter cela au maximum ?

6. Avec qui perçois-tu le moins de synergie ? Pourquoi ? Comment minimises-tu ceci ?

7. À qui as-tu du mal à faire confiance ? Pourquoi ? De quelle manière traites-tu ce problème de méfiance envers eux ?

8. Qu'est-ce qui inspire chacun des membres de ton équipe ? (Demande à chacun d'eux : « Quel aspect de ton travail te donne le plus de joie, et quelles histoires as-tu tendance à raconter le plus souvent ? »)

9. De quelles manières permets-tu à tes coéquipiers d'exercer leurs plus grands dons et talents au sein de l'équipe ?

Le leadership pastoral

1. À ton avis, à quoi ressemble la fidélité dans ton appel ?
2. Qui sont les jeunes dirigeants en qui tu t'investis pour les affermir ?
3. De quelle manière fais-tu des disciples ?
4. Comment outilles-tu des gens pour qu'ils servent Jésus plus efficacement ?
5. Vis-tu d'une manière missionnelle ?

QUESTIONS UTILES POUR LE COACHING

Questions pour *connaître* son disciple

Sur le plan personnel

1. Énumère quelques-unes des évidences de la grâce dans ta vie récemment.
2. Que peux-tu me dire au sujet de ta conjointe et de ta famille ?
3. Comment te détends-tu ou que fais-tu pour t'amuser ?
4. Comment se porte ton épouse ?
5. Comment va votre couple ?
6. Y a-t-il de nouvelles tensions dans votre relation auxquelles tu ne t'attendais pas ?
7. Ton épouse s'est-elle plainte récemment au sujet du temps que vous passez ensemble ?

Sur le plan spirituel

1. Quel est l'état de ton âme ?
2. Comment décrirais-tu ton appel à suivre Jésus-Christ ?
3. Énumère quelques-unes des communautés chrétiennes auxquelles tu participes. De quelles manières t'encouragent-elles dans ta marche avec Jésus ?

4. Qu'est-ce que Dieu fait dans ton cœur ces temps-ci ?
5. De quelles manières as-tu vu le Saint-Esprit produire du fruit nouveau dans ta vie ?

Sur le plan missionnel

1. Quelles opportunités de ministère se présentent à toi ?
2. À quoi Dieu t'appelle-t-il ?
3. Quelles sont les compétences ou les habiletés que Dieu t'a données qui t'aident à clarifier ton appel ?

Questions pour *nourrir* son disciple

Sur le plan personnel

1. Qu'est-ce que Dieu t'enseigne ces temps-ci sur ton rôle de mari et de père ou d'épouse et de mère ?
2. Quels sont les obstacles que tu rencontres dans ta vie personnelle ?
3. Comment va ta santé ? Prends-tu des médicaments ?
4. Qu'est-ce qui améliorerait ta relation avec ta conjointe ?

Sur le plan spirituel

1. Quelles informations ou quelles ressources te seraient utiles dans ta croissance spirituelle ?
2. Dans quel domaine as-tu connu le plus de croissance spirituelle dernièrement ?
3. Quelle est la plus grande menace à ton union avec Christ ?
4. Dans quel domaine es-tu le plus vulnérable au péché ?
5. Contre quels péchés luttes-tu ?
6. Qu'est-ce qui te pousse à louer Dieu ?

Sur le plan missionnel

1. À quel moment as-tu eu un impact significatif sur quelqu'un ?
2. De quelles façons fais-tu des disciples ?

3. Énumère quelques défis que tu rencontres dans ta principale responsabilité de ministère.

4. De quelles ressources as-tu besoin pour réaliser tes objectifs de ministère ?

Questions pour *conduire* son disciple

Sur le plan personnel

1. Comment diriges-tu ta famille ?
2. Quel est ton plus grand besoin dans ta vie personnelle ? (Vérifiez s'il a des idoles, des intentions cachées, des luttes d'identité et de l'égoïsme.)

Sur le plan spirituel

1. De quelle manière le Seigneur t'amène-t-il à lui répondre ?
2. Quel est ton plus grand besoin dans ta vie spirituelle ? (Vérifiez s'il a des idoles, des intentions cachées, des luttes d'identité et de l'égoïsme.)

Sur le plan missionnel

1. Vers quoi le Seigneur te conduit-il (n'en choisir qu'un) à connaître (la tête), à ressentir (le cœur) ou à faire (les mains) par rapport à ton ministère ?
2. Quelle est la mission de ton ministère ?
3. Quel est ton plus grand besoin dans ta vie de ministère ?

Questions pour *protéger* son disciple

Sur le plan personnel

1. Quels sont les défis devant toi ?
2. Quelles sont les tentations qui surgissent dans ta vie personnelle ?
3. Dans quels domaines de ta vie personnelle es-tu enclin à t'égarer ? (la santé, les finances, l'horaire, la vie conjugale, etc.)

Sur le plan spirituel

1. Quels sont les défis que tu dois affronter dans ta vie spirituelle ?
2. Quelles tentations surgissent dans ta vie spirituelle ?
3. Quelle priorité accordes-tu à la lecture de la Bible et à la prière ?
4. Dans quels domaines de ta vie spirituelle es-tu enclin à t'égarer ?

Sur le plan missionnel

1. Quels sont les défis que tu dois affronter dans ta mission ?
2. Quelles sont les tentations qui surgissent dans ton ministère ?
3. Dans quels domaines de ton ministère es-tu enclin à dévier de la voie ?

UN GUIDE DE PRIÈRE DE SEPT JOURS

Nous suggérons que ce projet de prière, qui utilise le Notre Père comme fondement, soit assigné à chaque disciple-dirigeant.

LIGNE DE RAPPEL	DIMANCHE	LUNDI	MARDI
MODÈLE *pour la requête*	Notre Père qui es aux cieux	*Notre Père*, que ton nom soit sanctifié	*Notre Père*, que ton règne vienne
PRIORITÉ *de la requête*	En tant qu'enfant de Dieu	Adoration	Évangélisation
Prières pour les PASSIONS *de mon cœur (affections de mon cœur)*			
PERSONNE-*clé*			
Prières pour d'autres PERSONNES			
REQUÊTES *pressantes et urgentes*			
LOUANGES *pour les réponses à mes prières*			

(Ce tableau est tiré de *Seven Days of Prayer with Jesus* [Sept jours de prière avec Jésus], trad. libre, Vancouver, C. B., Grace Vancouver Church, 2006. La permission de copier et de distribuer cet outil, pour utilisation personnelle ou dans un but éducatif, a été accordée.)

MERCREDI	JEUDI	VENDREDI	SAMEDI
Notre Père, que ta volonté soit faite sur la terre comme au ciel	*Notre Père*, donne-nous aujourd'hui notre pain quotidien	*Notre Père*, pardonne-nous nos offenses, comme nous aussi nous pardonnons à ceux qui nous ont offensés	*Notre Père*, ne nous induis pas en tentation, mais délivre-nous du malin
Miséricorde	Générosité Contentement	Unité Réconciliation	Guerre spirituelle

EXEMPLE DE QUATRE PREMIÈRES SÉANCES DE COACHING

Un guide pour avant la séance : des instructions pour démarrer et pour les séances 1 à 4

Les rendez-vous : Vous devez prévoir deux appels de quarante-cinq minutes chacun par mois. Planifiez les premiers quatre à six rendez-vous à l'avance.

Avant la première séance : Révisez les directives de coaching pour les quatre premières séances. Planifiez les quatre appels avec votre protégé et envoyez-lui les instructions qui suivent.

Le moyen de communication : Avisez le disciple du médium que vous utiliserez pour communiquer, diriger les séances de coaching et soumettre vos questions.

La lettre : Voici un exemple d'une première lettre à envoyer à votre protégé :

Cher _____ ,

Bienvenue au coaching centré sur l'Évangile ! Pour débuter, nous allons établir quatre à six dates pour les séances de coaching des trois prochains mois. Je vais te téléphoner pour que nous les choisissions ensemble. Je voudrais aussi que tu fasses un test et que tu répondes à des questions qui me permettront de mieux te connaître, en plus de remplir et me retourner l'alliance de coaching.

Au moins deux jours avant la première séance, veuille s'il te plaît me renvoyer les choses suivantes :

- Tes réponses aux questions qui figurent dans le document ci-joint.
- Les résultats de ton profil DiSC ; s'il est disponible, envoie-moi le fichier PDF de tes résultats.
- L'alliance de coaching (que tu auras signée, à moins que tu aies des questions) ; tu peux taper ton nom en guise de signature, ce sera suffisant.

J'espère bien avoir de tes nouvelles très bientôt !

Chaleureusement,

Le guide du coach centré sur l'Évangile : première séance

Les objectifs. Les objectifs de cette séance sont les suivants : (1) faire la connaissance du disciple, (2) établir une relation ainsi que les attentes et (3) bâtir la confiance.

Les outils. Vous aurez besoin des outils suivants : un téléphone ou une connexion Skype, les questions de la première séance, le guide pour la première séance du coach, le formulaire de l'alliance de coaching et les résultats du disciple au test DiSC.

Instructions philosophiques. Voici quelques instructions qui vous seront utiles :

1. Cette première séance permettra d'établir une grande part des attentes du disciple par rapport à votre relation. Il vous faut communiquer clairement vos objectifs pour l'aider à grandir dans :
    *   L'identité fondée sur l'Évangile
    *   L'adoration conforme à l'Évangile
    *   La communauté évangélique
    *   La mission évangélique

2. Les deux premiers entretiens avec votre protégé impliqueront l'accumulation de beaucoup d'information pour que vous appreniez à le connaître sur les plans personnel, spirituel et missionnel. En tant que coach centré sur l'Évangile, vous devriez parler très peu durant ces premières séances, si ce n'est pour résumer la logistique de la relation (cinq à dix minutes, tout au plus).

3. Apprenez à le connaître personnellement et enregistrez ces informations de manière à y avoir accès au besoin (le prénom de la conjointe, le nom et l'âge des enfants, ses passe-temps, etc.).

4. La confiance est un prérequis pour qu'un disciple s'ouvre et reçoive bien les réprimandes et les mots d'encouragement. Lors des premières séances, ne vous concentrez pas sur la confrontation de ce que vous percevez comme incorrect chez lui ou sur la recherche de solutions aux problèmes qu'il aura soulevés. Au lieu de cela, établissez les faits que vous êtes à l'écoute, que vous vous souciez de lui et que vous êtes à ses côtés pour le voir évoluer à la ressemblance de Jésus.

5. La connaissance est un prérequis à un juste jugement. Certaines choses peuvent sembler claires à première vue, mais ne tirez pas des conclusions définitives sur ce que vous

croyez être « le problème » dans la vie du disciple en vous basant sur les premières séances. Continuez à poser des questions et à accumuler des informations.

6. Le disciple devrait avoir fait le test DiSC avant cette première séance. Sinon, il lui faudra l'avoir fait avant la deuxième. Vous devriez également connaître votre propre profil DiSC (faites ce test si ce n'est pas déjà fait). Observez en quoi vous êtes différent de votre protégé et soyez prêt à vous adapter à lui dans votre façon de communiquer. Par exemple, si vous êtes un grand D ou I sur le DiSC, vous préférerez sans doute soumettre un grand nombre de questions et passer par-dessus du contenu qui vous semble peu intéressant. Mais si le disciple est un grand S ou C, votre approche s'avérera peut-être frustrante pour lui. Il est possible qu'il préfère explorer quatre ou cinq questions en profondeur et examiner tout le contenu. Soyez conscient de ces choses et, en tant que coach, adaptez votre style aux besoins du disciple.

7. Prenez des notes au cours de cette séance. Vous étudiez votre protégé pour bien le connaître. Cherchez à découvrir les réponses aux questions suivantes : Qu'est-ce qui l'allume ? Comment Dieu le façonne-t-il ? De quel milieu vient-il ? Quels sont ses expériences, ses compétences et ses rêves uniques ?

8. Assurez-vous de traiter quelques aspects logistiques. Décidez ensemble qui appellera l'autre pour les séances, quelle politique d'annulation devra s'appliquer et si le disciple peut vous contacter en dehors des séances (et par quel médium).

Instructions pour la séance. Voici des instructions pour cette séance :

1. Au moins deux jours avant la première séance, envoyez les questions et le document de l'alliance de coaching à votre protégé. Assurez-vous de personnaliser votre message.

2. Avisez le disciple (1) de qui appellera qui ; (2) de quel numéro de téléphone ou quelle adresse Skype (ou autre) doit être utilisé ; (3) qu'il doit répondre à toutes les questions pour cette séance au moins un jour avant la rencontre ; (4) qu'il doit réviser l'alliance de coaching, et, s'il n'a pas de questions, la signer (taper son nom à l'endroit prévu) et la retourner via Internet.

3. Avant la séance, lisez toutes les réponses du disciple et priez par rapport à cela. Demandez au Saint-Esprit de vous révéler les domaines où il vous faut poser plus de questions et creuser davantage.

4. Pendant la séance, veillez aux choses suivantes :
   - Commencez et terminez à l'heure prévue.
   - Faites la prière pour commencer.
   - Revoyez ensemble l'alliance de coaching.
   - Revoyez les résultats du test DiSC.
   - Passez quarante-cinq minutes à écouter et à poser des questions sur le vécu du disciple, en explorant plus en profondeur à l'aide de commentaires tels que : « parle-moi davantage de ce sujet » et « y a-t-il autre chose ? ».
   - Faites la prière pour clore l'entretien.

Questions suggérées pour la première séance

[Coach, personnalise ceci] Bonjour ! Je suis excité à l'idée de pouvoir apprendre à te connaître au cours de six prochains mois. Pour commencer, écris tes réponses aux questions suivantes et envoie-les-moi au moins une journée avant notre séance. Merci.

1. Que peux-tu me dire à ton sujet ? (ta famille, ta communauté, comment était ton enfance, etc.)

2. Comment es-tu devenu chrétien ? Quelles sont les dates de ton anniversaire de naissance et de mariage ?

3. Raconte-moi certaines bonnes choses que Dieu a accomplies récemment dans ta vie.

4. Quels ont été quelques-uns des moments de révélation importante dans ton parcours spirituel ?

5. Que fais-tu pour te détendre ou pour t'amuser ?

6. Sur une échelle de 1 à 10 (1 étant le plus faible), quel chiffre correspond à ta santé physique, selon toi ?

7. Quel chiffre accordes-tu à ta santé spirituelle ?

8. Quel chiffre accordes-tu à ta santé émotionnelle ?

9. Quel chiffre accordes-tu à la santé de ta vie conjugale ?

10. Qu'as-tu appris à ton sujet à la suite du test DiSC ? (Lisons ensemble les résultats.) Est-ce qu'il y a des choses qui t'ont surpris ? Y a-t-il des choses avec lesquelles tu es en désaccord ?

11. En ce moment, quel est ton rôle dans le ministère ? De quelles manières y es-tu impliqué ?

12. En quoi consiste ton implication dans la mission ? De quelle façon annonces-tu la Bonne Nouvelle à ceux qui ne connaissent pas Jésus ?

13. Énumère trois problèmes que tu dois affronter ces temps-ci.

14. Quelles sont tes attentes pour cette relation de coaching ?

15. De quelle manière puis-je venir à tes côtés pour t'offrir du soutien ?

16. As-tu des questions à propos de l'alliance de coaching ?

17. Comment puis-je prier pour toi ?

Le guide du coach centré sur l'Évangile : deuxième séance

Les objectifs. Les objectifs de la présente séance sont les suivants : (1) continuer de faire la connaissance du disciple, (2) établir une relation ainsi que les attentes de chacun et (3) bâtir la confiance.

Les outils. Vous aurez besoin des outils suivants : un téléphone ou une connexion Skype, les questions pour la deuxième séance et le guide du coach pour la deuxième séance.

Instructions philosophiques. Voici quelques instructions qui vous seront utiles :

1. Révisez les instructions philosophiques de la première séance.
2. Continuez d'apprendre à connaître le disciple. Cette séance sert à creuser un peu plus en profondeur pour savoir où se trouve le disciple dans son parcours vers Christ.
3. La prochaine séance vous amènera à vous concentrer davantage sur l'appel qu'il a reçu.

Instructions pour la séance. Voici des instructions pour cette séance :

1. Au moins deux jours avant la deuxième séance, envoyez (ou affichez en ligne) les questions et le document de l'alliance de coaching à votre protégé. Assurez-vous de personnaliser les questions adressées au disciple.
2. Rappelez au disciple (1) qu'il doit répondre à toutes les questions pour cette séance au moins un jour avant la rencontre ; (2) si ce n'est pas déjà fait, qu'il doit réviser l'alliance de coaching, et s'il n'a pas de questions, la signer (taper son nom à l'endroit prévu) et la retourner via Internet.
3. Avant la séance, lisez toutes les réponses que vous avez reçues du disciple et priez à ce sujet. Demandez au Saint-Esprit de vous révéler les domaines où il vous faut poser plus de questions et explorer davantage.
4. Pendant la séance, veillez aux choses suivantes :
   - Commencez et terminez à l'heure prévue.
   - Connectez avec le disciple sur le plan relationnel. (N'y manquez pas.)
   - Connectez-vous au Saint-Esprit et à l'Évangile par la prière.

- Revoyez ensemble les tâches de la première séance (l'alliance du coaching, les réponses aux questions, tout nouveau défi qui aurait surgi depuis la dernière séance).
- Faites la prière pour clore l'entretien.

Questions suggérées pour la deuxième séance

1. Comment vas-tu ? Dis-moi quelques façons dont Dieu t'a béni récemment. (Coach, ajoutez ici une question personnelle reliée à la séance précédente.)
2. (Coach, ajoutez une autre question de suivi reliée à la séance précédente.)
3. Comment va ta famille ? (Coach, précise davantage cette question.)
4. Parle-moi de ta mission actuelle :
   - Quelles sont les nouvelles opportunités de mission qui se présentent à toi ?
   - Jusqu'à quel point comprenez-vous, toi et ton Église, la culture dominante dans votre ville ?
   - Comment êtes-vous impliqués, toi et ton Église, au sein de la culture environnante ?
5. Parle-moi de ta vie spirituelle :
   - Qu'est-ce qui t'incite à adorer Dieu ?
   - Comment Dieu te sauve-t-il quotidiennement ?
6. Parle-moi davantage de ta vie personnelle :
   - Énumère-moi quelques-uns de tes objectifs pour ta vie personnelle.
   - Comment décrirais-tu une « journée parfaite » ?
   - Comment décrirais-tu une « semaine parfaite » ?
   - Peux-tu me donner un aperçu de l'activité physique à laquelle tu t'adonnes au cours d'une semaine ? Quelles sont tes habitudes de sommeil et de repos ? De quelle manière aimerais-tu améliorer tes habitudes alimentaires ?

- As-tu des problèmes de santé qui affectent ta vie et ton ministère ? Comment les gères-tu ?
7. As-tu autre chose en tête dont tu aimerais que nous discutions ?
8. Comment puis-je continuer à prier pour toi ?

Le guide du coach centré sur l'Évangile : troisième séance

Les objectifs. Les objectifs de la présente séance sont les suivants : (1) explorer l'appel du disciple, pour faire la lumière sur les aspects généraux et spécifiques de ce mandat divin (2) jauger, chez le disciple, le niveau de compréhension qu'il a de cet appel sur sa vie.

Les outils. Vous aurez besoin des outils suivants : un téléphone ou une connexion Skype, les questions pour la troisième séance, le guide du coach pour la troisième séance.

Instructions philosophiques. Voici quelques instructions qui vous seront utiles :

1. Vous n'êtes encore qu'en coaching « d'avant-match ». Vous cherchez à découvrir où en est le disciple dans la compréhension de son appel et la réalisation de celui-ci.
2. Si votre protégé semble perdu par rapport à l'appel qu'il a reçu, c'est sur cela que devra porter la majeure partie de votre relation de coaching dorénavant.
3. L'appel déterminera les objectifs ; les objectifs détermineront le plan d'action ; le plan d'action déterminera l'intendance (l'horaire, les relations, les ressources, etc.) Il est essentiel d'avoir une bonne compréhension de l'appel du disciple avant de le coacher, puisque tous les sujets seront examinés à la lumière de cet appel. Les autres questions qui semblaient constituer « le problème » s'évaporeront si elles se trouvent à l'extérieur du cadre de cet appel.

4. Lisez la section du chapitre onze qui s'intitule « Élaborer un plan de vie centré sur l'Évangile » (si ce n'est pas déjà fait).

5. Au cours de cette séance, les questions sur la « vie spirituelle » et la « vie personnelle » devraient vous aider à savoir si le disciple cherche activement la direction de Dieu (pour clarifier son appel), et s'il applique cet appel dans sa vie personnelle et son ministère (soyez à l'affût des tensions).

6. Bien que nous accordions une grande valeur au leadership du coach à travers cette relation, au bout du compte, c'est le Saint-Esprit qui dirige tout au long de la séance. Efforcez-vous de vous rappeler sans cesse de l'écouter et demandez-lui de vous aider à discerner quand il faut poser des questions et quand proposer des réponses. Il y aura des moments propices aux deux, mais ne sous-estimez pas le pouvoir d'une bonne question pour ouvrir la porte à l'œuvre de l'Esprit dans le cœur du protégé (rappelez-vous comment Jésus enseignait souvent ses disciples au moyen de questions pour sonder leur cœur et les transformer par l'Évangile).

Instructions pour la séance. Voici des instructions pour cette séance :

1. Au moins deux jours avant la troisième séance, envoyez (ou affichez en ligne) les questions à votre protégé. Assurez-vous de personnaliser les questions adressées au disciple.

2. Rappelez au disciple qu'il doit répondre à toutes les questions pour cette séance au moins un jour avant la rencontre.

3. Avant la séance, lisez toutes les réponses que vous avez reçues du disciple et priez à ce sujet. Demandez au Saint-Esprit de vous révéler les domaines où il vous faut poser plus de questions et creuser davantage.

4. N'oubliez pas de commencer et de clore l'entretien par la prière avec et pour le disciple.

Questions suggérées pour la troisième séance

1. Comment vas-tu ? Dis-moi quelques-uns des défis auxquels tu fais face présentement. Comment va… (Coach, ajoutez ici une question personnelle en rapport avec la séance précédente.)

2. (Coach, ajoutez une autre question de suivi de la séance précédente.)

3. Comment va ta famille ? (Coach, précise davantage cette question.)

4. Comment et à quoi Dieu t'a-t-il appelé personnellement ?
   - Parle-moi de quelques-uns des rêves que tu as eus toute ta vie. Que se passe-t-il aujourd'hui par rapport à ces rêves ?
   - Quelles compétences ou quels talents Dieu t'a-t-il donnés ?
   - Qu'est-ce qui te rend excité ou enthousiaste dans la vie ? À quel point es-tu excité ou enthousiaste en ce moment ?
   - As-tu eu un impact significatif sur quelqu'un récemment ?
   - Où Dieu t'appelle-t-il à être une lumière pour ceux qui ne le connaissent pas encore ? Comment cela se traduit-il dans ta vie présentement ?
   - À quoi ressemblerait le succès dans ton appel ?

5. Parle-moi davantage de ta vie spirituelle.
   - Qu'as-tu lu dans la Bible cette semaine ? Qu'as-tu appris dans ta lecture ?
   - Comment nourris-tu ton âme ?

6. Parle-moi davantage de ta vie personnelle.
   - Comment le ministère affecte-t-il ta famille, tes amitiés et ta communauté ?
   - Comment ta famille, tes amis et ta communauté affectent-ils ton ministère ?
   - Qu'est-ce qui t'aide à grandir et à te développer personnellement ? (ta pensée, ton cœur, ta créativité, tes habiletés, etc.) Comment favorises-tu la croissance personnelle dans ta vie ?

7. Comment puis-je continuer à prier pour toi ?

Le guide du coach centré sur l'Évangile : quatrième séance

Les objectifs. Les objectifs de la présente séance sont les suivants : (1) continuer d'explorer l'appel du disciple et (2) sonder de façon personnelle ce qui se trouve dans son cœur.

Les outils. Vous aurez besoin des outils suivants : un téléphone ou une connexion Skype, les questions pour la quatrième séance, le guide du coach pour la quatrième séance.

Instructions philosophiques. Voici quelques instructions qui vous seront utiles :

1. Vous devriez adapter les questions des séances en fonction des connaissances que vous avez accumulées. Continuez d'amasser de l'information pour vous aider à mieux connaître votre protégé, mais commencez à vous concentrer davantage sur l'appel qu'il a reçu et l'état de son cœur.

2. Soyez conscient du fait qu'en général dans notre culture (chrétienne ou autre), on n'aborde pas l'arrogance, le désespoir ou l'apathie de notre cœur. La plupart d'entre nous ne fourniront pas aux autres ce genre d'information, à moins qu'on nous le demande. Toutefois, ces caractéristiques sont non seulement les indicateurs de problèmes plus profonds et d'incrédulité dans le cœur, mais ils sont aussi de sérieuses entraves qui empêchent d'entendre et de réaliser un appel de Dieu.

3. Soyez aux aguets pour détecter des décalages entre ce que le disciple dit croire et sa façon de vivre.

Instructions pour la séance. Voici des instructions pour cette séance :

1. Au moins deux jours avant la quatrième séance, envoyez (ou affichez en ligne) les questions à votre protégé. Assurez-vous de personnaliser les questions adressées au disciple.

2. Une séance prototype vous a été fournie. À partir de maintenant, vous devriez personnaliser les questions. Vous pouvez utiliser la liste de questions exhaustive pour vous aider à structurer la séance. Mais à mesure que vous apprenez à mieux connaître votre protégé, grâce à la direction du Saint-Esprit, efforcez-vous de bâtir chaque rencontre pour qu'elle lui corresponde et qu'elle l'encourage à enraciner son identité en Christ, à adorer Dieu plutôt que la créature, à participer à une communion authentique et profonde et à vivre la mission de Christ envers le monde à travers l'Église.

3. Rappelez au disciple qu'il doit répondre à toutes les questions pour cette séance au moins un jour avant la rencontre.

4. Avant la séance, lisez toutes les réponses que vous avez reçues du disciple et priez à ce sujet. Demandez au Saint-Esprit de vous révéler les domaines où il vous faut poser plus de questions et explorer davantage.

5. N'oubliez pas de commencer et de clore l'entretien par la prière avec et pour le disciple.

Questions suggérées pour la quatrième séance

1. Comment vas-tu ? Quelles bonnes choses sont en train de se produire dans ta vie ?

2. (Assurez-vous d'ajouter des questions personnelles et de suivi de la séance précédente.)

3. Quels dons ou compétences de leadership as-tu besoin de développer pour réaliser ton appel ?
   - Comment décrirais-tu tes compétences actuelles dans ces domaines ?

- Comment Dieu pourvoit-il à des façons pour que tu sois outillé dans ces domaines ?
- Quelles occasions as-tu de développer ton leadership ?
- Quand ton appel au leadership a-t-il été remis en question ?
- Dans quelles circonstances as-tu douté de ton appel ?
- Y a-t-il quelque chose actuellement qui te fait remettre en doute ton appel ?

4. Comment va ton cœur ?
   - À quel point, selon toi, ton cœur est-il enclin au *désespoir* ?
   - Qu'est-ce qui te fait vivre du désespoir ?
   - Qu'est-ce qui atténue en toi le sentiment de désespoir ?
   - À quel point, selon toi, ton cœur est-il enclin à l'*arrogance* ?
   - Qu'est-ce qui attise ton arrogance ?
   - Comment l'arrogance se manifeste-t-elle dans ton foyer ?
   - Comment l'arrogance se manifeste-t-elle dans ton ministère et dans ta mission ?
   - Comment l'arrogance se manifeste-t-elle dans ta vie spirituelle ?
   - À quel point, selon toi, ton cœur est-il enclin à l'*apathie* ?
   - À quoi ressemblaient les périodes d'apathie que tu as vécues ?
   - Qu'est-ce qui cause de l'apathie dans ton cœur ?
   - Où en est ton cœur aujourd'hui en ce qui a trait au désespoir, à l'arrogance et à l'apathie ?

5. Quels sont tes sujets de prière ces jours-ci ?

NOTES

INTRODUCTION

1. Paul D. Stanley et J. Robert Clinton, *Connecting*: *The Mentoring Relationships You Need to Succeed in Life* [Connecter : Les relations de mentorat dont vous avez besoin pour réussir votre vie], trad. libre, Colorado Springs, NavPress, 1992, p. 47-85.

CHAPITRE 1

1. « Coach (Carriage) », < http://en.wikipedia.org/wiki/Coach_(carriage) >. Par la suite, le terme *coach* désignait les wagons de train en 1866, < www.etymon-line.com/index. php?term=coach >.
2. Voir « coach (n), », < www.etymonline.com/index.php?term=coach >.
3. Patrick Williams et Deborah C. Davis, *Therapist as Life Coach: Transforming Your Practice* [Thérapeute en tant que coach de vie : transformez votre pratique], trad. libre, New York, Norton, 2002, p. 29.
4. Paul D. Stanley et J. Robert Clinton, *Connecting*: *The Mentoring Relationships You Need to Succeed in Life* [Connecter : les relations de mentorat dont vous avez besoin pour réussir votre vie], trad. libre, Colorado Springs, NavPress, 1992, p. 18, 73.
5. Ed Stetzer et Phillip Connor, « Church Planting Survivability and Health Study » [Étude de la santé et de l'aptitude à survivre des projets d'implantation d'Églises], trad. libre, Center for Missional Research, North American Mission Board (février 2007).
6. Steve Ogne et Tim Roehl, *Transformissional Coaching* [Le coaching transformissionnel], trad. libre, Nashville, Broadman et Holman, 2008, p. 80.

7. Gary Collins, *Christian Coaching* [Le coaching chrétien], trad. libre, Colorado Springs, NavPress, 2001, p. 31.

8. Voir Archibald Hart, « Time To Get a Life » [C'est le moment de vivre sa vie], trad. libre, *Cutting Edge* (printemps 2001), p. 14-16.

9. Augustine, *Soliloquies*, 2.7.14, cité dans George Howie, *Educational Theory and Practice in St. Augustine* [Théorie et pratique éducatives chez St-Augustin], trad. libre, Londres, Routledge, 1969, p. 170.

10. Gunter Krallman, *Mentoring for Mission: A Handbook on Leadership Principles Exemplified by Jesus Christ* [Le mentorat en vue de la mission : un manuel sur les principes de leadership tels qu'illustrés par Jésus-Christ], trad. libre, Waynesboro, Géorgie, Gabriel, 2002, p. 63.

11. David Allen, *Getting Things Done: The Art of Stress-Free Productivity* [S'arranger pour que les choses se fassent : l'art de la productivité sans stress], trad. libre, New York, Penguin, 2002.

CHAPITRE 2

1. Voir Chris Armstrong, « Preacher in the Hands of an Angry Church » [Prédicateur aux mains d'une Église en colère], trad. libre, *Leadership Journal* 24 (hiver 2003), < www.ctlibrary.com/le/2003/winter/8.52.html >.

2. Paul Vitello, « Taking a Break from the Lord's Work » [Prendre une pause de l'oeuvre du Seigneur], trad. libre, *New York Times*, 1er août, 2010, A1, < www.nytimes.com/2010/08/02/nyregion/02burnout.html?_r=4&pagewanted=1 > (page consultée le 9 août 2010).

3. David Olson, *The American Church in Crisis* [L'Église américaine en crise], trad. libre, Grand Rapids, Zondervan, 2008, p. 15, 30.

4. Christian Smith, « On 'Moralistic Therapeutic Deism' as U.S. Teenagers' Actual, Tacit, De Facto Religious Faith » [À propos du « Deisme moraliste thérapeutique » selon la réalité tacite des adolescents américains : la foi religieuse de facto], trad. libre, < www.ptsem.edu/uploadedFiles/School_of_Christian_Vocation_and_Mission/Institute_for_Youth_Ministry/Princeton_Lectures/Smith-Moralistic.pdf > (page consultée le 30 mai 2010).

5. Tim Keller, « The Centrality of the Gospel » [La place centrale de l'Évangile], trad. libre, < www.redeemer2.com/resources/papers/centrality.pdf > (page consultée le 19 décembre 2011).

6. « Pastors' Forum: How do you deal with stress in the ministry? » [Forum de pasteurs : que gérez-vous le stress dans le ministère ?], trad. libre, Tony Cooke Ministries, < www.tonycooke.org/forum/answers/stress_ministry.html > (page consultée le 16 novembre 2011).

7. Abraham Maslow, que plusieurs considèrent être le père de la psychologie humaniste, s'est avéré responsable, en grande partie, d'avoir rendu crédible

et d'avoir dynamisé le mouvement du potentiel humain dans les années 1960 en publiant son traité phare *Vers une psychologie de l'être* (1972). Dans cet ouvrage, Maslow offre un résumé de ses recherches sur « la réalisation de soi » (une expression qu'avait inventé Kurt Goldstein) et il formule des locutions telles que « individu total », se prononçant aussi sur « l'être » et le « devenir ». Maslow a étudié « l'homme sain » qu'il a identifié comme se réalisant lui-même. Il a effectué des recherches, a questionné et a observé des gens dont la vie démontrait une vitalité et une résolution, et qui cherchaient constamment à progresser au point de vue psychologique et à arriver au sommet de leur potentiel humain. Nous croyons que c'est ce moment-clé de l'histoire qui a établi le cadre pour l'émergence du domaine du coaching de vie durant les années 1990. L'information est tirée du livre de Patrick Williams et Deborah C. Davis, *Therapist as Life Coach: Transforming Your Practice* [Thérapeute en tant que coach de vie : transformez votre pratique], trad. libre, New York, Norton, 2002, p. 13.

8. Carl Jung croyait lui aussi au pouvoir de l'interdépendance et des relations, ainsi qu'au « déterminisme psychique » ou croyance téléologique, selon laquelle nous créons notre avenir en le visualisant et en ayant une vie significative. Les théories et les approches de Jung mettent également l'emphase sur l'expression de la spiritualité et des valeurs alors qu'une personne traverse un processus qu'on appelle l'individuation – la progression et le développement du moi spirituel. Jung a aussi parlé de l'importance des mythes et des rituels, qui deviennent des éléments de plus en plus importants chez les clients des « coachs de vie ». L'information est tirée du livre de Williams et Davis, *Therapist as Life Coach* [Thérapeute en tant que coach de vie : transformez votre pratique], trad. libre, p. 13.

9. Alfred Adler se voyait comme un éducateur personnel, estimant que chaque individu développe sa propre approche existentielle et que cette dernière façonne ses buts, ses valeurs, ses habitudes, et sa volonté. Il croyait que le bonheur émerge du sentiment d'importance et d'interdépendance sociale (appartenance), plutôt que des objectifs et des désirs individuels. Adler considérait chaque personne comme le créateur et l'artisan de sa propre vie et il incitait fréquemment ses clients à établir des objectifs, des plans de vie et à inventer leur avenir ; ce sont toutes des approches du coaching de vie d'aujourd'hui. L'information est tirée de l'ouvrage de Williams et Davis, *Therapist as Life Coach* [Thérapeute en tant que coach de vie : transformez votre pratique], trad. libre, p. 14.

10. Milton Erickson, un psychiatre unique et iconoclaste, croyait en l'habileté inhérente des individus pour parvenir au bien-être, lorsque l'on pouvait faire échec à la raison d'être d'une maladie. Il obtenait apparemment des

« résultats miraculeux » après à peine quelques séances avec un patient. L'information est tirée du livre de Williams et Davis, *Therapist as Life Coach* [Thérapeute en tant que coach de vie], trad. libre, p. 13.

11. « People with problems in living » [Des gens qui ont des problèmes d'existence], trad. libre, est une terminologie qu'a inventée Thomas Szasz pour remplacer l'expression « maladie mentale ». On peut l'employer pour décrire les maux causés par les dépendances, la toxicomanie, les comportements antisociaux et une multitude d'étiquettes avilissantes.

12. La réalisation de tout son potentiel. Voir Abraham H. Maslow, *Devenir le meilleur de soi-même*, Groupe Eyrolles, 2008.

13. Larry Crabb, *Basic Principles of Christian Counseling* [Principes fondamentaux de la relation d'aide chrétienne], trad. libre, Grand Rapids, Zondervan, 1975, p. 32 et 33.

14. Selon Rogers, l'approche d'une thérapie centrée sur la personne a des racines dans la pensée freudienne. Voir aussi Carl R. Rogers, « Significant Aspects of Client-Centered Therapy » [Des aspects importants de la thérapie centrée sur le client], trad. libre, *American Psychologist* 1, 1946, p. 415-422, < http://psychclassics.yorku.ca/Rogers/therapy.htm > (page consultée le 16 novembre 2011).

15. Par exemple, l'approche GROW de John Whitmore qu'utilisent plusieurs dirigeants chrétiens, des hommes et des femmes de Dieu.

16. John Whitmore, *Coaching for Performance: GROWing Human Potential and Purpose* [*Le guide du coaching pour la performance : principes et pratiques du coaching et du leadership*], trad. libre, 4ᵉ éd. London, Brealey, 2009, p. 13.

17. Jane Creswell, *Christ-Centered Coaching* [Le coaching centré sur Christ], trad. libre, St. Louis, Missouri, Lake Hickory Resources, 2006, p. 13.

18. David Powlison, « Idols of the Heart and 'Vanity Fair' » [Les idoles du coeur et « Vanity Fair »], trad. libre, *Journal of Biblical Counseling*, 13, n° 2, hiver 1995, p. 35.

19. Henri Nouwen, *In the Name of Jesus* [Au nom de Jésus], trad. libre, New York, Crossroad, 1993, p. 65 et 66.

20. J. I. Packer, *L'évangélisation et la souveraineté de Dieu*, La Bannière de la Vérité, 1968, p. 44.

21. « The Story: How It All Began and How It Will Never End » [Le récit : Comment tout a commencé et comment il n'y aura pas de fin], trad. libre, Spread Truth Ministries, 2010, < http://viewthestory.com/3156 >.

22. Martin Luther, « Commentaire de l'épitre aux Galates », dans *Œuvres*, tome XVI, Ga 4.6, Genève, Labor et Fides, 1972, p. 91-92.

23. C. S. Lewis, *Dieu au banc des accusés*, Sator/EBV, 1982, p. 65.

24. « The Story: How It All Began and How It Will Never End » [Le récit : comment tout a commencé et comment il n'y aura pas de fin], trad. libre, < http://viewthestory.com/3156 >.

25. Steve Childers, « True Spirituality: The Transforming Power of the Gospel » [La véritable spiritualité : la puissance transformatrice de l'Évangile], trad. libre, < www.gca.cc/other_files/True%20Spirituality%20by%20Childers. pdf > (page consultée le 7 mars 2011).

26. Robert Heppe, « The Gospel, Sanctification, and Mission » [L'Évangile, la sanctification et la mission], trad. libre, (document non publié).

27. C. S. Lewis, *Les Chroniques de Narnia, VII : La Dernière Bataille*, Folio Junior, 2002, p. 217.

28. Richard P. Kaufmann, « The Gospel-Driven Church » [L'Église motivée par l'Évangile], trad. libre, (notes de présentation non publiées), basé sur la toute première valeur fondamentale du réseau d'Églises Harbor Presbyterian.

CHAPITRE 3

1. Matthieu 11.28,29 ; 28.18 ; Philippiens 3.8,9,12 ; Jean 15.2-12 ; Romains 7.18 ; 1 Jean 2.27 ; 1 Corinthiens 1.30 ; Galates 2.20 ; 2 Corinthiens 1.21 ; 6.2.

2. John Calvin, *Institution de la religion chrétienne*, Kerygma/Excelsis, 2015, p. 68 ; John Calvin, *Commentary on Acts* [Commentaire sur le livre des Actes], trad. libre, vol. 2, Grand Rapids, Christian Classics Ethereal Library, 1999, p. 234.

3. Voir Os Guinness et John Seel, *No God But God* [Aucun autre dieu que Dieu], trad. libre, Chicago, Moody, 1992.

CHAPITRE 4

1. J. I. Packer, *Connaître Dieu*, Charols, Grâce et Vérité, 1994, p. 237.

2. Steve Brown, *When Being Good Isn't Good Enough* [Quand un bon comportement ne suffit pas], trad. libre, Grand Rapids, Baker, 1995, p. 143.

3. Timothy Keller, *La raison est pour Dieu*, Lyon, Éditions Clé, 2010, p. 187.

4. Cité dans Timothy Keller, *Gospel in Life Study Guide: Grace Changes Everything* [Guide d'étude de l'Évangile dans sa vie : la grâce change tout], trad. libre, Grand Rapids, Zondervan, 2010, p. 28.

5. Richard F. Lovelace, *Dynamics of Spiritual Life: An Evangelical Theology of Renewal* [Les dynamiques de la vie spirituelle : une théologie évangélique du renouveau], trad. libre, Downers Grove, Ill., InterVarsity, 1979, p. 90.

6. Thomas Watson, *The Doctrine of Repentance* [La doctrine de la repentance], trad. libre, Carlisle, Penns., Banner of Truth, 1999, p. 18.

7. *Ibid.*, p. 18-58.

8. Tim Chester, *Vous pouvez changer : la puissance transformatrice de Dieu pour grandir en sainteté*, Lyon, Éditions Clé, 2019, p. 92.

9. *Ibid.*, p. 91-121.

10. Steven Curtis Chapman et Scotty Smith, *Restoring Broken Things* [La restauration de ce qui est brisé], trad. libre, Nashville, Nelson, 2007, p. 105.

11. Timothy S. Lane et Paul David Tripp, *Changer vraiment : comment ?*, Longueuil, Québec, Éditions Ministères Multilingues, 2007, p. 18.

CHAPITRE 5

1. Bruce McNichol, cité dans « Churches Die with Dignity » [Les Églises meurent dans la dignité], trad. libre, *Christianity Today* (14 janvier 1991), p. 69.

2. Robert Coleman, *Évangéliser selon le Maître*, Marpent, France, BLF Éditions, 2013, p. 14, 15.

3. Bryan Chapell, *Holiness by Grace* [La sainteté par la grâce], trad. libre, Wheaton, Ill., Crossway, 2001, p. 154.

4. Les noms ne sont pas dévoilés. Utilisé avec permission.

5. Mark Hall, « Slow Fade » [Fondu lent], trad. libre, Copyright © 2007 Club Zoo Music (BMI).

6. Paul David Tripp, *Instruments entre les mains du Rédempteur*, Trois-Rivières, Québec, Éditions Impact, 2017, p. 83.

7. Os Guinness, *The Call: Finding and Fulfilling the Central Purpose of Your Life* [L'appel : trouver et réaliser le but central de votre vie], trad. libre, Nashville, W, 2003, p. 4.

8. *Ibid.*, p. 20.

9. Adapté de l'ouvrage de J. Allen Thompson, *Coaching Urban Church Planters* [Coacher les implanteurs d'Églises en milieu urbain], trad. libre, New York, Redeemer Church, 2005, p. 53, 56.

10. Martin Luther, *A Commentary on St. Paul's Epistle to the Galatians* [Commentaire sur l'épître de Saint-Paul aux Galates], trad. libre, Philadelphie, Smith, English, & Co., 1860, p. 206.

CHAPITRE 6

1. Timothy S. Laniak, *Shepherds after My Own Heart* [Des bergers selon mon cœur], trad. libre, Downers Grove, Ill., InterVarsity, 2006, p. 18.

2. S. David Moore, *The Shepherding Movement Controversy and Charismatic Ecclesiology* [La controverse face au mouvement pour l'exercice du rôle de berger et l'ecclésiologie charismatique], trad. libre, New York, T&T Clark, 2003, p. 196.

3. Le mot *partage* dans 1 Pierre 5.3 est la traduction du grec *kléros*, qui signifie une part d'un terrain. Il se réfère à la portion d'un héritage que l'on alloue ; plus précisément la possession de quelqu'un ou ce qu'il possède. « Dans 1 Pi 5.3, le *kleroi* semble être le « troupeau » entier, c'est-à-dire les différentes parties du peuple de Dieu qui ont été attribuées comme « parts » aux anciens ou bergers individuels (des différentes portions que l'on assemble pour former un tout...) » F. W. Danker, éd., *A Greek-English Lexicon of the New Testament and Other Early Christian Literature* [Un lexique grec-anglais du Nouveau Testament et d'autre littérature des premiers chrétiens], trad. libre, 3ᵉ éd., Chicago, University of Chicago Press, 2000, p. 548.

CHAPITRE 7

1. John Wooden et Don Yeager, *A Game Plan for Life: The Power of Mentoring* [Une stratégie pour la vie : le pouvoir du mentorat], trad. libre, New York, Bloomsbury, 2009, p. 3-5.

2. Voir David Peterson, *Engaging with God: A Biblical Theology of Worship* [Engager le dialogue avec Dieu : une théologie biblique de l'adoration], trad. libre, Downers Grove, Ill., InterVarsity, 1992, p. 67.

3. Voir H. R. P. Dickson, *The Arab of the Desert* [L'Arabe du désert], trad. libre, Londres, Allen & Unwin, 1949, p. 402-403 ; voir aussi Jérémie 33.13.

4. Timothy Z. Witmer, *The Shepherd Leader* [Le berger leader], trad. libre, Phillipsburg, N. J., P&R, 2010, p. 109.

5. Edward G. Selwyn, *The First Epistle of Peter* [La première épître de Pierre], trad. libre, Grand Rapids, Baker, 1981, p. 231.

6. Timothy S. Laniak, *Shepherds after My Own Heart* [Des bergers selon mon cœur], trad. libre, Downers Grove, Ill., InterVarsity, 2006, p. 234.

7. Voir Bob Logan, *Coaching 101 Handbook* [Un manuel du coaching 101], trad. libre, St. Charles, Ill., ChurchSmart, 2003.

8. Richard Baxter, *Le pasteur chrétien*, Trois-Rivières, Québec, Impact Héritage, 2016, p. 62-63.

CHAPITRE 8

1. Simon Kistemaker, *Peter and John* [Pierre et Jean], trad. libre, Grand Rapids, Baker, 1987, p. 194.

2. Timothy Laniak, *While Shepherds Watch Their Flocks* [Pendant que les bergers gardent leurs troupeaux], trad. libre, Matthews, C. N., ShepherdLeader Publications, 2007, p. 59.

3. Jean Calvin, *Commentaries*, traduit en anglais par John Owens, Grand Rapids, Baker, 1984, trad. libre, p. 22, 144.

4. Paul D. Stanley et J. Robert Clinton, *Connecting: The Mentoring Relationships You Need to Succeed in Life* [Connecter : les relations de coaching dont vous avez besoin pour réussir dans la vie], trad. libre, Colorado Springs, NavPress, 1992, p. 78.

CHAPITRE 9

1. Timothy Z. Witmer, *The Shepherd Leader* [Le berger dirigeant], trad. libre, Phillipsburg, N. J., P&R, 2010, p. 156.
2. Tim Pollard, *The Leadership Opportunity* [L'opportunité de leadership], trad. libre, Billings, Mont., Peacemaker Ministries, 2009, p. 55-71. Utilisé avec permission.

CHAPITRE 10

1. Associated Press, « 450 Turkish Sheep Leap to Their Deaths » [450 moutons turcs trouvent la mort en s'élançant dans un précipice], trad. libre, 8 juillet 2005, < www.foxnews.com/story/0,2933,161949,00.html > (page consultée le 2 juillet 2010).
2. Dietrich Bonhoeffer, *Life Together: The Classic Exploration of Christian Community* [Vivre ensemble : l'exploration classique de la communauté chrétienne], trad. libre, New York, Harper, 1978, p. 97.
3. Sam Crabtree, *Practicing Affirmation* [Pratiquer l'encouragement], trad. libre, Wheaton, Ill., Crossway, 2011, p. 64-71.

CHAPITRE 11

1. Michael Coggin, « Listening for Life: Picking Up on Verbal and Nonverbal Signals » [Écouter pour la vie : relever les signaux verbaux et non verbaux], trad. libre, < http://theresurgence.com/files/pdf/michael_coggin_2005_listening_for_life.pdf > (page consultée le 29 novembre 2011).
2. Adapté de MindTools, « Active Listening : Hear What People Are Really Saying » [L'écoute active : écoutez ce que les gens disent réellement], trad. libre, < http://www.mindtools.com/CommSkll/ActiveListening.htm > (page consultée le 29 novembre 2011).
3. C. S. Lewis, *Les fondements du christianisme*, Valence, France, Éditions LLB, 2013, p. 225.
4. Tim Keller, « Vocation: Three Parts to Discerning a Call » [La vocation : trois étapes pour discerner un appel], trad. libre, (Séance de questions et réponses ; New York : Redeemer Presbyterian Resources), < www.redeemer.com/learn/resources/resources/ Vocation-Three_parts_to_discerning_a_call.m3u >.

5. Charles E. Hummel, *The Tyranny of the Urgent* [La tyrannie de l'urgent], trad. libre, éd. rév., Downers Grove, Ill., InterVarsity, 1994, p. 5-6.

CHAPITRE 12

1. Elyse Fitzpatrick et Dennis E. Johnson, *Counsel from the Cross* [Conseils provenant de la croix], trad. libre, Wheaton, Ill., Crossway, 2009, p. 12.
2. Robert E. Logan, *Coaching 101: Discover the Power of Coaching* [Coaching 101 : découvrez le pouvoir du coaching], trad. libre, St. Charles, Ill., Church Smart Resources, 2003, p. 14.
3. Paul D. Stanley et J. Robert Clinton, *Connecting: The Mentoring Relationships You Need to Succeed in Life* [Connecter : les relations de mentorat dont vous avez besoin pour réussir votre vie], trad. libre, Colorado Springs, NavPress, 1992, p. 76.
4. Kenneth Blanchard, *The Heart of a Leader* [Le cœur d'un leader], trad. libre, Tulsa, Okla., Libri, 1998, p. 15.
5. J. I. Packer, *Keep in Step with the Spirit* [Marchez au pas avec l'Esprit], trad. libre, Grand Rapids, Baker, 1984, p. 66.
6. N. D. T. : Nous utiliserons parfois le néologisme « redevabilité » pour référer à la qualité d'être redevable à quelqu'un pour sa vie de diciple.
7. Steve Brown, *When Being Good Isn't Good Enough* [Quand un bon comportement ne suffit pas], trad. libre, Nashville, Nelson, 1990, p. 28.
8. Robert K. Flayhart, « Gospel-Centered Mentoring » [Le mentorat centré sur l'Évangile], trad. libre, DMin diss., Covenant Theological Seminary, 2002, p. 212. Flayhart utilise d'autres termes et séquences pour décrire sa valse de l'Évangile : « repentance, faith, and fight » (repentance, foi et lutte).
9. Martin Luther, *Galatians* [Galates], trad. libre, Alister McGrath et J. I. Packer, éd., Wheaton, Ill., Crossway, 1998, p. xx-xxi.

CHAPITRE 13

1. Richard P. Kaufmann, « The Gospel-Driven Church » [L'Église motivée par l'Évangile], trad. libre, (notes de présentation non publiées), basé sur la toute première valeur fondamentale du réseau d'Églises Harbor Presbyterian.

PUBLICATIONS
CHRÉTIENNES

Publications Chrétiennes est une maison d'édition évangélique qui publie et diffuse des livres pour aider l'Église dans sa mission parmi les francophones. Ses livres encouragent la croissance spirituelle en Jésus-Christ, en présentant la Parole de Dieu dans toute sa richesse, ainsi qu'en démontrant la pertinence du message de l'Évangile pour notre culture contemporaine.

Nos livres sont publiés sous six différentes marques éditoriales qui nous permettent d'accomplir notre mission :

ÉDITIONS IMPACT   IMPACT HÉRITAGE   IMPACT ACADÉMIA

éditions cruciforme   La Rochelle   EP EUROPRESSE

Nous tenons également un blogue qui offre des ressources gratuites dans le but d'encourager les chrétiens francophones du monde entier à approfondir leur relation avec Dieu et à rester centrés sur l'Évangile.

REVENIR À L'ÉVANGILE

reveniralevangile.com

Procurez-vous nos livres en ligne ou dans la plupart des librairies chrétiennes.

pubchret.org | XL6.com | maisonbible.net | blfstore.com